中央高校建设世界一流大学（学科）和特色发展引导专项资金

中央高校基本科研业务费专项资金

国家自然科学基金面上项目"家族连带、决策行为选择与私营企业成长机制研究"

（项目批准号：71672105）

国家自然科学基金面上项目"家族控制与企业竞争行为研究"

（项目批准号：71972121）

上海财经大学创新团队支持计划"制度环境、创业与组织决策行为"

（批准号：2016110394）

村落治理与
中国农村创业现状

千村调查

Village Governance and
Entrepreneurship in

CHINA

Based on the Data from Chinese Thousand Village Survey

贺小刚 —— 著

北京大学出版社
PEKING UNIVERSITY PRESS

图书在版编目(CIP)数据

村落治理与中国农村创业现状:千村调查/贺小刚著.—北京:北京大学出版社,2020.6
ISBN 978-7-301-31310-7

Ⅰ.①村… Ⅱ.①贺… Ⅲ.①农村经济发展—研究—中国 ②农村—创业—研究—中国
Ⅳ.①F323 ②F249.214

中国版本图书馆 CIP 数据核字(2020)第 050105 号

书 名	村落治理与中国农村创业现状——千村调查
	CUNLUO ZHILI YU ZHONGGUO NONGCUN CHUANGYE XIANZHUANG
	——QIANCUN DIAOCHA
著作责任者	贺小刚 著
责 任 编 辑	杨丽明
标 准 书 号	ISBN 978-7-301-31310-7
出 版 发 行	北京大学出版社
地 址	北京市海淀区成府路 205 号 100871
网 址	http://www.pup.cn 新浪微博:@北京大学出版社
电 子 信 箱	sdyy_2005@126.com
电 话	邮购部 010-62752015 发行部 010-62750672 编辑部 021-62071998
印 刷 者	北京飞达印刷有限责任公司
经 销 者	新华书店
	787 毫米×1092 毫米 16 开本 18.75 印张 378 千字
	2020 年 6 月第 1 版 2022 年 2 月第 2 次印刷
定 价	68.00 元

前言

　　中国是一个有着悠久农业文明的国家。中华人民共和国成立后，中国农村经济与社会的发展是有目共睹的。尤其是中国农村实行家庭联产承包责任制所取得的重大历史突破是中国经济体制改革中的奇迹，堪称中国改革的开篇之作。制度的变革极大地提高了农民的劳作积极性，农民不仅解决了温饱问题，还日渐富裕起来。可以说，改革开放之初的农村试点在经济上取得了重大成功。但改革开放40多年来，中国经济快速增长的同时也面临着一些严峻的问题，其中"三农"问题不容忽视。农业问题、农村问题及农民问题成为关系到社会稳定、国家富强的瓶颈。要解决"三农"问题就要大力发展农村经济、增加农民收入，但对于如何发展农村经济、提高农民收入与幸福感，不同学者持不同观点。我们认为，创新创业将是解决"三农"问题的重要策略与路径。

　　通过社会调查的方式走进中国农村并与村民交流是我们了解"三农"现状、解决"三农"问题的最佳途径。上海财经大学自2008年启动"中国千村调查"项目，连续10年从不同的角度对农村的经济、社会、文化等发展状况进行调查，涉及的主题包括："中国农村基本状况调查""中国农村医疗保障状况调查""中国农民收入状况调查""中国粮食安全问题调查""中国农村文化状况调查研究""中国农村劳动力城乡转移状况调查""中国农村养老问题现状调查"和"中国农村基础金融服务调查"等。这些项目都旨在通过对中国"千村万户"的社会调查，深度了解中国"三农"问题的根源，并提出相关的政策性建议。通过对中国"千村万户"的社会调查，并基于客观的一手数据，上海财经大学已连续公布多项研究报告，为提出农村经济与社会发展的有效路径提供了宝贵的史料，为政府等相关部门的决策提供了现实依据。

在中国"大众创业、万众创新"的政策导向下，中国农村的创业人数不断上升，越来越多的农村劳动力选择转向高风险和高收益的自我雇佣或者创业与经营活动，其影响力也在不断上升。尤其是随着中国产业结构的转型，城市中富足的农民工开始返乡创业，他们所拥有的知识、技术、经验开始在农村转化为新的生产力。但我们对于农村创业的现状还知之甚少，尤其是相对于城市创业，中国农村创业到底遵循何种规律仍不明晰。在这种背景下，2016年，上海财经大学选择了"创业"这一研究主题，启动了"中国农村创业现状调查"项目。

为了对村落治理与中国农村创业现状有一个系统的认识和准确的理解，需要有更加客观和充分的一手数据。2016年开展"中国农村创业现状调查"过程中，我们将熟悉中国农村创业现状与存在问题的乡镇长、村主任或村支书、村委会班子成员、创业者和非创业者的村民都纳入数据采集对象，这就大大地丰富了数据的来源渠道。其中，乡镇长问卷包括乡镇长个人基本信息、对乡镇基本情况的评价和认识、对乡镇农民创业的评价和认识等内容；村主任或村支书问卷包括村主任或村支书个人基本信息和个人生活体验、村的基本信息等内容；村委会班子成员问卷包括个人基本信息、个人在村落的生活体验和总体感受等内容；创业者的村民问卷包括创业者的社会网络、创业者家庭成员社会结构、企业经营状况、创业情况及制度与环境等内容；非创业者的村民问卷包括家庭成员社会结构、个人在村落的生活体验和总体感受、家庭社会网络等内容。另外，考虑到中国幅员辽阔、地理环境的复杂性，为了减少抽样的偏差，此次调查区域跨越30多个省、直辖市、自治区、特别行政区，走访村寨共计1500多个，访谈对象达到近2万人次（其中，创业者4597人次、非创业者的村民9533人次、村委会班子成员2390人次、村主任或村支书1209人次）。此次主题调查内容非常丰富，获得了大量翔实的一手数据，为后续的理论研究提供了必要的基本素材，也为政策性建议的提出和制定奠定了数据基础。

2015年11月，中央召开的扶贫开发工作会议明确指出，到2020年，要确保我国现行标准下农村贫困人口实现脱贫，贫困县全部摘帽，解决区域性整体贫困。但实现脱贫与全面建成小康社会仍旧有很长的路要走，由脱贫到奔向小康对于许多资源相对匮乏的农村地区而言仍旧是艰巨的工作，农村的经济建设任重道远。学者们对农村经济与管理、农村社会与治理等的研究工作同样是任重道远，相关的调查工作、理论研究工作还远未结束，可能才仅仅是一个开始。

致谢

"中国千村调查"项目是上海财经大学的重要社会服务工作之一。这一项目之所以能够顺利开展，首先要感谢的是遍布全国的勤劳而又朴实的农民，以及敢为人先且有创新精神的农村创业者。他们不仅为我们的调查提供了鲜活的资料，他们质朴的品质与脚踏实地的精神也激励、感动我们所有参与调查的研究者与学生。同时还要感谢协助我们调查的1200多位村主任或村支书、2300多位村委会班子成员，他们热情的接待确保我们在炎热的夏天能够顺利、高效地完成数据采集工作。

历届"中国千村调查"项目都得到上海财经大学校领导、学生处、团委、规划处等相关部门的大力支持，没有这些部门的投入、配合，调查工作无法完成。在此对所有支持"中国千村调查"项目的领导与老师表示深深的感谢。

2016年的"中国千村调查"项目由上海财经大学商学院组织。在开展正式调查之前，商学院在蔺楠教授等人的带领下进行了测试性的调查。上海财经大学商学院的10多位博士研究生和硕士研究生参与了此工作，并且整理了相关的数据，这为后续的全国调查项目的顺利开展奠定了基础。在此对参与和指导预调查工作的老师和学生们深表感谢。

2016年7月、8月，上海财经大学"中国千村调查"项目启动。在酷热的暑假共有302位学生参与定点调查活动，1886位学生参与返乡调查活动。学校老师直接参与和组织调查活动的人数达33人，他们不仅要为学生的调查活动提供指导和建议，还要负责参与调查学生的安全及其调查期间的生活起居。在此对所有参与调查的广大师生深表感谢。

在调查结束后，商学院的博士研究生与硕士研究生协助完成了初步的数据整理工作。这些学生主要有朱丽娜、高婷、张瑜、施佳云、晏琮亚、王博霖、周天雪、杨昊、赵策、贾植涵、陈如练、徐婉渔等。博士研究生陈元与闫静波花了大量时间协助进行数据的统计处理并对结果进行分析。山西财经大学曹翠珍老师对本书提出了建设性的修改意见并对文字等方面进行了完善。北京大学出版社杨丽明女士对本书进行了认真的编辑。在此一并表示感谢。

此书献给我挚爱的母亲。离开家乡多年，一直没有在您身边陪伴您、照顾您，您的谆谆教诲，我一直铭记于心。

最后，谨以此书献给我的爱人与儿子松子。你们是我前行的动力。

贺小刚

2019 年 10 月于上海

目录

导论
Introduction

一、调查背景

"三农"问题一直是政府和社会各界关注的焦点。在中国区域经济和城乡发展不平衡的同时，农民务工难、农民增收难、农村儿童留守等问题也日益突出。在2015年政府工作报告中，李克强总理再次指出，大众创业和万众创新是推动中国经济继续前行、实现中国经济提质增效升级的"双引擎"之一。这也充分显示出政府对创业和创新的重视，以及创业和创新对中国经济的重要意义。在当前经济形势下，推动农村创业对于破解"三农"问题具有重要的意义。在国家政策的鼓励下，在"大众创业、万众创新"浪潮的推动中，农村创新创业呈现出人数越来越多、领域越来越广、起点越来越高的良好态势。

2016年《国务院办公厅关于支持返乡下乡人员创业创新 促进农村一二三产业融合发展的意见》（国办发［2016］84号）又进一步指出，要支持返乡下乡人员创业创新，促进农村一二三产业融合发展。这不仅有利于将现代科技、生产方式和经营理念引入农业，提高农业质量效益和竞争力，同时也有利于激活各类城乡生产资源要素，促进农民就业增收。首先，经济上，农村创业有助于增加农民收入和改善农民生活条件；其次，社会方面，村落创业活力的增加有助于当代农民提高拥有自己理想事业的意识，并进一步提高农民的社会地位；再次，农村创业活力的增加不但可以解决创业者本身的就业问题，还创造了更多的就业机会，是实现农村剩余劳动力转移和吸收农村富余劳动力的有效途径之一；最后，就中长期发展目标而言，鼓励农村创新创业经营活动可以在很大程度上促进当地工业与服务业的发展，增加地方政府的财政收入，提高当地政府公共产品的供给水平。

为深入了解中国农村的创业现状，2016年上海财经大学"中国千村调查"项目的主题确定为"中国农村创业现状调查"，希望通过对中国"千村万户"的社会调查，挖掘影响中国村落创业活力的关键因素，评测中国农民企业家的创业特质，构建农民创业的动机模型，找到农村创业者的成败逻辑，最终确定农民创业企业的成长路径，为地方政府解决农村民生问题提供新的视角和思路。本次调查在全国30多个省、直辖市、自治区、特别行政区随机抽样出共计1500多个村寨，分别对乡镇长、村主任或村支书、村委会班子成员、创业者、非创业者等进行问卷调查，共获得各类访谈问卷近2万份。

二、指标设计原则

本次调查项目的主要目的在于挖掘中国农村的创业现状。创业指标，尤其是创业活力指标的设计至关重要。关于创业活力的度量指标，我们借鉴了 Covin 和 Slevin（1991）、Gnyawali 和 Fogel（1994）、Lerner 等（1997）、Brown 和 Kirchhoff（1997）、Hung（2006）的度量原则。我们认为，一个有意义的创业活力的度量指标体系必须能够体现创业各方面的必要特征，满足以下几个设计理念（刘亮，2008）：（1）系统性与层级性相结合的原则。由于创业活力最终可依靠的信息来源于企业的总体表现，因此，任何系统的或关于创业活力的"宏观"模型都不能忽略创业现状这一现象，都应该基于现有的创业企业进行考察。另外，创业活力的"宏观"模型必须说明系统内各成分变量之间的直接效果或主要效果，应有一定的系统性和层次性，进而能够较为全面地反映村落创业活力与现状。（2）科学性与实用性相结合的原则。理论模型应确切地体现环境、知识技术、组织和个体等利益相关者的因素。这些因素都应该遵循科学性、实用性的原则，应该有清晰明确的定义并准确地将概念与类似的理论融合在一起，这对理论模型的发展至关重要。另外，指标的设计应尽量简单明了，同时还要考虑指标数据获取的难易程度和可靠性。（3）针对性与可比性相结合的原则。设计的指标应该同时考虑数据的针对性和可比性，包括时间、地点和适应范围的可比性，以便于进行纵向和横向比较，找到不同时间与空间发展变化的特征表现。（4）动态性和静态性相结合的原则。设计的指标既应该考虑静态的因素，同时也应该考虑动态的因素；既保持指标内容的相对稳定性，也根据实际情况进行合理的变动和调整，从而既能够反映创业活力的现状，也能够预期未来的趋势。

在上述原则的基础上，根据中国的国情和地区特点，本项目分别从企业组织与其所处环境两个角度出发，借鉴 GEM 的度量指标，同时还参考 Cooper 等（2004）所设计的区域创新体系中的相关指标，建立了一套较为全面的适合中国村落的创业活力指标体系。

书中涉及的其他重要概念与指标，比如村落治理环境、村落营商环境、居民生活质量等都将在相应的章节进行详细的介绍。需要指出的是，本书将治理环境单独细分出来，这主要是考虑到村落的治理环境，无论是正式的还是非正式的，相对而言强调的都是村落中不同参与方之间的权力配置与争夺，这是影响创业动机与效率的重要因素。纵观中国农村的历史变迁，相较于其他营商环境因素，比如教育与培训、人口流动、文化与制度、金融环境、交通基础设施、创业政策等，中国农村经济改革、转型与发展的关键还在于村落治理过程中的权力配置效率；甚至在一定程度上，治理环境还将对上述营商环境起到不可低估的制约作用。通过对治理环境与营商环境分别加以强调并进行统计分析，将有助于我们对中国村落治理、管理的理解。

三、调查对象及区域分布

2016 年的千村调查的对象包括乡镇长、村主任或村支书、村委会班子成员、村民（包括创业者和非创业者）。乡镇长问卷包括乡镇长个人基本信息、对乡镇基本情况的评价和认识、对乡镇农民创业的评价和认识等内容；村主任或村支书问卷包括村主任或村支书个人基本信息、村主任或村支书的生活体验、村落的基本信息等内容；村委会班子成员问卷包括个人基本信息、个人在村落的生活体验和总体感受等内容；创业者问卷包括创业者的社会网络、创业者家庭成员社会结构、企业经营状况、创业情况及制度与环境等内容；非创业者的村民问卷包括家庭成员社会结构、个人在村落的生活体验和总体感受、家庭社会网络等内容。本项目的数据主要源自村主任或村支书问卷以及创业者问卷，在剔除了一些回答不完整的调查问卷之后，最终得到 1209 个有关村落创业数据的问卷（具体分布情况见表 0-1）和 4597 个有关农村创业者数据的问卷（具体分布情况见表 0-2）。从调查区域的村落分布来看，其中东南地区的村落样本有 355 个，占样本总量的 29.36％；环渤海地区的村落样本有 150 个，占样本总量的 12.41％；中部地区的村落样本有 262 个，占样本总量的 21.67％；东北地区的村落样本有 66 个，占样本总量的 5.46％；西南地区的村落样本有 219 个，占样本总量的 18.11％；西北地区的村落样本有 157 个，占样本总量的 12.99％。从创业者样本的分布来看，东南地区的创业者样本有 1398 个，占样本总量的 30.41％；环渤海地区的创业者样本有 575 个，占样本总量的 12.51％；中部地区的创业者样本有 970 个，占样本总量的 21.10％；东北地区的创业者样本有 252 个，占样本总量的 5.48％；西南地区的创业者样本有 812 个，占样本总量的 17.66％；西北地区的创业者样本有 590 个，占样本总量的 12.83％。

表 0-1 村落样本区域分布情况

区域	省市名称	受访村落		
		数量（个）	占区域比重（%）	占总样本比重（%）
东南地区	江苏省	81	22.82	6.70
	上海市	135	38.03	11.17
	浙江省	77	21.69	6.37
	福建省	23	6.48	1.90
	广东省	39	10.99	3.23
	地区总计	355	100	29.36
环渤海地区	北京市	8	5.33	0.66
	山东省	71	47.33	5.87
	河北省	64	42.67	5.29
	天津市	7	4.67	0.58
	地区总计	150	100	12.41
中部地区	安徽省	68	25.95	5.62
	河南省	73	27.86	6.04
	湖北省	28	10.69	2.32
	湖南省	44	16.79	3.64
	江西省	49	18.70	4.05
	地区总计	262	100	21.67
东北地区	黑龙江省	18	27.27	1.49
	吉林省	26	39.39	2.15
	辽宁省	22	33.33	1.82
	地区总计	66	100	5.46
西南地区	西藏自治区	5	2.28	0.41
	四川省	60	27.40	4.96
	云南省	43	19.63	3.56
	贵州省	45	20.55	3.72
	广西壮族自治区	25	11.42	2.07
	海南省	7	3.20	0.58
	重庆市	34	15.53	2.81
	地区总计	219	100	18.11
西北地区	新疆维吾尔自治区	28	17.83	2.32
	甘肃省	27	17.20	2.23
	内蒙古自治区	13	8.28	1.08
	山西省	36	22.93	2.98
	陕西省	33	21.02	2.73
	宁夏回族自治区	7	4.46	0.58
	青海省	13	8.28	1.08
	地区总计	157	100	12.99
总计		1209	—	100

表 0-2　创业者样本区域分布情况

区域	省市名称	受访创业者		
		数量（个）	占区域比重（%）	占总样本比重（%）
东南地区	江苏省	361	25.82	7.85
	上海市	502	35.91	10.92
	浙江省	320	22.89	6.96
	福建省	79	5.65	1.72
	广东省	136	9.73	2.96
	地区总计	1398	100	30.41
环渤海地区	北京市	32	5.57	0.70
	山东省	275	47.83	5.98
	河北省	244	42.43	5.31
	天津市	24	4.17	0.52
	地区总计	575	100	12.51
中部地区	安徽省	254	26.19	5.53
	河南省	271	27.94	5.90
	湖北省	109	11.24	2.37
	湖南省	157	16.19	3.42
	江西省	179	18.45	3.89
	地区总计	970	100	21.10
东北地区	黑龙江省	70	27.78	1.52
	吉林省	98	38.89	2.13
	辽宁省	84	33.33	1.83
	地区总计	252	100	5.48
西南地区	西藏自治区	20	2.46	0.44
	四川省	217	26.72	4.72
	云南省	151	18.60	3.28
	贵州省	168	20.69	3.65
	广西壮族自治区	91	11.21	1.98
	海南省	28	3.45	0.61
	重庆市	137	16.87	2.98
	地区总计	812	100	17.66
西北地区	新疆维吾尔自治区	103	17.46	2.24
	甘肃省	103	17.46	2.24
	内蒙古自治区	50	8.47	1.09
	山西省	142	24.07	3.09
	陕西省	115	19.49	2.50
	宁夏回族自治区	28	4.75	0.61
	青海省	49	8.31	1.07
	地区总计	590	100	12.83
总计		4597	—	100

四、结构安排

本书主要内容有八章，每一章围绕村落治理环境与中国农村创业现状的核心问题进行统计与分析，最后总结提炼了村落治理、创业活力与居民生活质量等主要变量之间的关系。各章的具体内容如下：

第一章主要介绍中国村落治理环境的相关情况。具体包括中国村落正式治理的总体状况和区域对比分析以及中国村落非正式治理的总体状况和区域对比分析，[①]其中，正式治理主要包括村落中的村主任特征、村规民约以及政治法律三个因素，非正式治理主要包括村落中的宗族祠堂和精神领袖与社会贤达两个因素。

第二章主要介绍中国村落营商环境的相关情况。具体包括中国村落营商环境的总体状况和区域对比分析，其中营商环境主要包括教育与培训、人口流动、文化与制度、金融服务机构、交通运输通信、吸引外部资本能力以及村落创业政策七个因素。

第三章主要介绍中国村落创业活力的相关情况。具体包括中国村落创业活力的总体状况和区域对比分析，其中，创业活力主要包括创业人数，小微企业数，相对前一年新创企业数，相对前一年总的创业人数，相对前一年创业家庭户数，相对前一年企业研发投入情况，商贸市场、工业园区、开发区建设情况，相对前一年专利申请情况，相对前一年退出市场的创业项目情况，相对前一年停产与整顿或清算的创业项目情况，具有创业机会的居民情况以及具备创业技能和经验的居民情况十二个因素。

第四章主要介绍中国村落创业者背景的相关情况。具体包括中国村落创业者个体特征的总体状况和区域对比分析、中国村落创业者家庭背景的总体特征和区域对比分析以及中国村落创业者社会关系的总体状况和区域对比分析。其中，创业者的个体特征主要包括年龄、性别、学历、宗教信仰、政治身份、村干部经历、政治参与情况以及创业前经历八个因素。创业者的家庭背景则主要包括家庭成员人数、家庭社会网络、小孩与老人情况、家庭经济情况、政治关联情况、家庭创业支持情况以及创业项目投入情况七个因素。创业者的社会关系主要包括社交工具使用情况、民间组织参与情况、非正式权威来源、人缘与影响力情况以及社会地位情况五个

---

① 根据中国区域的基本划分方法，中国分为东南地区、环渤海地区、中部地区、东北地区、西南地区、西北地区六个区域。其中，东南地区包括江苏、上海、浙江、福建和广东五个省市；环渤海地区包括北京、天津、河北、山东四个省市；中部地区包括安徽、河南、湖北、湖南和江西五个省份；东北地区包括黑龙江、吉林和辽宁三个省份；西南地区包括云南、贵州、广西、四川、重庆、海南和西藏七个省市或自治区；西北地区包括甘肃、内蒙古、宁夏、青海、陕西、山西和新疆七个省份或自治区。

因素。

第五章主要介绍中国村落创业企业的组织与治理效应的相关情况。具体包括中国村落创业企业组织特征的总体状况和区域对比分析、中国村落创业企业治理模式的总体状况和区域对比分析以及中国村落创业企业治理效率的总体状况和区域对比分析。其中，创业企业的组织特征主要包括员工结构、员工五险一金情况、家庭成员任职情况以及创业者工作时间分配情况四个因素。创业企业的治理模式主要包括创业者的权力结构、企业的股东结构、企业的投资者人数、企业的产权形式、企业董事会的设立情况、企业党组织的设立情况、企业与政府部门之间的关系、企业与当地农村（社区）之间的关系以及企业行业或贸易协会的参与情况九个因素。创业企业的治理效率则包括企业绩效排名情况、企业员工数量及变化情况、企业销售额及变化情况、企业纯利润及变化情况以及企业总资产及变化情况五个因素。

第六章主要介绍中国村落居民生活质量的相关情况。具体包括中国村落居民生活质量的总体状况和区域对比分析，其中村落居民生活质量主要包括村落居民收入水平、村落居民消费水平、村落居民幸福指数以及村落社会和谐指数四个因素。

第七章主要是对贫困县与非贫困县进行对比分析。[1] 具体包括村落治理环境、营商环境、创业活力、创业者背景、创业企业的组织与治理效应以及居民生活质量六个因素。

第八章主要探究村落治理环境、创业与居民生活质量的关系。具体包括村落治理环境与居民生活质量的关系、村落营商环境与居民生活质量的关系、村落治理环境与创业活力的关系、村落营商环境与创业活力的关系、村落创业活力与居民生活质量的关系五个因素。

最后是对所有内容进行的总结与探讨。

---

[1]　根据国务院扶贫开发领导小组办公室 2014 年发布的全国 832 个贫困县名单判断样本村落是否为贫困县。全国 832 个贫困县的名单详见 http://www.cpad.gov.cn/art/2014/12/23/art_343_981.html。

第一章
Chapter One

村落治理环境

　　村落治理是国家权力在农村重建和村落社会自身再造的过程，这一过程既是整合村落政治的过程，同时也是完善村落治理结构的过程。村落治理作为中国农村政治研究的主要领域受到很多学者的关注（张厚安、徐勇、项继权，2000），其中村落中的正式治理和非正式治理是村落治理环境的重要内容。在村落治理环境中何种形态起主导作用，这将关系到村落治理结构的合理性设计（王江成和李怡婷，2014）。村落治理是一个复杂的过程，既有政府自上而下的统治，又有村民的民主自治；既有规范的制度，又有村规民俗的约定；既有国家公共权威的介入，又有民间组织的参与。同时，转型进程中的中国实行的是一种市场与政府共同影响的混合型经济模式（Nee，1992），新农村治理必须选择切实可行的治理方式，构建多元治理主体的权责结构，建立互动协调的运行机制（杨莉芸，2011）。考虑到治理的主体是多元的，除了政府以外，还包括企业组织、社会组织和居民自治组织等，以及治理的权威来源。除了法律以外，其他各种非国家强制的契约等也是不可忽视的。（俞可平，2018）本次调查将从正式治理和非正式治理两个方面来分析中国村落的治理环境。

一、正式治理

　　治理的目的是在各种不同的制度关系中运用权力去引导、控制和规范公民的各种活动，以最大限度地增进公共利益。中国乡村社会的现状将直面村落治理环境的有效性。正式治理是指人们有意识地创造一系列的制度（如乡村权利、政策法规、社会组织的契约等）来对各种行为进行约束。它不仅可以提供必要的产权保护，还可以提供法制保障。考虑到正式治理的权威性以及强制执行的约束力（朱沆等，2016），本次调查将从村主任特征、村规民约以及政治法律三个方面来衡量村落的正式治理。

（一）村主任特征

在中国农村的发展中，创新者和管理者的权威来自于个人的人力资本状况、经营才能等。（陈剑波，2000）从中国农村治理的传统来看，精英治理的模式一直存在，农业社会中的"能人"带动效应已被大量的事实证明。（张厚安、徐勇、项继权，2000）村干部任职的现状表明，学历高、具有非农经历和企业工作经验等都对村干部有着重要影响，村干部的个人特征越来越普遍地体现在对农村的治理中。（赵仁杰和何爱平，2016）因此，借鉴已有研究，本次调查将通过"教育程度""政治身份""村主任任期""担任村主任方式""村主任出生地""任职前职业""前任村主任去向"等各指标来衡量村落村主任的特征。

（二）村规民约

村规民约是针对村域内公共事务，村民共识度最高、约束力最强的"社会契约"，实际上是一种具有"准法"性质的自治规范，其性质决定了它必须坚持村民的主体地位，充分尊重村民意愿，切实发挥农民在乡村振兴中的主体作用。（周怡，2005）民政部、中央组织部（以下简称"中组部"）等七部门印发了《关于做好村规民约和居民公约工作的指导意见》，明确提出"2020年全国所有村、社区普遍制定或修订形成务实管用的村规民约、居民公约，推动健全党组织领导下自治、法治、德治相结合的现代基层社会治理机制"的工作目标。这不仅赋予村规民约崭新的时代内涵，而且体现了村规民约在基层社会治理机制中的重要性。鉴于此，本次调查将选择"是否有村规民约"以及"村规民约的形式"两个指标来衡量村落村规民约。

（三）政治法律

村民自治制度设计的村落政治法律权力的基本架构呈现为三元格局，即村民会议或村民代表会议、村委会和党支部。村民会议或村民代表会议是最高权力机构和决策机构，是村落政治法律权力的核心，村委会是村民会议或村民代表会议决策的执行和工作机构，党支部是村民自治的领导核心，但必须尊重村民依法开展自治活动。[①] 此外，村落的选举制度等社会文化因素在村落政治法律中也具有重要作用。（兰林友，2011）鉴于此，本次调查拟选取"选举制度""外出农民参选""党派社团""参政人员"和"公共会议"五个指标来衡量村落政治法律。

二、非正式治理

非正式治理是指通过价值观念、意识形态、习惯风俗、伦理规范等非正式规则

---

① 参见《中华人民共和国村民委员会组织法》第3、4、8、16、18、19、20、21条。

和制度来对人们的行为和事务进行约束，它是一种软约束。考虑到政府在经济活动中的显著影响，而企业与政府的纵向关系在非正式制度中更为关键（朱沆等，2016），因此，本次调查将从村落宗族祠堂和精神领袖与社会贤达两个方面来衡量村落的非正式治理。

（一）宗族祠堂

在族群尺度上，作为承载宗族记忆和举行祖先祭祀的宗祠，是中国传统乡土社会的神圣空间，对村落传统生活和发展具有重要的影响。（袁振杰等，2016）而宗族不仅仅是乡村社会的一种组织，更是乡村文化的重要内核，在乡村治理中扮演着非正式的治理角色。因此，鉴于前人的研究，本次调查拟选取"是否有祠堂""前三大宗族状况"和"祠堂数量"三个指标来衡量村落宗族势力。

（二）精神领袖与社会贤达

领导者对一个群体来说至关重要，能够影响一个群体愿景或者目标的实现。（罗宾斯和贾奇，2012）领导者可以是个体，也可以是几个人组成的群体，甚至可以是一个组织；可以是正式的，也可以是非正式的。（周业安等，2014）对于中国村落来说，除了正式领导者，像村主任、村支书等正式的领导群体以外，还可能存在非正式的领导者个体，比较有代表性的就是村落的精神领袖与社会贤达，比如德高望重者。鉴于此，本次调查将从村落"是否有精神领袖与社会贤达"及其"行政职位"两个指标来衡量村落的精神领袖与社会贤达情况。

| 第一节 |

村落正式治理的总体状况

本节主要介绍中国村落正式治理的总体状况，包括村主任特征、村规民约和政治法律三个因素。

一、村主任特征

（一）教育程度

调查结果显示，对于受访村落的村主任受教育程度而言，初中或以下学历的村主任有 295 人，约占样本总量的 24.40％；中专、高中学历的村主任有 497 人，约占样本总量的 41.11％；大专学历的村主任有 316 人，约占样本总量的 26.14％；大学本科学历的村主任有 100 人，约占样本总量的 8.27%；硕士学历的村主任有 1 人，约占样本总量的 0.08%。总体而言，受访村落中村主任的学历大多集中在中专、高中，大专以及初中或以下学历次之，大学本科学历占比较小，也就是说村主任的受教育程度普遍较低。具体参见图 1-1。

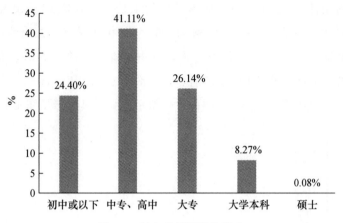

图 1-1　村主任的受教育程度

（二）政治身份

调查结果显示，受访村落中政治身份为党员的村主任有 889 人，约占样本总量的 73.53%；政治身份为人大代表的村主任有 175 人，约占样本总量的 14.47%；政治身份为政协委员的村主任有 3 人，约占样本总量的 0.25%；其他有 142 人，约占样本总量的 11.75%（其中，党员兼人大代表约占 0.33%，预备党员约占 0.17%，团员约占 0.33%，群众约占 10.67%）。总体而言，受访村落中村主任的政治身份为党员的居多，其次是人大代表，最少的是政协委员。此外，少数村主任的政治身份为党员兼人大代表、预备党员、团员和群众，且村主任为群众的占比仅次于人大代表。具体参见图 1-2。

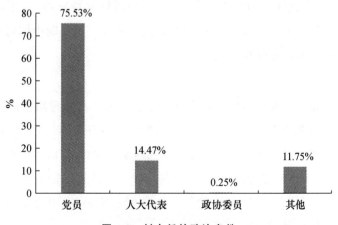

图 1-2　村主任的政治身份

（三）任期

调查结果显示，就受访村落村主任任职时间而言，任职5年及以下的村主任有633人，约占样本总量的52.36%；任职6—10年的村主任有261人，约占样本总量的21.59%；任职11—20年的村主任有233人，约占样本总量的19.27%；任职21—30年的村主任有55人，约占样本总量的4.55%；任职31—40年的村主任有23人，约占样本总量的1.90%；任职41—50年的村主任有2人，约占样本总量的0.17%；任职50年以上的村主任有2人，约占样本总量的0.17%。总体而言，受访村落的村主任任职时间5年以下的居多，其次是6—10年、11—20年、21—30年以及31—40年，而任职超过40年的村主任数量很少。具体参见图1-3。

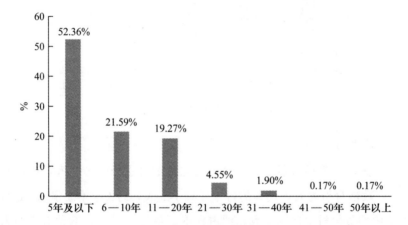

图1-3 担任村主任时间

（四）任职方式

调查结果显示，就受访村落村主任任职方式而言，以委派方式任职的村主任有82人，约占样本总量的6.78%；以平行调动方式任职的村主任有20人，约占样本总量的1.65%；以民主选举方式任职的村主任有1097人，约占样本总量的90.78%；以其他方式任职的村主任有10人，约占样本总量的0.83%。总体而言，受访村落的村主任任职的方式约90%以上是民主选举，这说明中国村落村主任的选举比较尊重民意。具体参见图1-4。

（五）出生地

调查结果显示，就受访村落的村主任出生地而言，在本村出生的村主任有1083人，约占样本总量的89.58%；在本乡镇出生的村主任有64人，约占样本总量的5.29%；在本县出生的村主任有38人，约占样本总量的3.14%；在本省出生的村主任有17人，约占样本总量的1.41%；在外省出生的村主任有7人，约占样本总量的0.58%。总体而言，受访村落的村主任约90%是在本村出生，而非本村出生的村主任较少。具体参见图1-5。

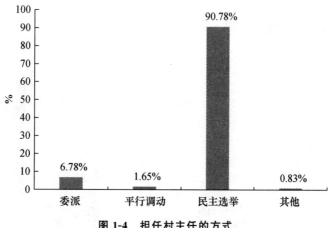

图 1-4　担任村主任的方式

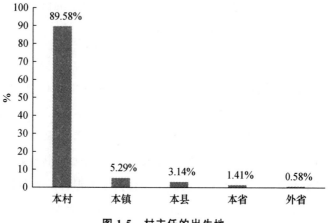

图 1-5　村主任的出生地

（六）任职前职业

调查结果显示，就受访村落的村主任任职前职业而言，任职前职业属于国有企业人员的村主任有 37 人，约占样本总量的 3.06%；任职前职业属于集体企业人员的村主任有 81 人，约占样本总量的 6.70%；任职前职业属于民营企业人员的村主任有 175 人，约占样本总量的 14.47%；任职前职业属于外资企业人员的村主任有 8 人，约占样本总量的 0.66%；任职前职业属于政府机关人员的村主任有 201 人，约占样本总量的 16.63%；任职前职业属于事业单位人员的村主任有 81 人，约占样本总量的 6.70%；最少的是私企人员，约占样本总量的 0.33%。除此之外，其他类别人员有 626 人，约占样本总量的 51.78%。鉴于其他类别的占比较大，本书也对其进行了粗略统计。其中，任职前务农的占比最大，约占样本总量的 17.45%，其次是基层干部和经商人员，分别约占样本总量的 10.67% 和 8.68%。总体而言，受访村落的村主任任职前职业主要为务农、政府机关、民营企业人员，其中村主任任职前务农的占比最大，其次是政府机关人员、民营企业人员，这也进一步说明了村主任较多来自于农民。具体参见图1-6。

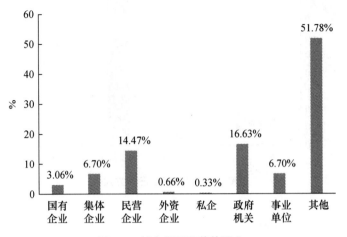

图1-6　村主任任职前的职业

（七）前任村主任去向

调查结果显示，就前任村主任去向而言，受访村落中前任村主任降职的有135人，约占样本总量的11.17%；晋升的有237人，约占样本总量的19.60%；平调的有187人，约占样本总量的15.47%。除此之外，其他类别最多，有650人，约占样本总量的53.76%。鉴于其他类别的占比较大，本书也对其进行了粗略统计，结果显示：除去708个未表态的样本，前任村主任去向为退休的人数最多，为272人，约占样本总量的22.50%，其他去向包括辞职、从商、换届、落选、离任、离职、卸任、务农、逝世等，占比均在2.06%以下。总体而言，受访村落中前任村主任退休的占比最大，其次是晋升、平调和降职。具体参见图1-7。

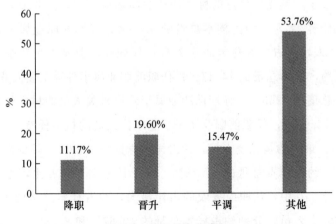

图1-7　前任村主任去向

二、村规民约

(一) 是否有村规民约

调查结果显示，受访村落中有村规民约的村落数量达 988 个，约占样本总量的 81.72%；没有村规民约的村落有 221 个，约占样本总量的 18.28%。总体而言，有村规民约的村落占据 80% 以上，而没有村规民约的村落较少，说明民政部、中组部等制定的《关于做好村规民约和居民公约工作的指导意见》基本上在中国农村得以落实，村民的权利与义务更加清晰了。具体参见图 1-8。

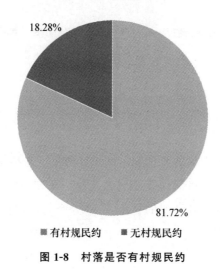

图 1-8　村落是否有村规民约

(二) 村规民约的形式

调查结果显示，就村规民约的形式而言，受访村落中，村规民约通过村委会进行公示的村落有 810 个，约占样本总量的 67.00%；通过每家每户定期分发的村落有 193 个，约占样本总量的 15.96%；通过其他形式公示的村落有 206 个，约占样本总量的 17.04%。鉴于其他村规民约的形式占比相对较大，本书也对其进行了粗略统计，结果显示：占比较大的形式为通过口头约定，约占样本总量的 0.25%，其他形式主要包括通过村民代表大会公示、村庄各个路口公示、大队广播等，单个占比均在 0.10% 以下，而采取两种形式的占比相对较大，约为 0.33%。总体而言，受访村落中绝大多数村落的村规民约通过村委会进行公示，其次是通过每家每户定期分发。具体参见图 1-9。

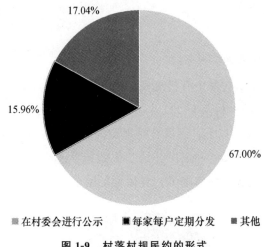

▨ 在村委会进行公示　■ 每家每户定期分发　▨ 其他

图 1-9　村落村规民约的形式

三、政治法律

（一）选举制度

乡政村治是农村治理中的重要机制，村干部的民主选举是村民的重要权利之一，也是村落各项政治活动、经济活动等开展的基础。调查数据显示，首先，就是否公开计票而言，受访村落中公开计票的村落有 1078 个，约占样本总量的 89.16％；受访村落中不公开计票的村落有 131 个，约占样本总量的 10.84％。总体而言，大多数受访村落的选举选择公开计票的方式。具体参见图 1-10。

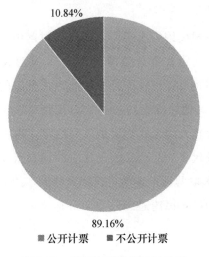

▨ 公开计票　▨ 不公开计票

图 1-10　村落选举是否公开计票

其次，就候选人产生方式而言，受访村落中候选人由群众直接提名产生的有 776 个村落，约占样本总量的 64.19％；受访村落中候选人由选举委员会提名产生的

有 260 个村落,约占样本总量的 21.51%;受访村落中候选人由村党支部提名产生
的有 54 个村落,约占样本总量的 4.47%;受访村落中候选人由上级提名产生的有
21 个村落,约占样本总量的 1.74%;受访村落中对候选人的产生不清楚的有 51 个
村落,约占样本总量的 4.22%;其他有 47 个,约占样本总量的 3.89%。总体而言,
受访村落选举候选人主要是由群众直接提名产生,由选举委员会提名和由村党支部
提名产生这两种方式次之,而由其他选举方式产生的较少。具体参见图 1-11。

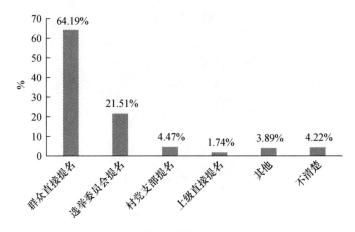

图 1-11　村落选举的候选人产生方式

再次,就候选人数而言,受访村落中选举的候选人数在 0—5 人范围内的村落最
多,共计 796 个,约占样本总量的 65.84%。其次分别是,选举的候选人数在 6—10
人范围内的有 342 个,约占样本总量的 28.29%;选举的候选人数在 11—15 人范围
内的有 51 个村落,约占样本总量的 4.22%;选举的候选人数在 16—20 人范围内的
有 11 个村落,约占样本总量的 0.91%。而选举的候选人数在 20 人以上的村落最
少,有 9 个,约占样本总量的 0.74%。总体而言,受访村落选举的候选人数大多集
中在 0—10 人之间,大于 10 人的较少。具体参见图 1-12。

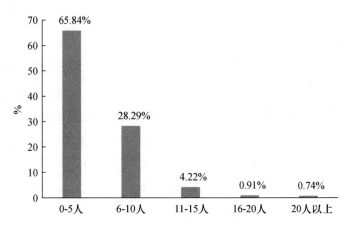

图 1-12　村落选举的候选人数情况

最后，就基层民主选举制度落实的满意度而言，受访村落中对基层民主选举制度的落实很满意的有 852 个，约占样本总量的 70.47%；对基层民主选举制度的落实基本满意的有 346 个，约占样本总量的 28.62%；对基层民主选举制度的落实不满意的有 11 个，约占样本总量的 0.91%。总体而言，大多数受访村落对基层民主选举制度的落实持满意态度。具体参见图 1-13。

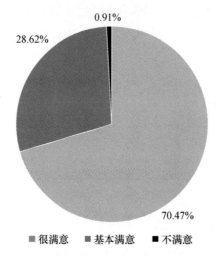

图 1-13　村落基层民主选举制度落实的满意度

（二）外出农民参选情况

调查结果显示，就外出农民参选情况而言，受访村落中外出农民不计算在选民范围的村落有 219 个，约占样本总量的 18.11%；外出农民计算在选民范围并由选举委员会决定与控制的村落有 132 个，约占样本总量的 10.92%；外出农民根据选民意愿委托他人投票的村落有 730 个，约占样本总量的 60.38%；其他情况的村落数量最少，共计 36 个，约占样本总量的 2.98%。而对于外出农民参选情况不清楚的受访村落有 92 个，约占样本总量的 7.61%。总体而言，大多数村落的外出农民是根据选民意愿委托他人进行投票。具体参见图 1-14。

（三）党派社团情况

首先，就受访村落中党员数量而言，党员数量在 1—50 人之间的村落最多，约占样本总量的 44.58%；而党员数量为 0 的村落最少，约占样本总量的 0.17%。其次，就受访村落中团员数量而言，团员数量在 100 人以上的村落最多，约占样本总量的 41.19%；而团员数量为 0 的村落最少，约占样本总量的 10.75%。再次，就受访村落中民主党派人员的数量而言，民主党派人员数量为 0 人的村落最多，约占样本总量的 90.57%；然后是民主党派人员数量为 1—10 人之间的村落，约占样本总量的 8.27%；而分布其他区间的村落较少，占比均在 1% 以下。最后，就受访村落中民间社团人员的数量而言，民间社团人员数量为 0 的村落最多，约占样本总量的

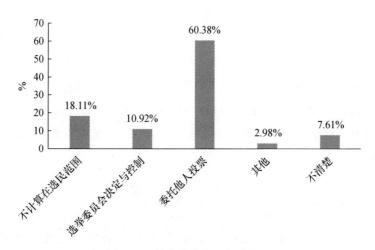

图 1-14　村落外出农民参选情况

93.30％；然后是民间社团人员数量为 1—10 人的村落，约占样本总量的 6.20％；而分布在其他区间的村落较少，占比均在 0.25％及以下。总体而言，村落的党员和团员数量较多集中在 1—50 人之间，且大多数的村落没有民主党派人员和民间社团人员。具体参见表 1-1。

表 1-1　村落的党派社团情况

党派社团	0 人		1—50 人		51—100 人		100 人以上	
	数量（个）	占比（%）	数量（个）	占比（%）	数量（个）	占比（%）	数量（个）	占比（%）
党员	2	0.17	539	44.58	412	34.08	256	21.17
团员	130	10.75	401	33.17	180	14.89	498	41.19

党派社团	0 人		1—10 人		11—20 人		20 人以上	
	数量（个）	占比（%）	数量（个）	占比（%）	数量（个）	占比（%）	数量（个）	占比（%）
民主党派人员	1095	90.57	100	8.27	4	0.33	10	0.83
民间社团人员	1128	93.30	75	6.20	3	0.25	3	0.25

（四）参政人员情况

首先，就受访村落中村干部数量而言，村干部数量在 6—10 人之间的村落最多，约占样本总量的 45.33％；然后是村干部数量在 1—5 人的村落，约占样本总量的 40.45％；而分布在其他区间的村落较少，占比均在 13.98％度以下。其次，就受访村落中人民代表数量而言，人民代表数量在 1—5 人之间的村落最多，约占样本总量的 58.48％；没有人民代表的村落次之，约占样本总量的 18.69％；而人民代表人数在 10 人以上的村落最少，约占样本总量的 9.59％。再次，就受访村落中政协委员人数而言，无政协委员的村落数量最多，约占样本总量的 79.07％；然后是政协委员人数在 1—5 人之间的村落，约占样本总量的 20.18%；而分布在其他区间的村落较少，占比均在 0.41% 及以下。最后，就受访村落中调解员人数而言，调解员人数在 1—5 人的村落最多，约占样本总量的 68.40%；然后是没有调解员的村落，约占样本总量的 26.14%；而分布在其他区间的村落较少，占比均在 3.47% 及以下。总体而言，受访村落中村干部人数主要集中在 1—10 人之间，人民代表人数主要集中在 1—5 人之间，调解员人数主要集中在 5 人及以下，且无政协委员的村落居多。具体参见表 1-2。

表 1-2　村落的参政人员情况

参政人员	0 人		1—5 人		6—10 人		10 人以上	
	数量(个)	占比(%)	数量(个)	占比(%)	数量(个)	占比(%)	数量(个)	占比(%)
村干部	3	0.25	489	40.45	548	45.33	169	13.98
人民代表	226	18.69	707	58.48	160	13.23	116	9.59
政协委员	956	79.07	244	20.18	5	0.41	4	0.33
调解员	316	26.14	827	68.40	42	3.47	24	1.99

（五）公共会议状况

首先，就受访村落召开党员代表大会次数而言，党员代表大会在 1—5 次的村落最多，约占样本总量的 56.41%；党员代表大会在 6—10 次的村落次之，约占样本总量的 21.09%；而没有召开党员代表大会的村落最少，约占样本总量的 3.06%。其次，就受访村落召开村委会会议次数而言，村委会会议在 10 次以上的村落最多，约占样本总量的 70.89%；村委会会议在 6—10 次以及 1—5 次的村落次之，分别约占样本总量的 14.81% 和 13.48%；而没有召开村委会会议的村落最少，约占样本总量的 0.83%。再次，就受访村落召开村民代表大会次数而言，村民代表大会在 1—5 次的村落最多，约占样本总量的 64.68%；村民代表大会在 6—10 次的村落次之，约占样本总量的 20.02%；而没有村民代表大会的村落最少，约占样本总量的 3.64%。最后，就受访村落召开宗族会议次数而言，没有召开宗族会议的村落最多，约占样本总量的 88.17%；宗族会议在 1—5 次的村落次之，约占样本总量的 10.50%；而分布在其他区间的村落较少，占比均在 0.99% 及以下。总体而言，大多数村落召开党员代表大会和村民代表大会的次数集中在 1—5 次之间，召开村委会会议集中在 10 次以上，且没有召开宗族会议的村落居多。参见表 1-3。

表 1-3　村落的公共会议情况

公共会议	0 次		1—5 次		6—10 次		10 次以上	
	数量（个）	占比（%）	数量（个）	占比（%）	数量（个）	占比（%）	数量（个）	占比（%）
党员代表大会	37	3.06	682	56.41	255	21.09	235	19.44
村委会会议	10	0.83	163	13.48	179	14.81	857	70.89
村民代表大会	44	3.64	782	64.68	242	20.02	141	11.66
宗族会议	1066	88.17	127	10.50	12	0.99	4	0.33

| 第二节 |

村落正式治理的区域对比分析

本节主要对比分析中国各区域村落正式治理的情况，包括村主任特征、村规民约和政治法律三个因素。

一、村主任特征

（一）教育程度

针对各区域村落村主任的受教育程度进行方差分析，结果表明，各区域村主任受教育程度存在显著性差异（$F=24.68$，$P<0.01$）。具体而言，村主任受教育程度为初中或以下学历的村落在各区域样本总量中占比最大的是西南地区（31.96%），最小的是东南地区（13.52%）；村主任受教育程度为中专、高中学历的村落在各区域样本总量中占比最大的是环渤海地区（53.33%），最小的是东北地区（28.79%）；村主任受教育程度为大专学历的村落在各区域样本总量中占比最大的是东北地区（40.91%），最小的是环渤海地区（15.33%）；村主任受教育程度为大学本科的村落在各区域样本总量中占比最大的是东南地区（18.59%），最小的是中部地区（1.53%）；此外仅有的一个受访村落的村主任为硕士学历的属于东南地区，约占该地区样本总量的 0.28%。由此可见，中国各区域村落村主任的受教育程度以中专、高中学历居多，且环渤海地区最多；大学本科学历的村主任较少，其中最多的地区是东南地区。此外，各区域硕士学历的村主任极少。具体参见表 1-4。

表 1-4　各区域村主任的受教育程度

区域	初中或以下		中专、高中		大专		大学本科		硕士		样本数量（个）
	数量（个）	占比（%）	数量（个）	占比（%）	数量（个）	占比（%）	数量（个）	占比（%）	数量（个）	占比（%）	
东南地区	48	13.52	114	32.11	126	35.49	66	18.59	1	0.28	355
环渤海地区	38	25.33	80	53.33	23	15.33	9	6.00	0	0.00	150
中部地区	76	29.01	123	46.95	59	22.52	4	1.53	0	0.00	262
东北地区	17	25.76	19	28.79	27	40.91	3	4.55	0	0.00	66
西南地区	70	31.96	96	43.84	42	19.18	11	5.02	0	0.00	219
西北地区	46	29.30	65	41.40	39	24.84	7	4.46	0	0.00	157

（二）政治身份

针对各区域村落村主任的政治身份进行方差分析，结果表明，各区域村主任的政治身份不存在显著性差异（$F=1.83$，$P>0.1$）。具体而言，村主任政治身份为党员的村落在各区域样本总量中的占比为 70.06%—82.00%；村主任政治身份为人大代表的村落在各区域样本总量中的占比为 10.00%—21.00%；村主任政治身份为政协委员的村落在各区域样本总量中的占比为 0.00%—0.67%；村主任为其他政治身份的村落在各区域样本总量中的占比为 8.68%—17.20%。由此可见，中国各区域村落村主任的不同政治身份占比相差不大。具体参见表 1-5。

表 1-5　各区域村主任的政治身份情况

区域	党员		人大代表		政协委员		其他		样本数量（个）
	数量（个）	占比（%）	数量（个）	占比（%）	数量（个）	占比（%）	数量（个）	占比（%）	
东南地区	264	74.37	40	11.27	1	0.28	50	14.08	355
环渤海地区	123	82.00	15	10.00	1	0.67	11	7.33	150
中部地区	189	72.14	42	16.03	1	0.38	30	11.45	262
东北地区	49	74.24	12	18.18	0	0.00	5	7.58	66
西南地区	154	70.32	46	21.00	0	0.00	19	8.68	219
西北地区	110	70.06	20	12.74	0	0.00	27	17.20	157

（三）任期

针对各区域村落中村主任任职时间进行方差分析，结果表明，各区域村主任任职时间存在显著性差异（$F=8.52$，$P<0.01$）。具体而言，环渤海地区村落中村主任平均任职时间最长（约 10.89 年），东南地区村落中村主任平均任职时间最短（约 6.48 年）。西北地区受访村落中村主任任职时间最大值达到 60 年，且各区域受访村落中村主任任职时间最小值均为 0。此外，该指标的标准差最大的地区是环渤海地区（9.22），最小的地区是东南地区（6.48）。由此可见，环渤海地区受访村落中村

主任平均任职时间最长，但环渤海地区各村落之间的村主任任职时间差距最大，东南地区受访村落中村主任平均任职时间最短，且东南地区各村落之间的村主任任职时间差距最小。具体参见表1-6。

表1-6　各区域村主任的任期情况（年）

区域	平均值（年）	标准差	最大值（年）	最小值（年）	样本数量（个）
东南地区	6.48	6.48	58	0	355
环渤海地区	10.89	9.22	42	0	150
中部地区	8.48	7.90	36	0	262
东北地区	8.76	8.45	35	0	66
西南地区	7.53	6.87	32	0	219
西北地区	6.72	7.96	60	0	157

（四）任职方式

针对各区域村落村主任的任职方式进行方差分析，结果表明，各区域村主任的任职方式不存在显著性差异（$F=0.62$，$P>0.1$）。具体而言，村主任的任职方式为委派的村落占各区域样本总量的5.33%—9.55%；村主任的任职方式为平行调动的村落占各区域样本总量的0.76%—2.54%；村主任的任职方式为民主选举的村落占各区域样本总量的89.17%—93.33%；村主任的其他任职方式占各区域样本总量的0.00%—1.53%。由此可见，中国各区域村落村主任的不同任职方式占比相差不大。具体参见表1-7。

表1-7　各区域村主任的任职方式

区域	委派		平行调动		民主选举		其他		样本数量（个）
	数量（个）	占比（%）	数量（个）	占比（%）	数量（个）	占比（%）	数量（个）	占比（%）	
东南地区	21	5.92	9	2.54	321	90.42	4	1.13	355
环渤海地区	8	5.33	2	1.33	140	93.33	0	0.00	150
中部地区	16	6.11	2	0.76	240	91.60	4	1.53	262
东北地区	5	7.58	1	1.52	60	90.91	0	0.00	66
西南地区	17	7.76	4	1.83	196	89.50	2	0.91	219
西北地区	15	9.55	2	1.27	140	89.17	0	0.00	157

（五）出生地

针对各区域村落的村主任出生地进行方差分析，结果表明，各区域村主任出生地存在显著性差异（$F=5.77$，$P<0.01$）。具体而言，村主任出生地为本村的村落在各区域样本总量中占比最大的是环渤海地区（98.67%），最小的是西北地区（84.08%）；村主任出生地为本乡镇的村落在各区域样本总量中占比最大的是西南地

区（8.68%），最小的是环渤海地区（0.00%）；村主任出生地为本县的村落在各区域样本总量中占比最大的是西北地区（6.37%），最小的是东北地区（0.00%）；村主任出生地为本省的村落在各区域样本总量中占比最大的是西北地区（3.18%），最小的是环渤海地区（0.00%）；村主任出生地为外省的村落在各区域样本总量中占比最大的是东北地区（3.03%），最小的是中部地区（0.00%）和西南地区（0.00%）。总体而言，中国各区域村落村主任的出生地以本村居多，且环渤海地区占比最大。其次，在本乡镇出生的村主任占比最大的是西南地区，在本县和本省出生的村主任占比最大的是西北地区，在外省出生的村主任占比最大的是东北地区。具体参见表1-8。

表 1-8　各区域村主任的出生地情况

区域	本村出生		本乡镇出生		本县出生		本省出生		外省出生		样本数量（个）
	数量（个）	占比（%）	数量（个）	占比（%）	数量（个）	占比（%）	数量（个）	占比（%）	数量（个）	占比（%）	
东南地区	312	87.89	26	7.32	12	3.38	4	1.13	1	0.28	355
环渤海地区	148	98.67	0	0.00	1	0.67	0	0.00	1	0.67	150
中部地区	246	93.89	9	3.44	6	2.29	1	0.38	0	0.00	262
东北地区	59	89.39	3	4.55	0	0.00	2	3.03	2	3.03	66
西南地区	186	84.93	19	8.68	9	4.11	5	2.28	0	0.00	219
西北地区	132	84.08	7	4.46	10	6.37	5	3.18	3	1.91	157

（六）任职前职业

针对各区域村落的村主任任职前职业进行方差分析，结果表明，各区域村主任任职前职业存在显著性差异（$F=6.42$，$P<0.01$）。具体而言，村主任任职前职业为民营企业人员的村落在各区域样本总量中占比为0.91%—4.23%；村主任任职前职业为集体企业人员的村落在各区域样本总量中占比4.57%—9.30%；村主任任职前职业为外资企业人员的村落在各区域样本总量中占比为0.00%—1.52%；村主任任职前职业为事业单位人员的村落在各区域样本总量中占比为2.67%—6.48%。然而，村主任任职前职业为民营企业人员的村落在各区域样本总量中占比为6.39%—26%；村主任任职前职业为政府机关人员的村落在各区域样本总量中占比为8.67%—22.73%。由此可见，各区域村主任任职前职业为国有企业、集体企业、外资企业、事业单位人员的占比差距不大，而各区域村主任任职前职业为民营企业和政府机关人员的占比差距较大。具体参见表1-9。

表 1-9　各区域村主任的任职前职业情况

区域	国有企业人员（%）	集体企业人员（%）	民营企业人员（%）	外资企业人员（%）	政府机关人员（%）	事业单位人员（%）	其他人员（%）	样本数量（个）
东南地区	4.23	9.30	18.03	1.13	17.18	6.48	43.66	355
环渤海地区	2.00	6.67	26.00	0.67	8.67	2.67	53.33	150
中部地区	3.82	6.11	11.83	0.76	14.12	4.96	58.40	262
东北地区	1.52	6.06	10.61	1.52	22.73	4.55	53.03	66
西南地区	0.91	4.57	6.39	0.00	21.92	5.94	60.27	219
西北地区	3.82	5.10	12.74	0.00	17.20	5.73	55.41	157

（七）前任村主任去向

针对各区域村落的前任村主任去向进行方差分析，结果表明，各区域村落的前任村主任去向存在显著性差异（$F = 3.21$，$P < 0.01$）。具体而言，前任村主任去向为晋升的村落在各区域样本总量中占比最大的是东南地区（26.76%），最小的是环渤海地区（10.67%）；前任村主任去向为平调的村落在各区域样本总量中占比最大的是东北地区（24.24%），最小的是环渤海地区（12.00%）；前任村主任去向为降职的村落在各区域样本总量中占比最大的是环渤海地区（22.00%），最小的是东南地区（3.94%）；而其他去向的占比为51.52%—57.08%，占比的最大值与最小值之间相差并不大。由此可见，东南地区村落的前任村主任去向为晋升的居多，降职的居少；环渤海地区村落的前任村主任去向为降职的居多，晋升和平调的居少。具体参见表1-10。

表 1-10　各区域村落的前任村主任去向

区域	晋升		平调		降职		其他		样本数量（个）
	数量（个）	占比（%）	数量（个）	占比（%）	数量（个）	占比（%）	数量（个）	占比（%）	
东南地区	95	26.76	63	17.75	14	3.94	183	51.55	355
环渤海地区	16	10.67	18	12.00	33	22.00	83	55.33	150
中部地区	54	20.61	35	13.36	33	12.60	140	53.44	262
东北地区	8	12.12	16	24.24	8	12.12	34	51.52	66
西南地区	43	19.63	30	13.70	21	9.59	125	57.08	219
西北地区	21	13.38	25	15.92	26	16.56	85	54.14	157

二、村规民约

（一）是否有村规民约

针对各区域村落否存在村规民约进行方差分析，结果表明，各区域村落村规民约不存在显著性差异（$F = 1.38$，$P > 0.1$）。具体而言，有村规民约的村落在各区域样本总量中的占比为 75.76%—84.93%，且其最大值与最小值之间相差并不大；无村规民约的村落在各区域样本总量中的占比为 15.07%—24.24%，且其最大值与最小值之间相差也不大。由此可见，各区域大多数村落都有村规民约，且各区域之间的差异不大。具体参见表 1-11。

表 1-11　各区域村落有无村规民约的情况

区域	有村规民约		无村规民约		样本数量（个）
	数量（个）	占比（%）	数量（个）	占比（%）	
东南地区	296	83.38	59	16.62	355
环渤海地区	124	82.67	26	17.33	150
中部地区	212	80.92	50	19.08	262
东北地区	50	75.76	16	24.24	66
西南地区	186	84.93	33	15.07	219
西北地区	120	76.43	37	23.57	157

（二）村规民约形式

针对各区域村落的村规民约形式进行方差分析，结果表明，各区域村落村规民约形式不存在显著性差异（$F=0.75$，$P>0.1$）。具体而言，村规民约形式为在村委会进行公示的村落在各区域样本总量中占比最大的地区是环渤海地区（70.00%），最小的地区是东北地区（56.06%），其他地区均与环渤海地区相差不大；村规民约形式为每家每户定期分发的村落在各区域样本总量中占比为 20% 以上的地区分别为东北地区（22.73%）和西南地区（20.09%），该占比在 20% 以下的地区分别为东南地区（18.59%）、环渤海地区（13.33%）、中部地区（12.21%）和西北地区（10.19%）；其他村规民约形式占比最大的地区是东北地区（21.21%），最小的地区是西南地区（11.87%）。由此可见，各区域村落村规民约的形式差别不大，且通过在村委会进行公示的居多。具体参见表 1-12。

表 1-12　各区域村落的村规民约形式

区域	在村委会进行公示		每家每户定期分发		其他		样本数量（个）
	数量（个）	占比（%）	数量（个）	占比（%）	数量（个）	占比（%）	
东南地区	231	65.07	66	18.59	58	16.34	355
环渤海地区	105	70.00	20	13.33	25	16.67	150
中部地区	180	68.70	32	12.21	50	19.08	262
东北地区	37	56.06	15	22.73	14	21.21	66
西南地区	149	68.04	44	20.09	26	11.87	219
西北地区	108	68.79	16	10.19	33	21.02	157

三、政治法律

(一) 选举制度

首先，针对各区域村落选举是否公开计票进行方差分析，结果表明，各区域村落是否公开计票不存在显著性差异（$F=0.79$，$P>0.1$）。具体而言，公开计票的村落在各区域样本总量中的占比相差不大，主要集中在 87.04%—91.08%；不公开计票的村落在各区域样本总量中的占比相差也不大，主要集中在 8.92%—13.64%。由此可见，各区域公开计票的村落占比和不公开计票的村落占比波动不大。具体参见表 1-13。

表 1-13 各区域村落选举是否公开计票的情况

区域	公开计票		不公开计票		样本数量（个）
	数量（个）	占比（%）	数量（个）	占比（%）	
东南地区	309	87.04	46	12.96	355
环渤海地区	133	88.67	17	11.33	150
中部地区	238	90.84	24	9.16	262
东北地区	57	86.36	9	13.64	66
西南地区	198	90.41	21	9.59	219
西北地区	143	91.08	14	8.92	157

其次，针对各区域村落候选人产生方式进行方差分析，结果表明，各区域村落候选人产生方式存在显著性差异（$F=2.36$，$P<0.05$）。具体而言，候选人由群众直接提名产生的村落在各区域样本总量中占比最大的是东北地区（72.73%），最小的是环渤海地区（54.00%）；候选人由选举委员会提名产生的村落在各区域样本总量中占比最大的是环渤海地区（26.00%），最小的是东北地区（18.18%）；候选人由村党支部提名产生的村落在各区域样本总量中占比最大的是环渤海地区（6.00%），最小的是中部地区（1.91%）；候选人由上级提名产生的村落在各区域样本总量中占比最大的是中部地区（2.67%），最小的是东南地区（1.13%）。此外，对候选人产生方式不清楚的村落在各区域样本总量中占比为 1.52%—5.73%；选择其他方式产生候选人的村落在各区域样本总量中占比为 1.52%—8.00%。由此可见，相较于其他地区而言，候选人由群众直接提名产生的村落最多的是东北地区，由选举委员会提名和村党支部提名产生的村落最多的是环渤海地区。具体参见表 1-14。

表 1-14　各区域村落的候选人产生方式

区域	群众直接提名（%）	选举委员会提名（%）	村党支部提名（%）	上级提名（%）	不清楚（%）	其他（%）	样本数量（个）
东南地区	64.51	20.28	5.63	1.13	3.38	5.07	355
环渤海地区	54.00	26.00	6.00	1.33	4.67	8.00	150
中部地区	65.27	24.05	1.91	2.67	4.20	1.91	262
东北地区	72.73	18.18	4.55	1.52	1.52	1.52	66
西南地区	65.30	20.09	4.57	2.28	5.02	2.74	219
西北地区	66.24	19.11	4.46	1.27	5.73	3.18	157

再次，针对各区域村落候选人数进行方差分析，结果表明，各区域村落候选人数存在显著性差异（$F = 2.64$，$P < 0.05$）。具体而言，中部地区平均候选人数最多（约 7 人），环渤海地区、东北地区和西北地区平均候选人数最少（约 4 人）。该指标标准差最大的地区是中部地区（18.64），最小的地区是东北地区（2.26）。此外，中部地区候选人数最大值达到 250 人，而除了东南地区和中部地区（0 人）以外，其他各区域候选人数最小值均为 1。由此可见，相较于其他地区而言，中部地区村落平均候选人数最多，但各村落之间的候选人数差距最大。环渤海地区、东北地区和西北地区平均候选人数最少，且东北地区各村落之间的候选人数差距最小。具体参见表 1-15。

表 1-15　各区域村落的候选人数情况

区域	平均值（人）	标准差	最大值（人）	最小值（人）	样本数量（个）
东南地区	5.05	3.97	48	0	355
环渤海地区	4.93	3.05	20	1	150
中部地区	7.32	18.64	250	0	262
东北地区	4.62	2.26	11	1	66
西南地区	5.69	4.13	36	1	219
西北地区	4.72	2.97	20	1	157

最后，针对各区域村落对基层民主选举制度落实的满意程度进行方差分析，结果表明，各区域村落对基层民主选举制度落实的满意程度存在显著性差异（$F = 1.99$，$P < 0.1$）。具体而言，对基层民主选举制度落实很满意的村落在各区域样本总量中占比最大的是环渤海地区（76.67%），最小的是西北地区（64.33%）；对基层民主选举制度落实基本满意的村落在各区域样本总量中占比最大的是西北地区（33.76），最小的是环渤海地区（23.33%）；对基层民主选举制度落实不满意的村落数在各区域样本总量中占比最大的是西北地区（1.91%），最小的环渤海地区（0.00%）和东北地区（0.00%）。由此可见，相较于其他地区而言，环渤海地区对基层民主选举制度落实很满意的村落占比最大，西北地区对基层民主选举制度落实

基本满意和不满意的村落占比最大，且西北地区对基层民主选举制度落实很满意的村落占比相对较小。具体参见表1-16。

表 1-16　各区域村落基层民主选举制度的满意度

区域	很满意		基本满意		不满意		样本数量（个）
	数量（个）	占比（%）	数量（个）	占比（%）	数量（个）	占比（%）	
东南地区	257	72.39	96	27.04	2	0.56	355
环渤海地区	115	76.67	35	23.33	0	0.00	150
中部地区	179	68.32	79	30.15	4	1.53	262
东北地区	50	75.76	16	24.24	0	0.00	66
西南地区	150	68.49	67	30.59	2	0.91	219
西北地区	101	64.33	53	33.76	3	1.91	157

（二）外出农民参选情况

针对各区域村落外出农民参选情况进行方差分析，结果表明，各区域村落外出农民参选情况存在显著性差异（$F=2.42$，$P<0.05$）。具体而言，外出农民不计算在选民范围的村落在各区域样本总量中占比最大的为中部地区，约为 22.52%，最小的为东南地区，约为 15.21%；外出农民的参选由选举委员会决定与控制（计算在选民范围）的村落在各区域样本总量中占比最大的是环渤海地区，约为 18.67%，最小的是中部地区，约为 6.49%；外出农民根据选民意愿委托他人投票的村落在各区域样本总量中占比最大的为中部地区，约为 65.65%，最小的是环渤海地区，约为 50.00%。由此可见，相较于其他地区而言，中部地区不计算在选民范围的村落和根据选民意愿委托他人投票的村落最多，而由选举委员会决定与控制（计算在选民范围）的村落最少；东南地区不计算在选民范围的村落最少；环渤海地区由选举委员会决定与控制（计算在选民范围）的村落居多，而根据选民意愿委托他人投票的村落居少。具体参见表1-17。

表 1-17　各区域村落的外出农民参选情况

区域	不计算在选民范围		选举委员会决定与控制		委托他人投票		其他		不清楚		样本数量（个）
	数量（个）	占比（%）	数量（个）	占比（%）	数量（个）	占比（%）	数量（个）	占比（%）	数量（个）	占比（%）	
东南地区	54	15.21	36	10.14	215	60.56	32	9.01	18	5.07	355
环渤海地区	24	16.00	28	18.67	75	50.00	18	12.00	5	3.33	150
中部地区	59	22.52	17	6.49	172	65.65	14	5.34	0	0.00	262
东北地区	13	19.70	9	13.64	42	63.64	1	1.52	1	1.52	66
西南地区	42	19.18	16	7.31	143	65.30	14	6.39	4	1.83	219
西北地区	27	17.20	26	16.56	83	52.87	13	8.28	8	5.10	157

（三）党派社团

针对各区域党派社团（包括党员、团员、民主党派和民间社团）人数进行方差分析，结果表明，各区域党员人数（$F=10.27$，$P<0.01$）、民主党派人数（$F=3.83$，$P<0.01$）和民间社团人数（$F=2.20$，$P<0.1$）均存在显著性差异，而各区域团员人数（$F=1.51$，$P>0.1$）不存在显著性差异。具体而言，首先，东南地区平均党员人数最多，约 107 人，东北地区平均党员人数最少，约 42 人。其次，各区域民主党派人数均较少，其中最多的地区是东南地区和东北地区（约为 1 人），而其他地区均不足 1 人。最后，各区域平均民间社团人数均不足 1 人，相比之下西北地区平均民间社团人数最接近 1 人。由此可见，相较于其他地区而言，东南地区的党员人数、民主党派人数和民间社团人数相对较多，而各区域的团员人数不存在显著性差异。具体参见表 1-18。

表 1-18　各区域村落的党派社团情况

区域	党员（人）	团员（人）	民主党派（人）	民间社团（人）	样本数量（个）
东南地区	107.83	150.26	1.70	0.55	355
环渤海地区	45.64	99.03	0.21	0.04	150
中部地区	77.48	165.94	0.24	0.21	262
东北地区	42.73	108.35	1.00	0.08	66
西南地区	64.39	175.30	0.20	0.13	219
西北地区	49.72	119.28	0.27	0.61	157

（四）参政人员情况

针对各区域参政人员（包括村干部、人民代表、政协委员和调解员）人数进行方差分析，结果表明，各区域村落村干部人数（$F=6.29$，$P<0.01$）存在显著性差异，而各区域人民代表人数（$F=0.50$，$P>0.1$）、政协委员人数（$F=0.88$，$P>0.1$）、调解员人数（$F=0.94$，$P>0.1$）均不存在显著性差异。具体而言，东南地区村落村干部平均人数最多，约为 10 人，环渤海地区和东北地区村干部平均人数最少，约为 5 人。此外，各区域村落人民代表人数均在 5 人左右，政协委员人数为 1 人或不足 1 人，调解员人数大多为 1 人或 2 人。由此可见，东南地区村落村干部人数较多，环渤海地区和东北地区人数较少，而各区域的人民代表人数、政协委员人数和调解员人数均不存在显著性差异。具体参见表 1-19。

表 1-19　各区域村落的参政人员情况

区域	村干部（人）	人民代表（人）	政协委员（人）	调解员（人）	样本数量（个）
东南地区	10.23	6.42	1.41	2.95	355
环渤海地区	5.82	5.41	0.28	1.53	150
中部地区	6.19	5.25	0.23	1.82	262
东北地区	5.32	5.59	0.15	1.26	66
西南地区	7.37	5.14	0.22	2.53	219
西北地区	8.73	7.25	0.83	2.12	157

（五）公共会议

针对各区域村落的公共会议（包括党支部会议、党员大会、村委会会议、村民代表大会和宗族会议）次数进行方差分析，结果表明，各区域党支部会议次数（$F=1.68$，$P>0.1$）和党员大会次数（$F=1.35$，$P>0.1$）不存在显著性差异，而村委会会议次数（$F=4.61$，$P<0.01$）、村民代表大会次数（$F=3.13$，$P<0.01$）和宗族会议次数（$F=2.87$，$P<0.05$）存在显著性差异。具体而言，各区域村落党支部会议次数均在 10 次左右，而党员大会次数均在 6 次左右。此外，中部地区村落村委会会议平均次数最多，约为 26 次，环渤海地区村委会会议平均次数最少，约为 17 次；东北地区村民代表大会平均次数最多，约为 7 次，中部地区和东南地区村民代表大会平均次数最少，约为 4 次；各区域村落的宗族会议平均次数均不足 1 次，其中西北地区宗族会议平均次数最接近 1 次。由此可见，村委会会议、村民代表大会以及宗族会议较多的地区分别为中部地区、东北地区和西北地区，而各区域的党支部会议和党员大会均不存在显著性差异。具体参见表 1-20。

表 1-20　各区域村落的公共会议情况

区域	党支部会议（次）	党员大会（次）	村委会会议（次）	村民代表大会（次）	宗族会议（次）	样本数量（个）
东南地区	12.37	6.05	19.52	4.95	0.33	355
环渤海地区	12.15	6.15	17.44	5.57	0.33	150
中部地区	13.66	6.46	26.04	4.94	0.25	262
东北地区	10.08	5.30	18.06	7.29	0.05	66
西南地区	11.57	6.20	22.50	6.05	0.23	219
西北地区	13.35	7.50	18.25	5.84	0.67	157

村落非正式治理的总体状况

本节主要介绍中国村落非正式治理的总体状况，包括宗族祠堂和精神领袖与社会贤达两个因素。

一、宗族祠堂

（一）是否有祠堂

调查结果显示，受访村落中 319 个村落建立了祠堂，约占样本总量的 26.39％；890 个村落没有祠堂，约占样本总量的 73.61％。另外，对于村落拥有祠堂数量而言，拥有 1—5 个祠堂的村落数量最多，共计 283 个，约占样本总量的 23.41％；其次是拥有 6—10 个祠堂的村落，共计 19 个，约占样本总量的 1.57％；而有 20 个祠堂以上的村落数量最少，共计 6 个，约占样本总量的 0.33％。总体而言，绝大多数村落无祠堂，有祠堂的村落中，拥有 1—5 个祠堂的村落数量最多。具体参见图1-15。

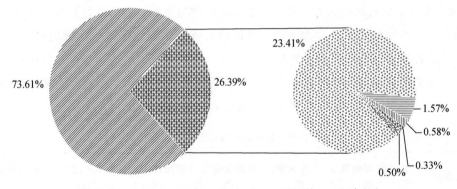

图 1-15　村落的祠堂情况

（二）前三大宗族

调查结果显示，就前三大宗族在总户数中的占比而言，最大宗族占总户数的33.60％；第二大宗族占总户数的 14.4％；第三大宗族占总户数的 10.10％。由此可见，受访村落的前三大宗族在总户数中的占比超过半数。具体参见图1-16。

（三）族谱家谱

调查结果显示，就村落是否有族谱家谱而言，受访村落中有 487 个村落无族谱家谱，约占样本总量的 40.28％；有 722 个村落有族谱家谱，约占样本总量的

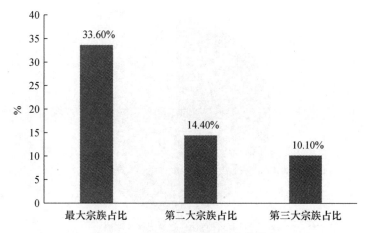

图 1-16　村落的前三大宗族占比情况

59.72%。其中，拥有 1—5 个族谱家谱的村落最多，共计 496 个，约占样本总量的 41.03%，其次是拥有 6—10 个族谱家谱的村落，共计 129 个，约占样本总量的 10.67%，而拥有 20 个族谱家谱以上的村落数量最少，约占样本总量的 3.06%。总体而言，受访村落中拥有族谱家谱的村落占比较大，其中拥有 1—5 个族谱家谱的村落占比最高。具体参见图 1-17。

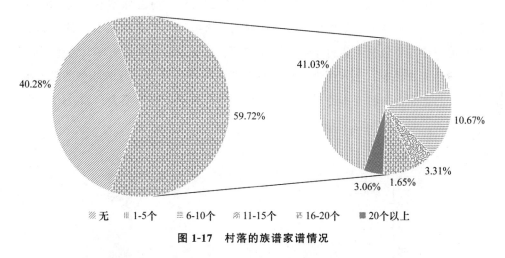

图 1-17　村落的族谱家谱情况

二、精神领袖与社会贤达

（一）是否有精神领袖与社会贤达

调查结果显示，对于村落是否有精神领袖与社会贤达而言，受访村落中有 237 个村落有精神领袖与社会贤达，约占样本总量的 19.60%；有 972 个村落无精神领袖与社会贤达，约占样本总量的 80.40%。总体而言，大多数村落并没有精神领袖与社会贤达。具体参见图 1-18。

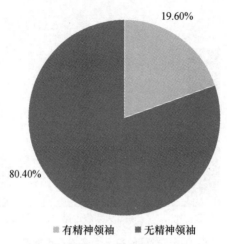

19.60%

80.40%

▨ 有精神领袖　▉ 无精神领袖

图 1-18　村落是否有精神领袖与社会贤达

（二）行政职位

调查结果显示，对于受访村落中精神领袖与社会贤达的行政职位而言，精神领袖与社会贤达的行政职位为乡镇长的村落有 9 个，约占样本总量的 0.74%；精神领袖与社会贤达的行政职位为村主任的村落有 59 个，约占样本总量的 4.88%；精神领袖与社会贤达的行政职位为村支书的村落有 251 个，约占样本总量的 20.76%；精神领袖与社会贤达的行政职位为其他的村落有 890 个，约占样本总量的 73.61%。其中其他职位主要包括退休村干部、退休教师、政协委员、家族长辈、医生、商人、有威望的普通农民等。总体而言，相比精神领袖与社会贤达的行政职位为镇长和村主任，其行政职位为村支书的村落较多，且其他行政职位占比最大，如退休村干部、家族长辈等。具体参见图 1-19。

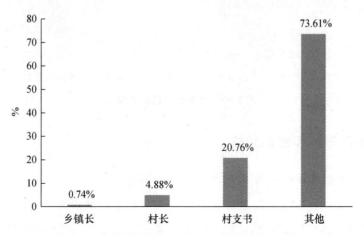

图 1-19　村落精神领袖与社会贤达的行政职位情况

村落非正式治理的区域对比分析

本节主要对比分析中国各区域村落非正式治理的情况，包括宗族祠堂和精神领袖与社会贤达两个因素。

一、宗族祠堂

（一）是否有祠堂

首先，针对各区域村落是否有祠堂进行方差分析，结果表明，各区域村落是否有祠堂存在显著性差异（$F=7.51$，$P<0.01$）。具体而言，无祠堂的村落占比最大的是环渤海地区，约为该地区样本总量的 88.67%；最小的是中部地区，约为该地区样本总量的 67.18%。有祠堂的村落占比最大的是中部地区，约为该地区样本总量的 32.82%；最小的是环渤海地区，约为该地区样本总量的 11.33%。其次，针对各区域村落中祠堂的数量进行方差分析，结果表明，各区域村落中祠堂的数量存在显著性差异（$F=3.99$，$P<0.01$）。具体而言，西南地区村落祠堂的平均数量最多，约为 2 个，中部地区祠堂的平均数量约为 1 个，其他地区祠堂的平均数量均不足 1 个。由此可见，相较于其他地区，环渤海地区无祠堂的村落居多，而中部地区有祠堂的村落居多。此外，西南地区的祠堂平均数量较多。具体参见表 1-21。

表 1-21　各区域村落是否有祠堂情况

区域	无祠堂		有祠堂		祠堂数量（个）	样本数量（个）
	数量（个）	占比（%）	数量（个）	占比（%）	均值	
东南地区	242	68.17	113	31.83	0.84	355
环渤海地区	133	88.67	17	11.33	0.12	150
中部地区	176	67.18	86	32.82	1.10	262
东北地区	57	86.36	9	13.64	0.14	66
西南地区	158	72.15	61	27.85	2.09	219
西北地区	124	78.98	33	21.02	0.38	157

（二）前三大宗族

首先，针对各区域村落前三大宗族（包括最大宗族、第二大宗族、第三大宗族）在总户数中的占比进行方差分析，结果表明，各区域最大宗族在总户数中的占比

（$F=21.22$，$P<0.01$）、第二大宗族在总户数中的占比（$F=13.70$，$P<0.01$）和第三大宗族在总户数中的占比（$F=2.37$，$P<0.05$）均存在显著性差异。具体而言，环渤海地区最大宗族在总户数中的占比最大，约为 45.88％，东北地区最大宗族在总户数中的占比最小，约为 15.33％；中部地区第二大宗族在总户数中的占比最大，约为 17.49％，东北地区第二大宗族在总户数中的占比最小，约为 10.05％；环渤海地区第三大宗族在总户数中的占比最大，约为 12.59％，东北地区第三大宗族在总户数中占比最小，约为 6.80％。由此可见，最大宗族、第二大宗族以及第三大宗族在总户数中占比最大的地区分别是环渤海地区、中部地区以及环渤海地区。具体参见表 1-22。

表 1-22　各区域村落的前三大宗族情况

区域	最大宗族在总户数中的占比（％）	第二大宗族在总户数中的占比（％）	第三大宗族在总户数中的占比（％）	样本数量（个）
东南地区	30.45	12.14	9.77	355
环渤海地区	45.88	16.64	12.59	150
中部地区	40.12	17.49	10.20	262
东北地区	15.33	10.05	6.80	66
西南地区	29.48	15.71	9.77	219
西北地区	31.27	12.48	9.96	157

（三）族谱家谱

首先，针对各区域村落是否有族谱家谱进行方差分析，结果表明，各区域村落是否有族谱家谱存在显著性差异（$F=14.37$，$P<0.01$）。具体而言，无族谱家谱的村落占比最大的是东北地区，约为该地区样本总量的 54.55％，占比最小的是中部地区，约为该地区样本总量的 23.28％；有族谱家谱的村落占比最大的是中部地区，约为该地区样本总量的 76.72％，占比最小的是东北地区，约为该地区样本总量的 45.45％。其次，针对各区域村落族谱家谱的数量进行方差分析，结果表明，各区域村落族谱家谱的数量也存在显著性差异（$F=2.21$，$P<0.1$）。具体而言，西南地区和中部地区族谱家谱的平均数量最多，约为 4 个，东南地区族谱家谱的平均数量最少，约为 3 个。由此可见，中部地区有族谱家谱的村落居多，而东北地区无族谱家谱的村落居多。此外，相较于其他地区，西南地区和中部地区的族谱家谱均值最大。具体参见表 1-23。

表 1-23　各区域村落的族谱家谱情况

区域	无族谱家谱		有族谱家谱		族谱家谱数量（个）	样本数量（个）
	数量（个）	占比（%）	数量（个）	占比（%）	均值	
东南地区	186	52.39	169	47.61	2.73	355
环渤海地区	58	38.67	92	61.33	3.51	150
中部地区	61	23.28	201	76.72	4.25	262
东北地区	36	54.55	30	45.45	3.53	66
西南地区	71	32.42	148	67.58	4.42	219
西北地区	75	47.77	82	52.23	3.90	157

二、精神领袖与社会贤达

（一）是否有精神领袖与社会贤达

针对各区域村落是否有精神领袖与社会贤达进行方差分析，结果表明，各区域村落是否有精神领袖与社会贤达存在显著性差异（$F=4.36$，$P<0.01$）。具体而言，无精神领袖与社会贤达的村落占比最大的是东北地区，约为该地区样本总量的93.94%，最小的是西南地区，约为该地区样本总量的73.97%；有精神领袖与社会贤达的村落占比最大的是西南地区，约为该地区样本总量的26.03%，最小的是东北地区，约为该地区样本总量的6.06%。由此可见，各区域无精神领袖与社会贤达的村落占据大多数，而有精神领袖与社会贤达的村落较少。其中，西南地区有精神领袖与社会贤达的村落相对较多，而东北地区有精神领袖与社会贤达的村落相对较少。具体参见表1-24。

表 1-24　各区域村落是否有精神领袖与社会贤达情况

区域	无精神领袖与社会贤达		有精神领袖与社会贤达		样本数量
	个数	比例	个数	比例	
东南地区	296	83.38	59	16.62	355
环渤海地区	128	85.33	22	14.67	150
中部地区	207	79.01	55	20.99	262
东北地区	62	93.94	4	6.06	66
西南地区	162	73.97	57	26.03	219
西北地区	117	74.52	40	25.48	157

（二）行政职位

针对各区域村落精神领袖与社会贤达的行政职位进行方差分析，结果表明，各区域村落精神领袖与社会贤达的行政职位存在显著性差异（$F=28.59$，$P<0.01$）。

具体而言，各区域精神领袖与社会贤达的其他行政职位占比较大（多为退休村干部、退休教师、政协委员、家族长辈、医生、商人、有威望的普通农民等），而精神领袖与社会贤达的行政职位为乡镇长、村主任以及村支书的占比较小。其中，乡镇长、村主任以及村支书占比最大的地区分别为环渤海地区、东南地区以及东南地区，占比分别为2.00%、5.92%以及42.25%，而占比最小的地区分别为中部地区、东北地区以及东北地区，占比分别为0.00%、3.03%以及0.00%。由此可见，除了其他行政职位之外，精神领袖与社会贤达的行政职位以乡镇长、村主任以及村支书居多的地区分别为环渤海地区、东南地区以及东南地区。具体参见表1-25。

表1-25 各区域村落精神领袖与社会贤达的行政职位情况

区域	乡镇长		村主任		村支书		其他		样本数量（个）
	数量（个）	占比（%）	数量（个）	占比（%）	数量（个）	占比（%）	数量（个）	占比（%）	
东南地区	3	0.85	21	5.92	150	42.25	181	50.99	355
环渤海地区	3	2.00	6	4.00	51	34.00	90	60.00	150
中部地区	0	0.00	9	3.44	11	4.20	242	92.37	262
东北地区	1	1.52	2	3.03	0	0.00	63	95.45	66
西南地区	1	0.46	11	5.02	7	3.20	200	91.32	219
西北地区	1	0.64	10	6.37	32	20.38	114	72.61	157

第二章
Chapter Two

村落营商环境

营商环境是在创业、经营活动中发挥重要作用的要素组合（Fogel *et al.*，2001），是决定创业成功与经济发展的关键。要推动农民自主创业，就必须努力优化农村营商环境。据此，本次调查在参考 GEM 相关度量框架的前提下，借鉴现有研究成果，将中国村落营商环境分为七类主要影响因素，具体包括：教育与培训、人口流动、文化与制度、金融服务机构、交通运输通信、吸引外部资本的能力和村落创业政策。这些指标将有助于我们较为全面地了解中国农村营商环境的现状。

一、教育与培训

村落的创业者与经营者，由于受到资源和自身能力等多种因素的制约，在创业与经营过程中将会面临多重阻碍。因此，人力资本投入与学习等活动对于创业者与经营者而言就显得非常重要，有效提高农民的人力资本与就业能力及创业能力刻不容缓。这要求一方面要加强农村地区的基础教育，提高农民的受教育水平；另一方面更应该加强对农民的创业培训，通过创业培训，增加农民的管理知识、市场知识，提高其创业意识，最终提高农民的创业与经营能力。已有学者发现，教育与培训对企业的建立和发展有着非常重要的作用（Howells *et al.*，2002；Etzkowitz and Klofsten，2010；Batjargal，2007），鉴于此，本次调查拟选择"教育程度"和"技能培训"作为衡量村落教育与培训的指标。

二、人口流动

"新型城镇化"战略以人为核心，旨在提高农村流动人口收入水平和生活质量，促进其与当地社会融合，实现"人的城市化"。就农村流动人口群体本身而言，农村流动人口越多、越集中，意味着非正规服务需求越多，从而越有利于农村流动人口创业。（冯建喜等，2016）鉴于此，本次调查将通过"本乡镇打工人数""本县打工人数""本省打工人数""外省打工人数"等指标来反映村落的人口流动情况。

三、文化与制度

诸多学者认为创业与经营活动会受到所处制度环境的制约和激励。（Baumol，1990；Bruton and Ahlstrom，2003；Scott，2000）其中，宗教信仰作为非正式制度的重要组成部分，也与一个社会的社会文化、商业精神、信任水平等有着密切的关系。（辛宇等，2016）阮荣平等（2014）考察了宗教信仰对创业与否的影响并发现宗教信仰正向影响创业的概率。基于此，本次调查将从"宗教信仰"和"宗教建筑"两个指标来衡量村落的文化与制度。

四、金融服务机构

村落创业与经营需要大量的资金支持，然而金融资源的不足往往会严重制约创业的活力。已有学者关注企业金融资本的获取状况，即创业过程中的微观信贷支持情况（Sharmina *et al.*，2008），认为通过金融机构获得贷款对村落创业者有极大的帮助（Banerjee *et al.*，2009）。目前通过金融机构获得贷款主要有传统金融和互联网金融等途径。鉴于此，本次调查将从"传统金融机构"和"互联网金融机构"两个角度来衡量村落的金融服务机构建设情况。

五、交通运输通信

已有研究表明，便利的交通、完善的服务、快速的信息等都可以降低创业与经营的附加成本，对创业与经营活动产生重要的影响。（陈忠卫等，2009）因此，本次调查将从"村落现有交通运输通信工具""村落与主要交通运输通信枢纽的距离"和"村落现有通信工具"等角度来测量村落交通运输通信状况。

六、吸引外部资本的能力

已有研究发现外资进入不仅可以带来先进的技术和管理经验，还可以带来正的外溢效应，比如竞争示范效应、人员流动效应和供应链效应等（Lerner，2000）；同时，也加大了地区创新创业的力度（李希义，2009）。鉴于此，本次调查将从"固定资产投资""外资投资""外省市投资""其他投资"四个方面来反映村落吸引外部资本的能力。

七、村落创业政策

创业水平受到不同环境因素的影响，尤其是社会、文化和政治背景及国家政策，这些因素将会直接或间接影响农民是否创业的决定及其创业水平的高低。因此，为村落创业提供适宜的政策，包括财税优惠政策、信贷支持政策以及工商行政管理支持政策等，是促进村落创业的前提。鉴于此，我们将从"创业项目的审批""政府的资金扶持""创业过程中的支出"三个指标来衡量村落的创业政策状况。

| 第一节 |

村落营商环境的总体状况

本节主要介绍中国村落营商环境总体状况，包括教育与培训、人口流动、文化与制度、金融服务机构、交通运输通信、吸引外部资本的能力以及村落创业政策七个因素。

一、教育与培训

（一）教育程度

调查结果显示，就村落居民的受教育程度而言，大学及以上学历和文盲人数在0—50人之间的村落较多，分别约占样本总量的42.43％和45.41％，且大学及以上学历和文盲人数在51—100人的村落也较多，分别约占样本总量的18.36％和14.56％；高中学历和小学学历人数在101—500人的村落也较多，分别约占样本总量的48.55％和37.22％；初中学历人数在500人以上的村落最多，约占样本总量的56.08％，小学学历人数次之，约占样本总量的47.73％。总体而言，各区域村落居民为初中学历的人数较多，其次是小学和高中学历，而大学及以上学历较少。也就是说，村落居民的受教育水平普遍较低。具体参见表2-1。

表 2-1　村落居民的受教育情况

教育程度	0—50人		51—100人		101—500人		500人以上	
	村落数量(个)	占比(％)	村落数量(个)	占比(％)	村落数量(个)	占比(％)	村落数量(个)	占比(％)
大学及以上	513	42.43	222	18.36	425	35.15	49	4.05
高中	207	17.12	151	12.49	587	48.55	264	21.84
初中	64	5.29	63	5.21	404	33.42	678	56.08
小学	102	8.44	80	6.62	450	37.22	577	47.73
文盲	549	45.41	176	14.56	414	34.24	70	5.79

（二）技能培训

就过去一年政府是否提供过职业技能培训而言，调查结果显示，受访村落中有

936 个村落表示过去一年政府提供过职业技能培训,约占样本总量的 77.42%;而有 273 个村落表示过去一年政府未提供过职业技能培训,约占样本总量的 22.58%。总体而言,过去一年政府提供过职业技能培训的居多,也就是说政府大力支持村落的技能培训。

另外,就参加技能培训(包括参加农业技能培训和非农业技能培训)而言,调查结果显示,参加农业技能培训和非农业技能培训的人数在 1—50 人的村落最多,分别约占样本总量的 36.64% 和 37.55%。其次,参加农业技能培训的人数在 100 人以上和 51—100 人的村落次之,分别约占样本总量的 26.47% 和 23.49%;参加非农业技能培训的人数为 0 人和 51—100 人的村落次之,分别约占样本总量的 24.81% 和 21.34%。另外,本书还计算了"参加农业技能培训人数与户籍人口之比""参加非农业技能培训人数与户籍人口之比"两个相对指标。结果表明,参加农业技能培训人数与户籍人口之比以及参加非农业技能培训人数与户籍人口之比在 0—5% 的村落最多,分别约占样本总量的 65.92% 和 79.24%。总体而言,参加农业技能培训和参加非农业技能培训的人数大多集中在 1—50 人,且户籍人口中参加农业技能培训和参加非农业技能培训的人数相对较低。具体参见表 2-2。

表 2-2 村落居民的技能培训情况

指标	0 人		1—50 人		51—100 人		100 人以上	
	村落数量(个)	占比(%)	村落数量(个)	占比(%)	村落数量(个)	占比(%)	村落数量(个)	占比(%)
参加农业技能培训	162	13.40	443	36.64	284	23.49	320	26.47
参加非农业技能培训	300	24.81	454	37.55	258	21.34	197	16.29
指标	0—5%		6%—10%		11%—20%		20%以上	
	村落数量(个)	占比(%)	村落数量(个)	占比(%)	村落数量(个)	占比(%)	村落数量(个)	占比(%)
参加农业技能培训人数/户籍人口	797	65.92	213	17.62	129	10.67	70	5.79
参加非农业技能培训人数/户籍人口	958	79.24	123	10.17	90	7.44	38	3.14

二、人口流动

调查结果显示,就村落人口流动(包括本乡镇打工、本县打工、本省打工和外省打工)而言,本乡镇打工、本省打工和外省打工的人数在 0—50 人的村落最多,分别约占样本总量的 37.80%、34.74% 和 45.00%,其次是在 101—500 人的村落,分别约占样本总量的 28.04%、34.66% 和 29.94%。在本县打工人数为 101—500 人的村落占比最大,约占样本总量的 34.08%,其次是在 0—50 人的村落,约占样本总量的 33.83%。另外,本书还计算了"本乡镇打工人数与本村总劳动力之比""本县打工人数与本村总劳动力之比""本省打工人数与本村总劳动力之比"和"外省打工人数与本村总劳动力之比"四个相对指标。结果表明,相较于其他地区而言,占比为 10%及以下的村落最多的指标为外省打工人数与本村总劳动力之比,为 56.91%;占比为 11%—20%的村落最多的指标为本县打工人数与本村总劳动力,为 24.32%占比为 30%以上的村落最多的指标为本乡镇打工人数与本村总劳动力之比,为 32.92%。总体而言,村落居民在本乡镇打工的人数相对较多,其次是在本县打工的人数,而在外省打工的人数相对较少。此外,相较而言,本乡镇打工人数在本村总劳动力中的占比也较大。具体参见表 2-3。

表 2-3　村落的人口流动情况

指标	0—50 人		51—100 人		101—500 人		500 人以上	
	数量 (个)	占比 (%)	数量 (个)	占比 (%)	数量 (个)	占比 (%)	数量 (个)	占比 (%)
本乡镇打工	457	37.80	127	10.50	339	28.04	286	23.66
本县打工	409	33.83	185	15.30	412	34.08	203	16.79
本省打工	420	34.74	144	11.91	419	34.66	226	18.69
外省打工	544	45.00	159	13.15	362	29.94	144	11.91

指标	10%及以下		11%—20%		21%—30%		30%以上	
	数量 (个)	占比 (%)	数量 (个)	占比 (%)	数量 (个)	占比 (%)	数量 (个)	占比 (%)
本乡镇打工人数/本村总劳动力	465	38.46	221	18.28	125	10.34	398	32.92
本县打工人数/本村总劳动力	475	39.29	294	24.32	215	17.78	225	18.61
本省打工人数/本村总劳动力	469	38.79	235	19.44	160	13.23	345	28.54
外省打工人数/本村总劳动力	688	56.91	154	12.74	88	7.28	279	23.08

三、文化与制度

（一）宗教信仰

就村落大部分居民的宗教信仰而言,调查结果显示,受调查的村落中无宗教信仰的村落占 47.81%,而有宗教信仰的村落占 52.19%。其中,信奉佛教的村落数量最多,共计 288 个,约占样本总量的 23.82%;信奉道教的村落最少,共计 21 个,约占样本总量的 1.74%。总体而言,受访村落中无宗教信仰和有宗教信仰的村落数量相差不大,而有宗教信仰的村落信奉佛教的居多，信奉道教的较少。具体参见图2-1。

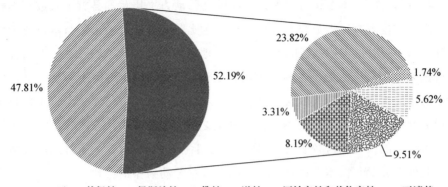

图 2-1　村落的宗教信仰情况

（二）宗教建筑

调查结果显示，第一，就受访村落中现有的教堂而言，无教堂的村落有1069个，约占样本总量的88.42％；有教堂的村落有140个，约占样本总量的11.58％。其中，有1座教堂的村落数量最多，共计111个，约占样本总量的9.18％；而有大于1座教堂的村落占比较小。第二，就受访村落中现有的清真寺而言，无清真寺的村落有1156个，约占样本总量的95.62％；有清真寺的村落有53个，约占样本总量的4.38％。其中，有1座清真寺的村落最多，共计32个，约占样本总量的2.65％；而有大于1座清真寺的村落占比较小。第三，就受访村落中现有的寺庙而言，无寺庙的村落有919个，约占样本总量的76.01％；有寺庙的村落有290个，约占样本总量的23.99％。其中，有1座寺庙的村落数量最多，共计204个，约占样本总量的16.87％；而有大于1座寺庙的村落占比较小。第四，就受访村落中现有的道观而言，无道观的村落有1169个，约占样本总量的96.69％；有道观的村落有40个，约占样本总量的3.31％。其中，有1座道观的村落最多，共计32个，约占样本总量的2.65％；而有大于1座道观的村落占比较小。第五，就受访村落中现有的其他宗教建筑（土地庙、关公庙等）而言，无其他宗教建筑（土地庙、关公庙等）的村落有820个，约占样本总量的67.82％；有其他宗教建筑（土地庙、关公庙等）的村落有389个，约占样本总量的32.18％。其中，有1座其他宗教建筑（土地庙、关公庙等）的村落数量最多，共计208个，约占样本总量的17.20％；其次是有2座以上和2座其他宗教建筑（土地庙、关公庙等）的村落，分别约占样本总量的9.43％和5.54％。总体而言，绝大多数的村落没有教堂、清真寺、寺庙、道观以及其他宗教建筑（土地庙、关公庙等），对于有宗教建筑的村落而言，有1座宗教建筑的村落居多。具体参见表2-4。

表 2-4　村落的宗教建筑情况

宗教建筑	0 座		1 座		2 座		2 座以上	
	个数	比例	个数	比例	个数	比例	个数	比例
教堂	1069	88.42	111	9.18	15	1.24	14	1.16
清真寺	1156	95.62	32	2.65	11	0.91	10	0.83
寺庙	919	76.01	204	16.87	38	3.14	48	3.97
道观	1169	96.69	32	2.65	6	0.50	2	0.17
其他宗教建筑	820	67.82	208	17.20	67	5.54	114	9.43

四、金融服务机构

(一)传统金融机构

就村落是否有银行、储蓄所或农村合作社等传统金融机构而言,调查结果显示,没有这些传统金融机构的村落占样本总量的 48.14%,有银行、储蓄所或农村合作社等金融机构的村落占样本总量的 51.86%。此外,本次调查还对村落现有的传统金融机构类型进行统计,[①]结果显示,拥有一种类型金融服务机构的村落最多,约占样本总量的 34.66%;其次是拥有两种类型金融服务机构的村落,约占样本总量的 10.84%;而拥三种及以上类型金融服务机构的村落较少,占比均在 4.05% 及以下。总体而言,村落的传统金融服务机构没有完全普及,且大多数传统金融机构的种类较为单一。具体参见图 2-2。

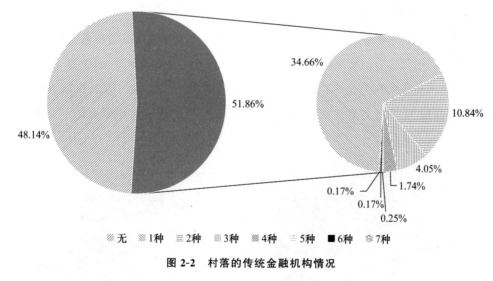

34.66%

51.86%

10.84%

48.14%

4.05%

1.74%

0.17%

0.17%

0.25%

▨无　▨1种　▤2种　▥3种　▨4种　▨5种　■6种　▨7种

图 2-2　村落的传统金融机构情况

---

① 据统计,受访村落的传统金融机构类型共八种,具体如下:类型一:工、农、中、建国有银行;类型二:股份制银行;类型三:邮储银行;类型四:农村商业银行;类型五:农村合作银行;类型六:农村信用社;类型七:村镇银行、贷款公司和资金互助社等新型农村金融机构;类型八:钱庄等民间金融机构。

（二）互联网金融情况

调查结果显示，对于村落使用 ATM 机的情况而言，可以使用 ATM 机的村落有346 个，约占样本总量的 28.62%，而不可以使用 ATM 机的村落有 863 个，约占样本总量的 71.38%。总体而言，互联网金融在村落的应用还比较有限，相关产品的使用情况不佳。具体参见图 2-3。

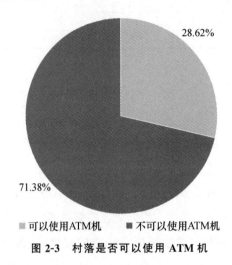

28.62%

71.38%

▨ 可以使用ATM机　■ 不可以使用ATM机

图 2-3　村落是否可以使用 ATM 机

五、交通运输通信

（一）村落现有交通运输通信工具

首先，针对村落的快递点的数量而言，受访村落中没有快递点的村落有 882 个，约占样本总量的 72.95%；而有快递点的村落有 327 个，约占样本总量的 27.05%。其中，有 1 个快递点的村落最多，共计 299 个，约占样本总量的 24.73%；快递点数量大于 1 的村落较少，占比均在 1.49% 及以下。总体而言，村落的快递服务仍不完善。具体参见图 2-4。

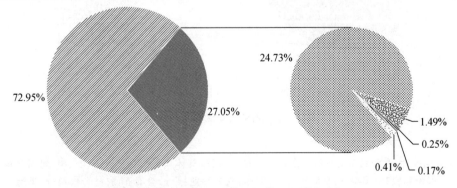

72.95%

27.05%

24.73%

1.49%

0.25%

0.41%

0.17%

▨ 无　▨ 1个　▨ 2个　▨ 3个　▨ 4个　▨ 5个及以上

图 2-4　村落的快递服务设施情况

其次,针对码头航运而言,本次调查主要统计了客运码头数量与货运码头数量。就村落的客运码头而言,受访村落中没有客运码头的村落数量最多,共计 1132 个,约占样本总量的 93.63%;而有客运码头的村落中,拥有 1 个客运码头的村落占比最大,约占样本总量的 4.38%。另外,就村落的货运码头而言,受访村落中没有货运码头的村落数量最多,共计 1136 个,约占样本总量的 93.96%;而有货运码头的村落中,拥有 1 个货运码头的村落占比最大,约占样本总量的 4.14%。总体而言,村落中没有客运码头和货运码头的较多,而有客运码头和货运码头的较少。其中,有 1 个客运码头和 1 个货运码头的村落相对而言较多。

最后,针对运输工具而言,本次调查主要统计了村落机动车辆数量与村落机动船只数量。就机动车辆而言,机动车辆在 20 辆以上的村落最多,约占样本总量的 87.18%;而没有机动车的村落最少,约占样本总量的 1.16%。就机动船只而言,没有机动船只的村落最多,约占样本总量的 79.74%;而机动船只有 11—20 艘的村落最少,约占样本总量的 2.73%。总体而言,村落的机动车辆较多,而机动船只较少。具体参见表 2-5。

表 2-5 村落的运输工具情况

指标	无		1 个		2 个		2 个以上	
	数量(个)	占比(%)	数量(个)	占比(%)	数量(个)	占比(%)	数量(个)	占比(%)
客运码头	1132	93.63	53	4.38	11	0.91	12	0.99
货运码头	1136	93.96	50	4.14	14	1.16	9	0.74
指标	无		1—10		11—20		20 以上	
	数量(个)	占比(%)	数量(个)	占比(%)	数量(个)	占比(%)	数量(个)	占比(%)
机动车辆(辆)	14	1.16	74	6.12	67	5.54	1054	87.18
机动船只(艘)	964	79.74	178	14.72	33	2.73	34	2.81

(二)村落与主要交通运输通信枢纽的距离

调查结果显示,第一,就受访村落与最近公路的距离而言,距离最近公路 0—5 公里的村落最多,约占样本总量的 92.80%;距离最近公路 10 公里以上的村落最少,约占样本总量的 3.56%。第二,就受访村落与县城的距离而言,距离县城 0—5 公里的村落最多,约占样本总量的 55.58%;距离县城 6—10 公里的村落最少,约占样本总量的 18.78%。第三,就受访村落与最近的开发区的距离而言,距离开发区 0—5 公里的村落最多,约占样本总量的 81.06%;距离开发区 10 公里以上的村落最少,约占样本总量的 6.87%。第四,就距离村落最近的火车站而言,距离最近的火车站 10 公里以上的村落最多,约占样本总量的 77.50%;而距离最近的火车站 0—5 公里和 6—10 公里的村落较少,均为 11.25%。第五,就距离村落最近的码头而言,距离最近的码头 10 公里以上的村落最多,约占样本总量的 68.07%;而距离最近的火车站 6—10 公里的村落最少,占比约为 3.39%。总体而言,村落与最近公路、县城和开发区的距离较近,而与最近火车站和码头的距离较远。具体参见表 2-6。

表 2-6 村落与主要交通运输通信枢纽的距离

指标	0—5 公里		6—10 公里		10 公里以上	
	数量(个)	占比(%)	数量(个)	占比(%)	数量(个)	占比(%)
最近公路距离	1122	92.80	44	3.64	43	3.56
最近县城距离	672	55.58	227	18.78	310	25.64
最近开发区距离	980	81.06	146	12.08	83	6.87
最近火车站距离	136	11.25	136	11.25	937	77.50
最近码头距离	345	28.54	41	3.39	823	68.07

(三)村落现有通信工具

调查结果显示,固定电话覆盖率、手机覆盖率、电脑覆盖率以及互联网覆盖率在 80% 以上的村落最多,分别占样本总量的 90.32%、99.67%、96.36% 和 96.36%。总体而言,村落的电话通信及电脑网络覆盖率较高。具体参见表 2-7。

表 2-7 村落的电话通讯及电脑网络覆盖率情况

指标	50% 以下		50%—80%		80% 及以上	
	数量(个)	占比(%)	数量(个)	占比(%)	数量(个)	占比(%)
固定电话覆盖率	111	9.18	6	0.50	1092	90.32
手机覆盖率	3	0.25	1	0.08	1205	99.67
电脑覆盖率	40	3.31	4	0.33	1165	96.36
互联网覆盖率	38	3.14	6	0.50	1165	96.36

六、吸引外部资本的能力

调查结果显示,总固定资产投资、外资投资、外省市投资、其他投资在 0—500 万元的村落最多,占比分别为 60.30%、55.00%、56.99% 和 60.88%,其次是没有总固定资产投资、外资投资、外省市投资、其他投资的村落,占比分别为 21.84%、41.85%、40.86% 和 26.47%,而这些投资大于 500 万元的村落占比均较小。总体而言,村落吸引外部资本的金额主要集中在 500 万元及以下,大于 500 万元的村落较少。也就是说,村落吸引外部资本的能力有待提升。具体参见表 2-8。

表 2-8　村落吸引外部资本情况

指标	无		0—500 万元		501—1000 万元		1001 万元以上	
	数量（个）	占比（%）	数量（个）	占比（%）	数量（个）	占比（%）	数量（个）	占比（%）
总固定资产投资	264	21.84	729	60.30	150	12.41	66	5.46
外资投资	506	41.85	665	55.00	32	2.65	6	0.50
外省市投资	494	40.86	689	56.99	14	1.16	12	0.99
其他投资	320	26.47	736	60.88	109	9.02	44	3.64

七、村落创业政策

（一）创业项目的审批

本部分主要从创业项目的审批过程和审批结果两个方面概述村落创业者创业项目审批的相关内容。其中,创业项目的审批过程主要包括审批流程和资金缴纳两个部分。一方面,就审批流程而言,调查结果显示,村落创业者在申请创业项目的过程中平均要历经 8 道行政程序,最烦琐的有 27 道。在这一过程中,创业者平均需要盖 9 个公章,最多的盖了 60 个,最少的则无需盖章。平均而言,这一过程会耗费创业者一个月左右(约 30 天)的时间,手续审批耗时最长的创业者大约等待了 3 年(约 1095 天),手续审批耗时最短的创业者当天即可完成。另一方面,就资金缴纳而言,调查结果显示,村落创业者在创业项目申请过程中缴纳的资金平均为 1.83 万元,缴费最多的创业者共缴纳了 900 万元,缴费最少的创业者则无需缴纳相关费用。此外,除部分(27.56%,共计 1267 人)创业者在申请创业项目开办企业的过程中无需缴纳最低的资本额以外,剩余 72.44% 的创业者(共计 3330 人)都按相关政策缴纳了一定额度的最低资本额。最低资本额的最高门槛为 3000 万元,最低门槛为 0 万元,均值为 13.18 万元。从创业项目的审批结果来看,63.95% 的村落创业者的创业项目已经获得了政府的批准注册,6.81% 的村落创业者正在准备申请,剩余 29.24% 的村落创业者的创业项目尚未获得政府的批准注册。具体参见表 2-9。

表 2-9　村落创业者创业项目的审批过程

指标			平均值	标准差	最大值	最小值
审批过程	审批流程	行政程序（道）	8.00	4.54	27	0
		盖章个数（个）	9.00	6.42	60	0
		等待天数（天）	30.00	40.88	1095	0
	资金缴纳	缴费金额（万元）	1.83	18.62	900	0
		是否缴纳最低资本额（%）	72.44	44.69	100	0
		最低资本额（万元）	13.18	70.63	3000	0

（续表）

指标		平均值	标准差	最大值	最小值
审批结果	已批准（%）	63.95	—	—	—
	办理中（%）	6.81	—	—	—
	未批准（%）	29.24	—	—	—

（二）政府的资金扶持

首先，从获得政府资金支持的村落创业者的占比来看，调查结果显示，11.96%的村落创业者在创业过程中获得了政府的资金支持，88.04%的创业者尚未获得政府的资金支持。也就是说，仅有小部分村落创业者在创业过程中获得了政府的资金支持。

其次，从创业者获取政府扶持资金的年份来看，有283位村落创业者是在2010—2015年获得政府补助，占比51.45%；有131位村落创业者是在2015年及以后获得政府补助，占比23.82%；有92位村落创业者是在2015年及以后获得政府补助，占比16.73%；在2005年以前就获得政府资金扶持的创业者非常少，仅有44人，累计占比8.00%。具体参见图2-5。

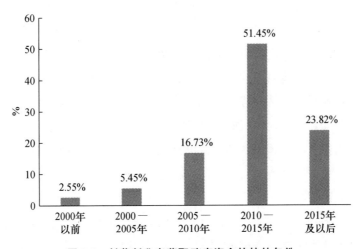

图2-5　村落创业者获取政府资金扶持的年份

再次，从创业者获取政府扶持资金的金额来看，获取1—5万元扶持资金的创业者最多，共计177人，占比32.18%；其次是10—50万元，共计148人，占比26.91%；获取50万元以上扶持资金的创业者最少，仅有34人，占比6.18%。由此可见，近年来，随着政府对农民返乡创业的大力支持，越来越多的村落创业者在创业过程中享受到政府政策的红利，并且其获取的扶持资金的额度非常可观。具体参见图2-6。

最后，从创业者获取政府扶持的方式来看，我们发现57.27%的创业者认为在其做生意的过程中完全或基本不可能通过给予当地官员好处的方式获得他们的帮助，9.88%的创业者认为这一现象比较常见，仅有2.70%的创业者认为通过贿赂官员获取帮助的现象非常普遍。另外，在后续调查中，有59.73%的创业者认为前3年（2013

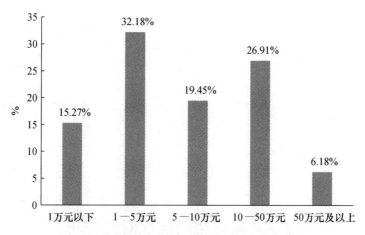

图 2-6 村落创业者获取政府资金扶持的金额

年以前)企业通过贿赂官员获取帮助的可能性在逐步减小。由此可见,村落创业者创业的政治环境相对较好,创业者获取政府资金扶持等帮助的程序较为公开透明。尤其是 2013 年以后,村落创业的大环境越来越好,各种不良现象和风气都在大幅减少。具体参见图 2-7。

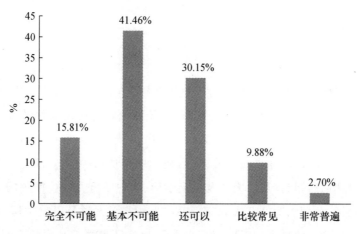

图 2-7 村落创业者通过贿赂官员获取帮助的可能性

(三)创业过程中的支出

从村落创业者的税收负担来看,调查结果显示,创业者要赚取 100 元的利润平均要支付 6.56 元的税费,其中最高的税费为 85 元,最低的税费为 0 元,即创业者无需支付相关的税费。从村落创业者的非官方支出来看,平均而言,创业者一般会将 0.63% 的年销售额用作非官方支付或礼物送给官员。其中,花费最多的创业者会将 60.30% 的年销售额用作非官方支付或礼物送给官员,花费最少的创业者则并无此类支出。具体参见表 2-10。

表 2-10　村落创业者创业过程中的支出

指标	平均值	标准差	最大值	最小值
赚取 100 元利润所支付的税费（元）	6.56	8.93	85.00	0
非官方支付的金额在年销售额中的占比（％）	0.63	3.53	60.30	0

第二节
村落营商环境的区域对比分析

本节主要对比分析中国各区域村落的营商环境情况，包括教育与培训、人口流动、文化与制度、金融服务机构、交通运输通信、吸引外部资本的能力、村落创业政策七个因素。

一、教育与培训

（一）教育程度

首先针对中国各区域村落居民受教育程度（大学及以上学历、高中学历、初中学历、小学学历、文盲）进行方差分析，结果表明，各区域村落居民大学及以上学历（$F=23.08, P<0.01$）、高中学历（$F=4.62, P<0.01$）、小学学历（$F=8.35, P<0.01$）、文盲（$F=3.56, P<0.01$）均存在显著性差异，而初中学历（$F=1.57, P>0.1$）不存在显著性差异。具体而言，村落居民大学及以上学历、高中学历、初中学历的平均人数最多的均为东南地区，分别约为 242 人、498 人和 856 人；而大学及以上学历、高中学历平均人数最少的均为东北地区，分别约为 59 人和 145 人；初中学历平均人数最少的为西北地区，约为 591 人；小学学历和文盲的平均人数最多的分别为中部地区和西南地区，分别约为 684 人和 194 人；而小学学历和文盲的平均人数最少的均为环渤海地区，分别约为 355 人和 72 人。由此可见，东南地区的受教育程度相对较高，而中部地区和西南地区的受教育程度相对较低。具体参见表 2-11。

表 2-11　各区域村落的受教育程度基本情况

区域	大学及以上(人)	高中(人)	初中(人)	小学(人)	文盲(人)	样本数量(个)
东南地区	242.52	498.61	856.53	610.23	149.50	355
环渤海地区	62.37	329.38	639.97	355.00	72.80	150
中部地区	114.04	308.09	782.04	684.35	147.60	262
东北地区	59.24	145.20	683.32	547.68	79.70	66
西南地区	91.30	293.54	766.02	679.34	194.37	219
西北地区	107.02	331.30	591.31	441.05	128.80	157

其次,针对中国各区域村落居民受教育程度(大学及以上学历、高中学历、初中学历、小学学历、文盲)在户籍人口中的占比进行方差分析,结果表明,中国各区域村落居民大学及以上学历在户籍人口中的占比($F=16.52, P<0.01$)、高中学历在户籍人口中的占比($F=13.27, P<0.01$)、小学学历在户籍人口中的占比($F=1.88, P<0.1$)、文盲在户籍人口中的占比($F=4.14, P<0.01$)均存在显著性差异,而初中学历在户籍人口中的占比($F=1.53, P>0.1$)不存在显著性差异。大学及以上学历在户籍人口中的占比、高中学历在户籍人口中的占比最大的均为东南地区,分别约为 10.50% 和 21.52%;而占比最小的地区分别为西南地区和东北地区,约为 3.85% 和 10.30%;小学学历在户籍人口中的占比最大的为东北地区,约为 37.85%;而占比最小的地区为东南地区,约为 27.77%;文盲在户籍人口中的占比最大的是西南地区,约为 11.01%;最小的是东北地区,约为 6.30%。由此可见,相较而言,东南地区村落居民高中及以上学历的占比相对较大,而东北地区村落居民小学学历的占比较高,且西南地区村落的文盲占比最大。此外,各地区初中学历不存在显著性差异。具体参见表 2-12。

表 2-12　各区域村落的受教育人数占户籍人口比例情况(%)

区域	大学及以上学历人数/户籍人口(%)	高中学历人数/户籍人口(%)	初中学历人数/户籍人口(%)	小学学历人数/户籍人口(%)	文盲人数/户籍人口(%)	样本数量(个)
东南地区	10.50	21.52	36.53	27.77	6.53	355
环渤海地区	5.43	15.36	36.88	31.87	7.23	150
中部地区	5.04	13.53	33.44	31.31	6.94	262
东北地区	4.19	10.30	41.41	37.85	6.30	66
西南地区	3.85	11.59	32.78	32.75	11.01	219
西北地区	5.72	19.29	34.48	28.27	7.19	157

(二)技能培训

首先,针对过去一年政府是否提供过职业技能培训进行方差分析,结果表明,各区域过去一年政府是否提供过职业技能培训存在显著性差异($F=2.66, P<0.05$)。村

落中过去一年政府提供过职业技能培训的占比最大的地区是西南地区,约占该地区样本总量的86.30%;而最小的地区是中部地区,约占该地区样本总量的74.43%。村落中过去一年政府未提供过职业技能培训的占比最大的地区是中部地区,约占该地区样本总量的25.57%;其次是环渤海地区和东南地区,分别约为25.33%和25.07%。由此可见,西南地区的村落过去一年政府提供过职业技能培训的占比相对较高,而中部地区的村落过去一年政府未提供过职业技能培训的占比相对较高。具体参见表2-13。

表2-13　过去一年政府提供职业技能培训情况

区域	提供过职业技能培训		未提供过职业技能培训		样本数量(个)
	数量(个)	占比(%)	数量(个)	占比(%)	
东南地区	266	74.93	89	25.07	355
环渤海地区	112	74.67	38	25.33	150
中部地区	195	74.43	67	25.57	262
东北地区	52	78.79	14	21.21	66
西南地区	189	86.30	30	13.70	219
西北地区	122	77.71	35	22.29	157

其次,针对参加农业技能培训人数、参加非农业技能培训人数、参加农业技能培训人数占户籍人口比重、参加非农业技能培训人数占户籍人口比重四个指标进行方差分析,结果表明,各区域参加农业技能培训人数($F=13.42$, $P<0.01$)、参加非农业技能培训人数($F=6.74$, $P<0.01$)、参加农业技能培训人数占户籍人口比重($F=13.84$, $P<0.01$)、参加非农业技能培训人数占户籍人口比重($F=5.41$, $P<0.01$)均存在显著性差异。具体而言,参加农业技能培训的平均人数及其占户籍人口的比重较大的地区是西南地区和西北地区,平均人数分别约为198人和148人,其占户籍人口比重分别为9.26%和9.29%。而参加农业技能培训的平均人数及其占户籍人口的比重较小的地区均为中部地区,平均人数约为59人,且其占户籍人口的比重为3.61%;参加非农业技能培训的平均人数及其占户籍人口的比重最大的地区为西南地区,平均人数约为131人,其占户籍人口比重为6.33%。而参加非农业技能培训的平均人数及其占户籍人口的比重最小的地区是中部地区,平均人数约为34人,其占户籍人口比重为2.33%。由此可见,西南地区和西北地区的村落参加农业技能培训和非农业技能培训的人数较多,而中部地区参加农业技能培训和非农业技能培训的人数较少。具体参见表2-14。

表 2-14　各区域村落参加技能培训人数情况

区域	参加农业技能培训人数（人）	参加非农业技能培训人数（人）	参加农业技能培训人数/户籍人数（%）	参加非农业技能培训人数/户籍人数（%）	样本数量（个）
东南地区	96.46	78.67	3.86	3.74	355
环渤海地区	77.19	78.49	6.91	5.20	150
中部地区	59.18	34.99	3.61	2.33	262
东北地区	89.33	45.17	7.38	2.91	66
西南地区	198.62	131.38	9.26	6.33	219
西北地区	148.61	70.10	9.29	4.78	157

二、人口流动

首先,针对当地人口流动(包括本乡镇打工人数、本县打工人数、本省打工人数、外省打工人数)情况进行方差分析,结果表明,各区域村落的本乡镇打工人数($F=$ 17.06, $P<0.01$)、本县打工人数($F=7.01$, $P<0.01$)、本省打工人数($F=5.62$, $P<$ 0.01)、外省打工人数($F=3.76$, $P<0.01$)均存在显著性差异。具体而言,东南地区的村落当地人口流动量最多,约2609人;其次是西南地区和环渤海地区,分别约为1243人和1201人;而东北地区的村落人口流动量最少,约513人。由此可见,东南地区的村落人口流动量最多,而东北地区的村落人口流动量最少。具体参见表2-15。

表 2-15　各区域村落的人口流动情况

区域	本乡镇打工人数（人）	本县打工人数（人）	本省打工人数（人）	外省打工人数（人）	人口流动总计（人）	样本数量（个）
东南地区	849.10	727.64	808.13	224.65	2609.52	355
环渤海地区	361.79	323.88	414.41	101.51	1201.59	150
中部地区	196.33	168.33	226.98	496.62	1088.26	262
东北地区	107.41	134.30	196.24	75.92	513.87	66
西南地区	319.18	309.95	330.19	284.11	1243.43	219
西北地区	304.10	218.22	235.39	166.98	924.69	157

其次,针对当地人口流动(包括本乡镇打工人数、本县打工人数、本省打工人数、外省打工人数)占本村总劳动力比重的情况进行方差分析,结果表明,各区域村落的本乡镇打工人数占本村总劳动力比重($F=28.95$, $P<0.01$)、本县打工人数占本村总劳动力比重($F=13.69$, $P<0.01$)、本省打工人数占本村总劳动力比重($F=11.83$, $P<$ 0.01)、外省打工人数占本村总劳动力比重($F=87.06$, $P<0.01$)均存在显著性差异。

具体而言,东南地区村落本乡镇打工人数占本村总劳动力比重、本县打工人数占本村总劳动力比重以及本省打工人数占本村总劳动力比重均最大,分别约为 35.15％、27.01％和 33.21％;而这个指标最小的地区均为中部地区,分别约为 14.37％、14.45％和 18.92％。此外,中部地区外省打工人数占本村总劳动力比重最大,约为37.53％;而环渤海地区该占比最小,约为 9.06％。由此可见,东南地区的人口流动较多集中在省内,而中部地区的人口流动较多集中在省外。具体参见表 2-16。

表 2-16　各区域村落的人口流动情况(％)

区域	本乡镇打工人数/本村总劳动力(％)	本县打工人数/本村总劳动力(％)	本省打工人数/本村总劳动力(％)	外省打工人数/本村总劳动力(％)	样本数量(个)
东南地区	35.15	27.01	33.21	7.17	355
环渤海地区	31.67	19.71	21.60	9.06	150
中部地区	14.37	14.45	18.92	37.53	262
东北地区	16.56	21.43	29.28	11.79	66
西南地区	19.39	16.53	20.95	29.66	219
西北地区	25.18	22.93	23.56	12.69	157

三、文化与制度环境

(一)宗教信仰

针对村落的宗教信仰指标进行差异化分析,结果表明,各区域宗教信仰存在显著性差异($F=19.01$, $P<0.01$)。具体而言,样本村落中,环渤海地区无宗教信仰的村落占比最大,约为该地区样本总量的 72.00％;而西北地区无宗教信仰的村落占比最小,约为该地区样本总量的 38.22％。其中,就有宗教信仰的村落而言,各区域信奉基督教、伊斯兰教、佛教、道教以及原始宗教和其他宗教的村落占比最大的地区分别为中部地区、西北地区、东南地区、西北地区以及东南地区,分别为 24.43％、18.47％、41.97％、4.46％和 7.04％;而信奉基督教、伊斯兰教的村落占比最小的地区分别为西南地区、东南地区,信奉佛教、道教以及原始宗教和其他宗教占比最小的地区均为东北地区,占比分别为 4.55％、0.00％和 1.52％。由此可见,相比其他地区,西北地区有宗教信仰的村落较多。另外,中部地区村落信奉基督教的较多,西北地区信奉伊斯兰教和道教的较多,东南地区信奉佛教以及原始宗教和其他宗教的较多。具体参见表2-17。

表 2-17 各区域村落的宗教信仰情况

区域	无宗教信仰（%）	有宗教信仰						样本数量（个）
		基督教（%）	伊斯兰教（%）	佛教（%）	道教（%）	原始宗教和其他宗教(%)	不清楚（%）	
东南地区	39.72	1.69	0.00	41.97	0.85	7.04	8.73	355
环渤海地区	72.00	3.33	1.33	8.67	0.67	4.67	9.33	150
中部地区	39.31	24.43	1.91	17.94	1.53	6.11	8.78	262
东北地区	57.58	21.21	1.52	4.55	0.00	1.52	13.64	66
西南地区	58.45	1.37	1.37	23.29	2.74	4.57	8.22	219
西北地区	38.22	4.46	18.47	15.92	4.46	5.73	12.74	157

（二）宗教建筑

针对各区域村落的宗教建筑（包括教堂、清真寺、寺院、道观以及其他宗教建筑）进行方差分析，结果表明，各区域村落教堂数量（$F=3.10$，$P<0.01$）、清真寺数量（$F=6.83$，$P<0.01$）、寺院数量（$F=7.71$，$P<0.01$）以及其他宗教建筑（土地庙、关公庙等）数量（$F=4.63$，$P<0.01$）均存在显著性差异，而道观数量（$F=0.50$，$P>0.1$）不存在显著性差异。具体而言，村落的教堂数量均较少，平均数量均不足 1 座，而中部地区的教堂数量相对来说较多；村落的清真寺数量均较少，平均数量均不足 1 座，而西北地区的清真寺数量相对来说较多；村落的寺院数量均较少，平均数量均不足 1 座，而西北地区的寺院数量相对来说较多；东南地区、中部地区和西南地区的其他宗教建筑数量约为 1 座，而其他地区均不足 1 座。由此可见，各区域村落的宗教建筑数量均较少，且各区域教堂、清真寺、寺院以及其他宗教建筑（土地庙、关公庙等）的数量存在显著性差异，相较而言，教堂、清真寺以及寺院的数量相对较多的地区分别为中部地区、西北地区和西北地区。而各区域道观的数量不存在显著性差异。具体参见表 2-18。

表 2-18 各区域村落的宗教建筑情况

区域	教堂数量（座）	清真寺数量（座）	寺院数量（座）	道观数量（座）	其他宗教建筑数量（座）	样本数量（个）
东南地区	0.25	0.07	0.59	0.08	1.05	355
环渤海地区	0.03	0.01	0.05	0.03	0.15	150
中部地区	0.31	0.03	0.29	0.08	1.42	262
东北地区	0.17	0.02	0.03	0.03	0.45	66
西南地区	0.09	0.05	0.49	0.03	1.08	219
西北地区	0.10	0.39	0.68	0.02	0.52	157

四、金融服务机构

(一) 传统金融服务机构

对村落现有的金融服务机构不同类型进行差异化分析,结果表明,各区域村落的传统金融服务机构种类数量不存在显著性差异 ($F=1.51$,$P>0.1$)。具体而言,各区域村落无传统金融服务机构的占比最大,均在 50% 左右;其次是拥有一种传统金融机构的村落,占比均在 30% 左右。由此可见,各区域的传统金融服务机构普遍较少。具体参见表 2-19。

表 2-19　拥有传统服务金融的种类情况

区域	无传统金融服务机构	有传统金融服务机构							样本数量 (个)
		一种	两种	三种	四种	五种	六种	七种	
东南地区	44.23	36.90	10.70	3.38	3.38	0.56	0.56	0.28	355
环渤海地区	47.33	37.33	8.67	4.67	1.33	0.67	0.00	0.00	150
中部地区	50.00	31.30	11.83	4.96	1.91	0.00	0.00	0.00	262
东北地区	56.06	30.30	10.61	1.52	0.00	0.00	0.00	1.52	66
西南地区	49.32	36.07	10.50	3.20	0.91	0.00	0.00	0.00	219
西北地区	49.68	32.48	12.10	5.73	0.00	0.00	0.00	0.00	157

(二) 互联网金融服务机构

对各区域样本村落使用 ATM 机的情况进行差异化分析,结果表明,各区域村落使用 ATM 机的情况存在显著性差异 ($F=7.26$,$P<0.01$)。具体而言,东南地区可以使用 ATM 机的村落占比最大,约占该地区样本总量的 38.59%;而东北地区不可以使用 ATM 机的村落占比最大,约占该地区样本总量的 87.88%。由此可见,东南地区可以使用 ATM 机的村落相对较多,而东北地区不可以使用 ATM 机的村落相对较多。具体参见表 2-20。

表 2-20　各区域村落使用 ATM 机情况

区域	可以使用 ATM 机		不可以使用 ATM 机		样本数量 (个)
	数量 (个)	占比 (%)	数量 (个)	占比 (%)	
东南地区	137	38.59	218	61.41	355
环渤海地区	35	23.33	115	76.67	150
中部地区	56	21.37	206	78.63	262
东北地区	8	12.12	58	87.88	66
西南地区	67	30.59	152	69.41	219
西北地区	43	27.39	114	72.61	157

五、交通运输通信

（一）村落现有交通运输通信工具

对各区域快递点数量、客运码头数量、货运码头数量、机动车辆数量以及机动船只数量进行差异化分析，结果表明，各区域快递点数量（$F=5.40$，$P<0.01$）、客运码头数量（$F=2.94$，$P<0.05$）、货运码头数量（$F=1.96$，$P<0.1$）、机动车辆数量（$F=11.21$，$P<0.01$）以及机动船只数量（$F=5.81$，$P<0.01$）均存在显著性差异。具体而言，各区域村落拥有快递点数量、客运码头数量和货运码头数量的平均值均不足 1 个，但是东南地区快递点、客运码头和货运码头的数量相对最多。机动车辆数量和机动船只数量最多的地区均为东南地区，分别约为 635 辆和 7 艘；而机动车辆数量和机动船只数量最少的地区均为东北地区，分别约为 186 辆和 0 艘。由此可见，东南地区的村落交通运输通信工具相对较多，而东北地区的村落交通运输通信工具相对较少。具体参见表 2-21。

表 2-21　各区域村落现有交通运输通信工具情况

区域	快递点数量（个）	客运码头数量（个）	货运码头数量（个）	机动车辆数量（辆）	机动船只数量（艘）	样本数量（个）
东南地区	0.53	0.26	0.24	635.81	7.06	355
环渤海地区	0.17	0.13	0.11	282.48	3.44	150
中部地区	0.24	0.04	0.15	310.28	0.94	262
东北地区	0.23	0.05	0.00	186.21	0.00	66
西南地区	0.26	0.09	0.04	327.11	0.21	219
西北地区	0.36	0.04	0.03	325.06	0.01	157

（二）村落与主要交通运输通信枢纽的距离

对各区域村落与主要交通运输通信枢纽（包括最近的公路、最近的县城、最近的开发区、最近的火车站以及最近的码头）的距离情况进行差异化分析，结果表明，各区域村落距离最近的公路（$F=2.43$，$P<0.05$）、最近的县城（$F=24.12$，$P<0.01$）、最近的开发区（$F=12.07$，$P<0.01$）、最近的火车站（$F=24.19$，$P<0.01$）以及最近的码头（$F=10.65$，$P<0.01$）的公里数均存在显著性差异。具体而言，东南地区的村落距离最近的公路、最近的县城、最近的开发区以及最近的码头的公里数均最小，分别约为 1.39 公里、5.25 公里、2.71 公里和 23.41 公里；而村落距离最近的公路、最近的县城、最近的开发区、最近的火车站以及最近的码头的公里数最大的地区分别为环渤海地区、东北地区、西南地区、西南地区以及西北地区，分别约为 5.59 公里、18.58 公里、7.43 公里、73.84 公里和 250.52 公里。由此可见，东南地区的村落与主要交通运输通信枢纽的距离相对较近，交通相对较

为便利。具体参见表 2-22。

表 2-22　各区域村落与主要交通运输通信枢纽的距离情况（公里）

区域	最近公路 （公里）	最近县城 （公里）	最近开发区 （公里）	最近火车站 （公里）	最近码头 （公里）	样本数量 （个）
东南地区	1.39	5.25	2.71	28.14	23.41	355
环渤海地区	5.59	8.21	2.71	28.73	108.16	150
中部地区	1.57	9.04	3.91	35.54	72.10	262
东北地区	1.68	18.58	7.13	26.80	76.22	66
西南地区	3.15	17.16	7.43	73.84	66.06	219
西北地区	2.00	9.78	4.45	32.43	250.52	157

（三）村落现有通信工具

对各区域村落现有通信工具（包括固定电话覆盖率、手机覆盖率、电脑覆盖率、互联网覆盖率）进行差异化分析，结果表明，各区域村落的固定电话覆盖率（$F=114.67$，$P<0.01$）、电脑覆盖率（$F=87.65$，$P<0.01$）以及互联网覆盖率（$F=38.49$，$P<0.01$）均存在显著性差异，而手机覆盖率（$F=0.93$，$P>0.1$）不存在显著性差异。具体而言，东南地区的固定电话覆盖率、电脑覆盖率以及互联网覆盖率均最高，分别约为 73.27%、65.83% 和 64.25%；而中部地区的固定电话覆盖率最低，约为 22.46%；西南地区的电脑覆盖率、互联网覆盖率最低，分别约为 23.08% 和 33.94%。由此可见，各区域村落的通信工具以手机为主，且不存在显著性差异。此外，东南地区的电脑覆盖率和互联网覆盖率相对较高，而西南地区的电脑覆盖率和互联网覆盖率相对较低。具体参见表 2-23。

表 2-23　各区域村落现有通信工具的情况

区域	固定电话覆盖率 （%）	手机覆盖率 （%）	电脑覆盖率 （%）	互联网覆盖率 （%）	样本数量 （个）
东南地区	73.27	89.26	65.83	64.25	355
环渤海地区	33.33	89.26	50.87	50.28	150
中部地区	22.46	90.43	35.66	40.45	262
东北地区	38.86	91.36	39.49	41.92	66
西南地区	25.71	87.72	23.08	33.94	219
西北地区	31.13	89.83	33.19	38.37	157

六、吸引外部资本的能力

对中国各区域村落吸引外部资本（包括总固定资产投资、外资投资、外省市投资、其他投资）的能力进行差异化分析，结果表明，各区域村落的总固定资产投资

（$F=18.59$，$P<0.01$）、外资投资（$F=9.33$，$P<0.01$）、外省市投资（$F=3.92$，$P<0.01$）、其他投资（$F=18.58$，$P<0.01$）均存在显著性差异。具体而言，西北地区的村落吸引外部资本最多，总计约 1287.54 万元；其次是东南地区，总计约 1285.65 万元；而东北地区的村落吸引外部资本最少，总计约 64.52 万元。由此可见，西北地区和东南地区的村落吸引外部资本的能力较强，而东北地区相对较弱。具体参见表 2-24。

表 2-24　各区域村落吸引外部资本的能力情况

区域	总固定资产投资（万元）	外资投资（万元）	外省市投资（万元）	其他投资（万元）	总计（万元）
东南地区	642.82	64.35	106.34	472.14	1285.65
环渤海地区	348.00	69.44	79.65	198.91	696
中部地区	201.64	6.390	128.71	66.55	403.29
东北地区	32.26	11.07	6.09	15.10	64.52
西南地区	147.90	25.44	26.40	96.05	295.79
西北地区	643.77	154.88	144.93	343.96	1287.54

七、村落创业政策

（一）创业项目的审批

本部分主要从创业项目的审批过程和审批结果两个方面概述村落创业者创业项目审批的相关内容。其中，创业项目的审批过程主要包括审批流程和资金缴纳两个部分。一方面，就审批流程而言，方差分析的结果显示，各区域村落创业者在申请创业项目过程中所历经的行政程序（$F=42.71$，$P<0.01$）、加盖的公章数量（$F=40.54$，$P<0.01$）和等待的天数（$F=14.19$，$P<0.01$）均存在显著性差异。从行政程序来看，东南地区的创业审批程序最为烦琐，均值为 10 道；中部地区的创业审批程序最为简单，均值仅为 7 道。从盖章数量来看，东南地区的盖章数量最多，均值为 10 个；中部地区的盖章数量最少，均值为 6 个。从等待天数来看，东南地区和环渤海地区手续审批的耗时最长，均值为 35 天；东北地区手续审批的耗时最短，均值为 20 天。另一方面，就资金缴纳而言，方差分析的结果显示，各区域村落创业者在申请创业项目过程中所缴纳的资金（$F=10.80$，$P<0.01$）、是否被要求缴纳最低资本额（$F=12.68$，$P<0.01$）以及最低资本额的额度（$F=6.64$，$P<0.01$）均存在显著性差异。其中，环渤海地区的创业者在创业项目申请过程中缴纳的费用最多，均值为 6.97 万元；中部地区的创业者在创业项目申请过程中缴纳的费用最少，均值仅为 0.31 万元。另外，东南地区被要求缴纳最低资本额的创业者的比例最高，均值为 78.54%；西南地区被要求缴纳最低资本额的创业者的占比最低，均值为

63.67％。同时，东南地区的创业者在申请创业项目的过程中被要求缴纳的最低资本额最多，均值为 21.71 万元；东北地区的创业者在申请创业项目的过程中被要求缴纳的最低资本额最少，均值仅为 2.87 万元。具体参见表 2-25。

表 2-25 各区域村落创业者创业项目的审批过程

区域	行政程序（道）	盖章数量（个）	等待时间（天）	缴纳费用（万元）	最低资本额		样本数量（个）
					缴纳（%）	额度（万元）	
东南地区	10	10	35	1.25	78.54	21.71	1398
环渤海地区	8	9	35	6.97	74.78	10.79	575
中部地区	7	6	24	0.31	69.79	10.65	970
东北地区	8	7	20	0.60	73.41	2.87	252
西南地区	8	8	31	1.83	63.67	7.61	812
西北地区	8	9	29	1.21	71.69	11.55	590

从创业项目的审批结果来看，各区域村落创业者创业项目的审批结果（$F=5.04$，$P<0.01$）存在显著性差异。其中，东南地区已经通过审批的创业项目的占比最高，为 66.74％；西北地区正在准备审批的创业项目的占比最高，为 7.46％；东北地区目前暂未批准通过的创业项目的占比最高，为 40.48％。具体参见表 2-26。

表 2-26 各区域村落创业者创业项目的审批结果

区域	审批通过		准备审批		暂未批准		样本数量（个）
	创业项目	占比（%）	创业项目	占比（%）	创业项目	占比（%）	
东南地区	933	66.74	98	7.01	367	26.25	1398
环渤海地区	352	61.22	41	7.13	182	31.65	575
中部地区	619	63.81	54	5.57	297	30.62	970
东北地区	133	52.78	17	6.75	102	40.48	252
西南地区	514	63.30	59	7.27	239	29.43	812
西北地区	389	65.93	44	7.46	157	26.61	590

（二）政府的资金扶持

首先，从获得政府资金支持的村落创业者的占比来看，方差分析的结果显示，各区域间存在显著性差异（$F=14.67$，$P<0.01$）。其中，西南地区获得政府资金支持的创业者的占比最高，为 18.35％；其次是西北地区，比例为 15.93％；环渤海地区获得政府资金支持的创业者的占比最低，仅为 5.22％。

其次，从创业者获取政府资金扶持的年份来看，方差分析的结果表明，各区域间存在显著性差异（$F=8.83$，$P<0.01$）。其中，环渤海地区的创业者约从 2008 年开始获得政府的资金扶持；东南地区和东北地区的创业者自 2010 年起开始获得政府

的资金支持；中部地区和西北地区的创业者从 2011 年开始获得政府的资金支持；西南地区直至 2012 年才开始获得政府的资金支持。

再次，从创业者获取政府资金扶持的金额来看，方差分析的结果表明，各区域间存在显著性差异（$F=7.88$，$P<0.01$）。其中，东南地区的创业者获得的扶持资金最多，均值为 25.11 万元；其次是西北地区，均值为 11.29 万元；环渤海地区的创业者获得的扶持资金最少，均值仅为 2.68 万元。

最后，从创业者获取政府扶持的方式来看，方差分析的结果表明，各区域创业者之间的态度也存在显著性差异（$F=2.50$，$P<0.05$）。具体而言，东北地区有 65.08% 的创业者认为做生意的过程中完全或基本不可能通过给予当地官员好处的方式来获得他们的帮助，而环渤海地区只有 55.48% 的创业者认为做生意的过程中完全或基本不可能通过给予当地官员好处的方式来获得他们的帮助。西北地区有 3.39% 的创业者认为通过贿赂官员以获得帮助的情况相当普遍，而东北地区仅有 1.98% 的创业者认为通过贿赂官员以获得帮助的相当非常普遍。具体参见表 2-27。

表 2-27 各区域村落创业者获取政府资金扶持的情况

区域	获得扶持（%）	年份（年）	金额（万元）	通过贿赂官员获取帮助（%）					样本数量（个）
				完全不可能	基本不可能	还可以	比较常见	相当普遍	
东南地区	9.66	2010	25.11	14.88	42.85	30.76	9.16	2.36	1398
环渤海地区	5.22	2008	2.68	13.57	41.91	30.61	10.96	2.96	575
中部地区	11.65	2011	8.52	15.77	40.62	29.90	11.03	2.68	970
东北地区	11.51	2010	8.48	21.43	43.65	26.19	6.75	1.98	252
西南地区	18.35	2013	9.58	15.64	41.63	27.83	12.07	2.83	812
西北地区	15.93	2011	11.29	18.14	37.97	33.56	6.95	3.39	590

（三）创业过程中的支出

调查结果显示，各区域村落创业者在创业过程中的税收支出（$F=65.98$，$P<0.01$）和非官方支出（$F=2.33$，$P<0.05$）的金额均存在显著差异。从村落创业者的税收支出来看，东南地区创业者的税收负担最重，平均每赚取 100 元的利润就要支付 9.94 元的税费；东北地区创业者的税收负担最轻，平均每赚取 100 元的利润只需支付 3.79 元的税费。从村落创业者的非官方支出来看，西南地区创业者的该项开支最大，他们平均每年将 1.01% 的总销售额用于非官方的支付或当作礼物送给官员；环渤海地区创业者的该项开支最小，他们平均每年将 0.47% 的总销售额用于非官方的支付或当作礼物送给官员。具体参见表 2-28。

表 2-28　各区域村落创业者创业过程中的支出

区域	赚取 100 元利润所支付的税费（元）	非官方支付的金额在年销售额的中的占比（%）	样本数量（个）
东南地区	9.94	0.60	1398
环渤海地区	5.99	0.47	575
中部地区	4.36	0.54	970
东北地区	3.79	0.49	252
西南地区	5.26	1.01	812
西北地区	5.71	0.58	590

第三章
Chapter Three

村落创业活力

　　村落创业活力反映村落新创企业的活跃程度。激发农村创新创业活力需要企业家精神，在现有文献中衡量创业活力的指标多见于对企业家创业精神的测度。因此，本次调查以企业家精神为核心来测量村落的创业活力。Hébert 和 Link（1989）将企业家精神在生产性活动方面的表现定义为两个方面，即企业家的创业精神（企业家的创业精神是指建立新企业的行为）和企业家的创新精神（现有的实证研究对企业家的创新精神的衡量主要是通过专利或发明数量）。Audretsch（1995）提出了企业家精神资本（entrepreneurship capital）概念，以"新企业"这一企业家活动的物化形态来解释经济增长，并指出企业家资本之所以能对经济增长产生影响，主要是通过企业家的知识溢出机制发挥作用。为了定量地分析企业家精神的生产性活动对经济增长的影响，学者们根据 Hébert 和 Link（1989）的研究，发展出一些衡量企业家创新创业活动的具体指标用于经验研究，主要包括：（1）企业更替率（Audretsch and Fritsch，2003；Caves，1998），企业进入与退出比率（Caves，1998）；（2）小企业数量比率（Caves，1998）；（3）创业者人数（Caves，1998），企业主占总就业人口比率（business ownership rates）；　（4）自我雇佣比率（Beugelsdijk and Noorderhaven，2004；李宏彬等，2009；OECD，2002），这也代表个体的创业行为；（5）企业所有权比率（Thurik *et al.*，2008；Audretsch *et al.*，2002；Carree *et al.*，2002），这代表企业家行为的活跃程度；（6）专利发明数量（Acs，1996；Wong *et al.*，2005；李宏彬等，2009）。Acs *et al.*（2005）从知识溢出的角度构建了企业家精神的决定模型，利用知识存量、企业进入障碍（用公共支出占 GDP 的比重、税收占 GDP 的比重衡量）、工资水平等来衡量企业家精神。国外比较有代表性三类专业组织即 CEDIA、GEM 和 EIM，[①] 通过选择众多相关的指标建构综合指数测度企业家精神。刘亮（2008）参考其他学者的研究成果和 C-S、GEM 度量指标，从企业家个体和所处环境两个角度，构建了包括 7 大领域 20 个具体指标、适合中国数据特征的企业家精神综合指标体系。因此，本次调查将借鉴以往学者的研究从企业家的创业精神和创新精神两个方面衡量村落创业活力指标体系。（Hébert and Link，1989）

一、企业家创业精神

现有文献关于企业家创业精神的衡量，一般选用自我雇佣比率、企业所有权比率、企业进入与退出比率等。（Georgellis and Wall，2000；Beugelsdijk and Noorderhaven，2004；Audretsch and Fritsch，2003）遵循这一传统，选择村落"创业人数""小微企业数"[②]"相对前一年新创企业数""相对前一年总的创业人数""相对前一年创业家庭户数""商贸市场、工业园区、开发区的建设情况""相对前一年退出市场的创业项目数""相对前一年停产与整顿或清算的创业项目数""具有创业机会的居民数""具备创业技能和经验的居民数"十个指标来衡量企业家创业精神。

二、企业家创新精神

企业家创新精神是熊彼特"创造性破坏"思想的核心，现有的实证研究对企业家创新精神的衡量主要是通过专利或发明数量。（Acs，1996；Wong et al.，2005）借鉴已有研究，本次调查将选择"相对前一年专利申请数"和"相对前一年企业研发投入情况"两个指标来衡量企业家创新精神。

| 第一节 |

村落创业活力的总体状况

本节主要介绍中国村落创业活力的总体现状，具体包括创业人数，小微企业数，

---

① 三类专业组织：CEDIA 即 Comparative Entrepreneurship Data for International Analysis；GEM 即 Global Entrepreneurship Monitor；EIM 即 Entrepreneurship International Monitor。

② 小微企业是指：（1）工业企业，年度应纳税所得额不超过 30 万元，从业人数不超过 100 人，资产总额不超过 3000 万元；（2）其他企业，年度应纳税所得额不超过 30 万元，从业人数不超过 80 人，资产总额不超过 1000 万元。

相对前一年新创企业数，相对前一年总的创业人数，相对前一年创业家庭户数，相对前一年企业研发投入情况，商贸市场、工业园区、开发区建设情况，相对前一年专利申请情况，相对前一年退出市场的创业项目情况，相对前一年面临停产与整顿或清算的创业项目情况，具有创业机会的居民情况，具备创业技能和经验的居民情况 12 个因素。

一、创业人数

一个区域的创业人数可以直观地反映当地居民的创业参与度。[1] 调查结果显示，对于村落创业人数而言，村落的创业人数在 50 人及以下的占比最大，约占样本总量的 48.06%；其次是 101—500 人，约占样本总量的 28.87%；而创业人数在 500 人以上的占比最小，约占样本总量的 6.29%。此外，为了更好地展现村落创业活力程度，本书还计算了"创业人数在户籍人口中占比""创业人数在常住人口中占比""创业人数在外出务工人数中占比"和"创业人数在返乡人数中占比"四个相对数指标。结果表明，创业人数在户籍人口中占比以及创业人数在常住人口中占比在 0—5% 区间的村落最多，分别约占 65.18% 和 66.09%。创业人数在外出务工人数中占比在 20% 及以下的村落最多，约占样本总量的 49.46%。而创业人数在返乡人数中占比在 80% 以上的村落最多，约占样本总量的 73.04%。总体而言，村落的创业人数相对较少，且其在返乡人口中占比较大。具体参见表 3-1。

表 3-1　村落的创业人数情况

指标	50 人及以下		51—100 人		101—500 人		500 人以上	
	数量（个）	占比（%）	数量（个）	占比（%）	数量（个）	占比（%）	数量（个）	占比（%）
创业人数	581	48.06	203	16.79	349	28.87	76	6.29
指标	0—5%		6%—10%		11%—20%		20% 以上	
	数量（个）	占比（%）	数量（个）	占比（%）	数量（个）	占比（%）	数量（个）	占比（%）
创业人数/户籍人口	788	65.18	214	17.70	115	9.51	92	7.61
创业人数/常住人口	799	66.09	217	17.95	115	9.51	78	6.45

---

[1]　本项目对于创业采取广义的界定方法，即只要村民在持续半年以上的时间通过生产、加工、服务等方式向客户出售商品、提供各类服务以获取收入，而不仅仅是依赖于农作物自给自足，都可以视为创业与经营活动，创业的方式包括自己单干以及与他人合伙等。

（续表）

指标	20%及以下		21%—50%		51%—80%		80%以上	
	数量（个）	占比（%）	数量（个）	占比（%）	数量（个）	占比（%）	数量（个）	占比（%）
创业人数/外出务工人数	598	49.46	219	18.11	81	6.70	311	25.72
创业人数/返乡人数	136	11.25	113	9.35	77	6.37	883	73.04

二、小微企业数

小微企业数是反映一个区域创新活力的重要指标。调查结果显示，小微企业数在1—10个的村落最多，约占样本总量的43.51%；而没有小微企业的村落次之，约占样本总量的27.87%。此外，为了更好地展现村落创业活力程度，本书还计算了"小微企业在总企业中占比"这一相对指标。结果表明，小微企业在总企业中占比在51%—80%的村落最多，约占样本总量的45.66%；其次是在80%以上的村落，约占样本总量的28.62%。总体而言，村落小微企业数多集中在10个以下，且小微企业在总企业中占比在50%以上的村落居多。这说明小微企业在村落中较为普遍。具体参见表3-2。

表3-2　村落的小微企业数情况

指标	0个		1—10个		11—20个		20个以上	
	村落数量（个）	占比（%）	村落数量（个）	占比（%）	村落数量（个）	占比（%）	村落数量（个）	占比（%）
小微企业数	337	27.87	526	43.51	111	9.18	235	19.44
指标	20%及以下		21%—50%		51%—80%		80%以上	
	村落数量（个）	占比（%）	村落数量（个）	占比（%）	村落数量（个）	占比（%）	村落数量（个）	占比（%）
小微企业/总企业	154	12.74	157	12.99	552	45.66	346	28.62

三、相对前一年新创企业数

调查结果显示，相对前一年没有新创企业的村落数量最多，约占样本总量的48.22%；其次是相对前一年有1—10个新创企业的村落，约占样本总量的46.57%。此外，为了更好地展现村落创业活力程度，本书还计算了"相对前一年新创企业在总企业中占比"这一相对指标。结果表明，相对前一年新创企业在总企业中占比在20%及以下的村落最多，约占样本总量的40.69%；其次是占比在21%—50%的村落，约占样本总量的28.04%。总体而言，村落相对前一年新创企业数量以 1—10 个居多，且相对前一年新创企业在总企业中占比大多集中在 50％以下。具体参见表 3-3。

表 3-3　村落相对前一年新创企业数情况

指标	0 个		1—10 个		11—20 个		20 个以上	
	村落数量（个）	占比（％）	村落数量（个）	占比（％）	村落数量（个）	占比（％）	村落数量（个）	占比（％）
相对前一年新创企业数	583	48.22	563	46.57	40	3.31	23	1.90
指标	20％及以下		21％—50％		51％—80％		80％以上	
	村落数量（个）	占比（％）	村落数量（个）	占比（％）	村落数量（个）	占比（％）	村落数量（个）	占比（％）
相对前一年新创企业/总企业	492	40.69	339	28.04	272	22.50	106	8.77

四、相对前一年总的创业人数

调查结果显示，相对前一年总的创业人数在 1—50 人之间的村落最多，约占样本总量的 58.81％；其次是相对前一年总的创业人数为 0 人的村落，约占样本总量的 20.68％。此外，为了更好地展现村落创业活力程度，本书还计算了"相对前一年总的创业人数在户籍人口中占比""相对前一年总的创业人数在常住人口中占比""相对前一年总的创业人数在外出务工人数中占比""相对前一年总的创业人数在返乡人数中占比"四个相对指标。结果表明，相对前一年总的创业人数在户籍人口中占比以及相对前一年总的创业人数在常住人口中占比在 0—5％的村落最多，分别约为 87.68％和 88.67％。相对前一年总的创业人数在外出务工人数中占比在 0—5％的村落最多，约占样本总量的 51.20％；其次是占比在 20％以上的村落，约占样本总量的 26.47％。而相对前一年总的创业人数在返乡人数中占比为 20％以上的村落最多，约占样本总量的 64.76％；其次是占比在 0—5％的村落，约占样本总量的 22.50％。总体而言，村落相对前一年总的创业人数主要集中在 1—50 人，且在户籍人口、常住人口和外出务工人数中占比较小，而在返乡人数中占比较大。具体参见表 3-4。

表 3-4　村落相对前一年总的创业人数情况

指标	0 人		1—50 人		51—100 人		100 人以上	
	村落数量（个）	占比（%）	村落数量（个）	占比（%）	村落数量（个）	占比（%）	村落数量（个）	占比（%）
相对前一年总的创业人数	250	20.68	711	58.81	110	9.10	138	11.41
指标	0—5%		6%—10%		11%—20%		20%以上	
	村落数量（个）	占比（%）	村落数量（个）	占比（%）	村落数量（个）	占比（%）	村落数量（个）	占比（%）
相对前一年总的创业人数/户籍人口	1060	87.68	85	7.03	35	2.89	29	2.40
相对前一年总的创业人数/常住人口	1072	88.67	75	6.20	35	2.89	27	2.23
相对前一年总的创业人数/外出务工人数	619	51.20	152	12.57	118	9.76	320	26.47
相对前一年总的创业人数/返乡人数	272	22.50	60	4.96	94	7.78	783	64.76

五、相对前一年创业家庭户数

调查结果显示，相对前一年创业家庭户数在 1—10 个的村落最多，约占样本总量的 45.82%；其次是相对前一年没有创业的家庭户数，约占样本总量的 27.46%。此外，为了更好地展现村落创业活力程度，本书还计算了"相对前一年创业家庭户数在总户数中占比"这一相对指标。结果表明，相对前一年创业家庭户数在总户数中占比在 0—5% 的村落最多，约为样本总量的 88.34%。总体而言，相对前一年创业家庭户数相对较少，这意味着中国农村家庭参与创业积极性不高。具体参见表3-5。

表 3-5　村落相对前一年创业家庭户数情况

指标	0 户		1—10 户		11—20 户		20 户以上	
	村落数量（个）	占比（%）	村落数量（个）	占比（%）	村落数量（个）	占比（%）	村落数量（个）	占比（%）
相对前一年创业家庭户数	332	27.46	554	45.82	146	12.08	177	14.64
指标	0—5%		6%—10%		11%—20%		20%以上	
	村落数量（户）	占比（%）	村落数量（户）	占比（%）	村落数量（户）	占比（%）	村落数量（户）	占比（%）
相对前一年创业家庭户数/总户数	1068	88.34	69	5.71	30	2.48	42	3.47

六、相对前一年企业研发投入情况

企业研发投入情况反映了其创新意识和对技术的重视程度，也是冒险精神的重要体现。调查结果显示，相对前一年企业没有研发投入的村落最多，约占样本总量的49.21%；其次是研发投入在1—20万元的村落，约占样本总量的25.72%。此外，为了更好地展现村落创业活力程度，我们另外计算了"相对前一年企业研发投入获得人数在创业人数中占比"这一相对指标。结果表明，相对前一年企业研发投入获得人数在创业人数中占比在10%以下的村落最多，约占样本总量的64.10%；而该占比在50%以上的村落不足20%。总体而言，村落相对前一年中小企业的研发投入不高，这反映了村落对研发投入的重视程度不高。具体参见表3-6。

表3-6　村落相对前一年企业研发投入情况

指标	0 万元		1—20 万元		21—50 万元		50 万元以上	
	村落数量（个）	占比（%）	村落数量（个）	占比（%）	村落数量（个）	占比（%）	村落数量（个）	占比（%）
相对前一年企业研发投入	595	49.21	311	25.72	167	13.81	136	11.25

指标	10% 及以下		11%—20%		21%—50%		50% 以上	
	村落数量（个）	占比（%）	村落数量（个）	占比（%）	村落数量（个）	占比（%）	村落数量（个）	占比（%）
相对前一年研发投入获得人数/创业人数	775	64.10	64	5.29	134	11.08	236	19.52

七、商贸市场、工业园区、开发区建设情况

企业所处的营商环境也是影响创业活力程度的重要因素，其中"有无商贸市场、工业园区、开发区"便是衡量区域创业活力的重要指标。调查结果显示，有商贸市场、工业园区、开发区的村落有316个，约占样本总量的26.13%；无商贸市场、工业园区、开发区的村落有893个，约占样本总量的73.86%。总体而言，村落商贸市场、工业园区、开发区的数量较少，这反映了提供村落进行创业的环境相对较差。

八、相对前一年专利申请情况

专利申请数量反映了企业的创新能力，是从企业层面衡量创业活力的重要指标。调查结果显示，相对前一年专利申请数为0个的村落最多，约占样本总量的85.28%；其次是专利申请数在1—10个的村落，约占样本总量的13.40%；而专利申请数在10个以上的村落占比不足1.50%。此外，为了更好地展现村落创业活力

程度，本书还计算了"相对前一年专利申请数在创业人数中占比"这一相对指标。结果表明，相对前一年专利申请数在创业人数中占比在0—5%的村落最多，约占样本总量的95.62%；而该占比大于5%的村落不足5%。总体而言，村落相对前一年的专利申请数较低，且创业者的创新能力也有待提升。具体参见表3-7。

表3-7 村落相对前一年专利申请情况

指标	0个		1—10个		11—20个		20个以上	
	村落数量（个）	占比（%）	村落数量（个）	占比（%）	村落数量（个）	占比（%）	村落数量（个）	占比（%）
相对前一年专利申请数	1031	85.28	162	13.40	8	0.66	8	0.66

指标	0—5%		6%—10%		11%—20%		20%以上	
	村落数量（个）	占比（%）	村落数量（个）	占比（%）	村落数量（个）	占比（%）	村落数量（个）	占比（%）
相对前一年专利申请数/创业人数	1156	95.62	26	2.15	9	0.74	18	1.49

九、相对前一年退出市场的创业项目情况

创业项目退出市场（包括破产与倒闭等）是比较常见的现象，也在一定程度上反映一个区域的创业活力。调查结果显示，相对前一年没有创业项目退出市场的村落最多，约占样本总量的62.03%；而相对前一年有创业项目退出市场的村落占比约为37.97%。其中，相对前一年退出市场的创业项目数在1—10个的村落占比最大，约占样本总量的35.73%；而相对前一年退出市场的创业项目数大于10个的村落占比不足3%。总体而言，村落相对前一年退出市场的创业项目相对较少。具体参见图3-1。

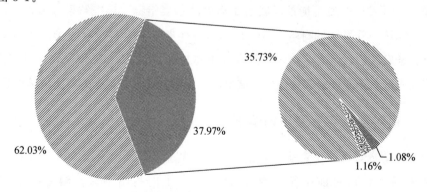

※无 ※1—10个 ※11—20个 ※20个以上

图3-1 相对前一年退出市场的创业项目情况

十、相对前一年面临停产与整顿或清算的创业项目情况

调查结果显示，相对前一年创业项目没有面临停产与整顿或清算的村落最多，约占样本总量的 70.80％；而创业项目面临停产与整顿或清算的村落占比约为29.20％。其中，面临停产与整顿或清算的创业项目数在 1—10 个的村落最多，约占样本总量的 27.54％；而面临停产与整顿或清算的创业项目数大于 10 个的村落占比不足 3％。总体而言，村落相对前一年面临停产与整顿或清算的创业项目数量相对较少。具体参见图 3-2。

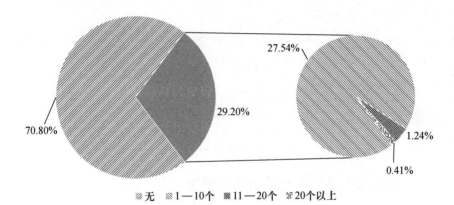

27.54%

29.20%

70.80%

1.24%

0.41%

▨无　▧1—10个　▨11—20个　▧20个以上

图 3-2　村落相对前一年面临停产与整顿或清算的创业项目情况

十一、具有创业机会的居民情况

调查结果显示，具有创业机会的居民数在 0—50 人的村落最多，约占样本总量的 91.15％；而具有创业机会的居民数大于 50 人的村落较少，约占样本总量的8.85％。此外，为了更好地展现村落创业活力程度，本书还计算了"具有创业机会的居民数在户籍人口中占比""具有创业机会的居民数在常住人口中占比""具有创业机会的居民数在外出务工人数中占比""具有创业机会的居民数在返乡人数中占比"四个相对指标。结果表明，具有创业机会的居民数在户籍人口中占比、具有创业机会的居民数在常住人口中占比以及具有创业机会的居民数在外出务工人数中占比均在 0—10％的村落最多，分别约占样本总量的 97.44％、97.85％和 72.54％。而具有创业机会的居民数在户籍人口和常住人口中占比大于 10％的村落不足 3％，具有创业机会的居民人数在外出务工人数中占比在 20％以上的村落次之，约占样本总量的 19.02％。此外，具有创业机会的居民人数在返乡人数中占比在 20％以上的村落最多，约占样本总量的 56.33％；其次是占比在 0—10％的村落，约占样本总量的 36.39％。总体而言，村落具有创业机会的居民人数主要集中在 0—50 人，且在户籍人口、常住人口和外出务工人数中占比较小，在返乡人数中占比较大。具体参

见表 3-8。

表 3-8　村落具有创业机会的居民情况

指标	0—50 人		51—100 人		100 人以上	
	村落数量（个）	占比（%）	村落数量（个）	占比（%）	村落数量（个）	占比（%）
具有创业机会的居民数	1102	91.15	52	4.30	55	4.55

指标	0—10%		11—20%		20%以上	
	村落数量（个）	占比（%）	村落数量（个）	占比（%）	村落数量（个）	占比（%）
具有创业机会的居民数/户籍人口	1178	97.44	17	1.41	14	1.16
具有创业机会的居民数/常住人口	1183	97.85	16	1.32	10	0.83
具有创业机会的居民数/外出务工人数	877	72.54	102	8.44	230	19.02
具有创业机会的居民数/返乡人数	440	36.39	88	7.28	681	56.33

十二、具备创业技能和经验的居民情况

创业潜力能够很好地反应未来的创业状况。调查结果显示，具备创业技能和经验的居民数在 0—50 人的村落最多，约占样本总量的 80.07%；而具备创业技能和经验的居民数大于 50 人的村落较少，约占样本总量的 19.93%。此外，为了更好地展现村落创业活力程度，本书还计算了"具备创业技能和经验的居民数在户籍人口中占比""具备创业技能和经验的居民数在常住人口中占比""具备创业技能和经验的居民数在外出务工人数中占比""具备创业技能和经验的居民数在返乡人数中占比"四个相对指标。结果表明，具备创业技能和经验的居民数在户籍人口中占比、具备创业技能和经验的居民数在常住人口中占比以及具备创业技能和经验的居民人数在外出务工人数中占比在 0—10% 的村落最多，分别约占样本总量的 95.86%、95.78% 和 64.19%。而具备创业技能和经验的居民数在户籍人口和常住人口中占比大于 10% 的村落不足 5%。此外，具备创业技能和经验的居民人数在返乡人数中占比在 20% 以上的村落最多，约占样本总量的 63.94%；其次是占比在 0—10% 的村落，约占样本总量的 27.96%。总体而言，村落具备创业技能和经验的居民人数主要集中在 0—50 人，且在户籍人口、常住人口和外出务工人数中占比较小，而在返乡人数中占比较大。具体参见表 3-9。

表 3-9　村落具有创业企业技能和经验的居民情况

指标	0—50 人		51—100 人		100 人以上	
	村落数量（个）	占比（%）	村落数量（个）	占比（%）	村落数量（个）	占比（%）
具备创业技能和经验的居民数	968	80.07	140	11.58	101	8.35
指标	**0—10%**		**11%—20%**		**20%以上**	
	村落数量（个）	占比（%）	村落数量（个）	占比（%）	村落数量（个）	占比（%）
具备创业技能和经验的居民数/户籍人口	1159	95.86	29	2.40	21	1.74
具备创业技能和经验的居民数/常住人口	1158	95.78	30	2.48	21	1.74
具备创业技能和经验的居民数/外出务工人数	776	64.19	129	10.67	304	25.14
具备创业技能和经验的居民数/返乡人数	338	27.96	98	8.11	773	63.94

| 第二节 |

村落创业活力的区域对比分析

本节主要对比分析中国各区域村落的创业活力情况，具体包括创业人数，小微企业数，相对前一年新创企业数，相对前一年总的创业人数，相对前一年创业家庭户数，相对前一年企业研发投入情况，商贸市场、工业园区、开发区建设情况，相对前一年专利申请情况，相对前一年退出市场的创业项目情况，相对前一年面临停产与整顿或清算的创业项目情况，具有创业机会的居民情况，具备创业技能和经验的居民情况 12 个因素。

一、创业人数

针对中国各区域村落创业人数情况（包括创业人数、创业人数在户籍人口中占比、创业人数在常住人口中占比、创业人数在外出务工人数中占比和创业人数在返乡人数中占比）进行方差分析，结果表明，各区域村落的创业人数（$F=1.31$，$P>$

0.1)、创业人数在户籍人口中占比（$F=1.63$，$P>0.1$）、创业人数在常住人口中占比（$F=1.54$，$P>0.1$）均不存在显著性差异，而创业人数在外出务工人数中占比（$F=8.36$，$P<0.01$）和创业人数在返乡人数中占比（$F=5.83$，$P<0.01$）均存在显著性差异。具体而言，创业人数在外出务工人数中占比以及创业人数在返乡人数中占比最大的地区均为环渤海地区，分别约为347.79%和10858.91%；而这两个指标最小的地区分别为西南地区和东北地区，分别约为66.19%和4843.78%。另外，各区域村落的创业人数在户籍人口中占比以及创业人数在常住人口中占比均不超过10%。由此可见，各区域村落的创业活力较低。此外，环渤海地区的创业人数相对于外出务工人数和返乡人数来说较多，而西南地区和东北地区的创业人数相对于外出务工人数和返乡人数来说较少，且村落的返乡人数很少。具体参见表3-10。

表 3-10　各区域村落的创业人数情况

区域	创业人数（个）	创业人数在户籍人口中占比（%）	创业人数在常住人口中占比（%）	创业人数在外出务工人数中占比（%）	创业人数在返乡人数中占比（%）	样本数量（个）
东南地区	194.34	7.41	5.96	184.96	10962.95	355
环渤海地区	158.18	9.59	8.74	347.79	10858.91	150
中部地区	168.12	6.40	6.21	86.32	7928.34	262
东北地区	90.50	5.12	5.50	85.88	4843.78	66
西南地区	172.36	6.07	6.20	66.19	9165.77	219
西北地区	117.13	5.92	5.58	72.83	9437.90	157

二、小微企业数

针对中国各区域村落小微企业数情况（包括小微企业数和小微企业在总企业中占比）进行方差分析，结果表明，各区域小微企业数（$F=5.30$，$P<0.01$）以及小微企业在总企业中占比（$F=15.56$，$P<0.01$）均存在显著性差异。具体而言，小微企业数最多的地区是东南地区，约为34个；小微企业数最少的地区是东北地区，约为6个。此外，小微企业在总企业中占比最大的地区是环渤海地区，约为72.28%，其次，该指标在东南地区、西南地区以及西北地区均在60%以上，而该指标最小的地区是东北地区，约为39.14%。由此可见，各区域村落的企业大多以小微企业为主，且环渤海地区的小微企业相对较多，东北地区的小微企业相对较少。具体参见表3-11。

表 3-11　各区域村落的小微企业数情况

区域	小微企业数（个）	小微企业在总企业中占比（%）	样本数量（个）
东南地区	34.18	64.44	355
环渤海地区	25.02	72.28	150
中部地区	15.60	57.07	262
东北地区	6.89	39.14	66
西南地区	7.89	64.87	219
西北地区	11.80	64.74	157

三、相对前一年新创企业数

针对中国各区域村落相对前一年新创企业情况（包括相对前一年新创企业数和相对前一年新创企业在总企业中占比）进行方差分析，结果表明，各区域村落相对前一年新创企业数（$F=4.06$，$P<0.01$）和相对前一年新创企业在总企业中占比（$F=3.21$，$P<0.01$）均存在显著性差异。具体而言，相对前一年新创企业数最多的地区是东南地区，约为 4 个；而最少的地区是东北地区和西北地区，均约为 1 个。此外，相对前一年新创企业在总企业中占比最大的地区是中部地区，约为 70.61%；而该占比最小的地区是东南地区，约为 33.17%。由此可见，东南地区相对前一年新创企业相对较多，但是相对前一年新创企业在该地区总企业中占比相对较小。同时，相对而言，中部地区相对前一年新创企业在该地区总企业中占比相对较大。具体参见表 3-12。

表 3-12　各区域村落相对前一年新创企业数情况

区域	相对前一年新创企业数（个）	相对前一年新创企业在总企业中占比（%）	样本数量（个）
东南地区	4.54	33.17	355
环渤海地区	2.38	38.31	150
中部地区	2.04	70.61	262
东北地区	1.36	53.05	66
西南地区	2.43	56.69	219
西北地区	1.97	44.13	157

四、相对前一年总的创业人数

针对中国各区域村落相对前一年总的创业人数进行方差分析，结果表明，相对前一年总的创业人数（$F=0.61$，$P>0.1$）、相对前一年总的创业人数在户籍人口中占比（$F=1.07$，$P>0.1$）和相对前一年总的创业人数在常住人口中占比（$F=0.93$，$P>0.1$）均不存在显著性差异；而相对前一年总的创业人数在外出务工人数中占比（$F=3.15$，$P<0.01$）和相对前一年总的创业人数在返乡人数中占比（$F=3.04$，$P<0.01$）均存在显著性差异。具体而言，相对前一年总的创业人数在外出务工人数中占比以及相对前一年总的创业人数在返乡人数中占比最大的地区均为环渤海地区，分别约为116.88%和1382.91%；而前者最小的地区为中部地区，约为27.12%，后者最小的地区为西南地区，约为158.33%。另外，各区域村落的创业人数在户籍人口中占比以及创业人数在常住人口中占比均不超过5%。由此可见，各区域村落的创业活力较低。同时，环渤海地区相对前一年总的创业人数在外出务工人数和返乡人数中占比较大，而中部地区相对前一年总的创业人数在外出务工人数中占比以及西南地区相对前一年总的创业人数在返乡人数中占比较小，且村落的返乡人数很少。具体参见表3-13。

表3-13 各区域村落相对前一年总的创业人数情况

区域	相对前一年总的创业人数（人）	相对前一年总的创业人数/户籍人口（%）	相对前一年总的创业人数/常住人口（%）	相对前一年总的创业人数/外出务工人数（%）	相对前一年总的创业人数/返乡人数（%）	样本数量（个）
东南地区	57.66	2.65	2.48	93.92	772.36	355
环渤海地区	69.00	3.80	3.64	116.88	1382.91	150
中部地区	41.68	2.31	2.25	27.12	415.19	262
东北地区	38.39	2.04	2.26	53.22	1059.97	66
西南地区	61.83	2.33	2.34	30.78	158.33	219
西北地区	64.32	3.26	3.27	54.83	946.93	157

五、相对前一年创业家庭户数

针对中国各区域村落相对前一年创业家庭户数（包括相对前一年创业家庭户数和相对前一年创业家庭户数在总户数中占比）进行方差分析，结果表明，各区域村落相对前一年创业家庭户数（$F=0.37$，$P>0.1$）和相对前一年创业家庭户数在总户数中占比（$F=1.54$，$P>0.1$）均不存在显著性差异。具体而言，各区域相对前一年创业家庭户数均在20个以下，且相对前一年创业家庭户数在村落总户数中占比均不超过5%。由此可见，各区域村落相对前一年创业的家庭数量均较少。具体参见表3-14。

表 3-14　各区域村落相对前一年创业家庭户数情况

区域	相对前一年 创业家庭户数（户）	相对前一年创业家庭 户数/总户数（%）	样本数量 （个）
东南地区	15.24	2.57	355
环渤海地区	17.49	4.50	150
中部地区	3.42	3.42	3.42
东北地区	3.42	1.93	3.42
西南地区	17.43	2.54	219
西北地区	15.84	3.17	157

六、相对前一年企业研发投入情况

针对中国各区域村落相对前一年企业研发投入情况（包括相对前一年企业研发投入和相对前一年企业研发投入获得人数在创业人数中占比）进行方差分析，结果表明，各区域村落相对前一年企业研发投入（$F=1.95$，$P<0.1$）和相对前一年企业研发投入获得人数在创业人数中占比（$F=2.19$，$P<0.1$）均存在显著性差异。具体而言，相对前一年企业研发投入最大的地区是东南地区，约为 74.13 万元；而相对前一年企业研发投入最小的地区是东北地区，约为 17.65 万元。此外，相对前一年企业研发投入获得人数在创业人数中占比最大的地区是环渤海地区，约为 150.74%，其次是东南地区，约为 142.53%；而该占比最小的地区是东北地区，约为 48.42%。由此可见，东南地区相对前一年企业研发投入获得人数在创业人数中占比相对较高，而东北地区相对较低。具体参见表 3-15。

表 3-15　各区域村落相对前一年企业研发投入情况

区域	相对前一年企业 研发投入（万元）	相对前一年企业研发投入 获得人数/创业人数（%）	样本数量 （个）
东南地区	74.13	142.53	355
环渤海地区	31.54	150.74	150
中部地区	36.40	59.04	262
东北地区	17.65	48.42	66
西南地区	33.54	55.42	219
西北地区	44.90	92.89	157

七、商贸市场、工业园区、开发区建设情况

针对中国各区域村落有无商贸市场、工业园区、开发区建设情况进行方差分析，结果表明，各区域村落的商贸市场、工业园区、开发区建设情况存在显著性差异（$F=3.44$，$P<0.01$）。具体而言，各区域有商贸市场、工业园区、开发区的村落最

多的地区是东南地区，约占该地区样本总量的 33.24%；而最少的地区是西南地区，约为 19.18%。由此可见，东南地区的商贸市场、工业园区、开发区建设相对发达，而东北地区和西南地区的商贸市场、工业园区、开发区建设相对落后。具体参见表 3-16。

表 3-16　各区域村落有无商贸市场、工业园区、开发区建设情况

区域	有商贸市场、工业园区、开发区		无商贸市场、工业园区、开发区		样本数量（个）
	数量（个）	占比（%）	数量（个）	占比（%）	
东南地区	118	33.24	237	66.76	355
环渤海地区	39	26.00	111	74.00	150
中部地区	68	25.95	194	74.05	262
东北地区	13	19.70	53	80.30	66
西南地区	42	19.18	177	80.82	219
西北地区	36	22.93	121	77.07	157

八、相对前一年专利申请情况

针对中国各区域村落相对前一年专利申请数（包括相对前一年专利申请数和相对前一年专利申请数在创业人数中占比）进行方差分析，结果表明，各区域村落相对前一年专利申请数（$F=1.53$，$P>0.1$）不存在显著性差异，而相对前一年专利申请数在创业人数中占比（$F=2.37$，$P<0.05$）存在显著性差异。具体而言，各区域村落相对前一年专利申请数均不到 2 个，而相对前一年专利申请数在创业人数中占比最大的地区是环渤海地区，约为 7.63%，而其他地区相对前一年专利申请数在创业人数中占比均在 2% 以下。由此可见，各区域的专利申请数均不高。此外，相对而言，环渤海地区村落相对前一年专利申请数在创业人数中占比较高。具体参见表 3-17。

表 3-17　各区域村落相对前一年专利申请情况

区域	相对前一年专利申请数（个）	相对前一年专利申请数/创业人数（%）	样本数量（个）
东南地区	1.13	1.05	355
环渤海地区	1.49	7.63	150
中部地区	0.26	0.95	262
东北地区	0.45	1.33	66
西南地区	0.40	0.85	219
西北地区	1.33	1.76	157

九、相对前一年退出市场的创业项目情况

针对中国各区域村落相对前一年退出市场的创业项目数进行方差分析，结果表明，各区域相对前一年退出市场的创业项目数不存在显著性差异（$F=0.86$，$P>0.1$）。调查结果显示，各区域村落相对前一年退出市场的创业项目数均不足 3 个。由此可见，各区域村落相对前一年退出市场的创业项目都比较少。具体参见表 3-18。

表 3-18　各区域村落相对前一年退出市场的创业项目数情况

区域	平均值（个）	标准差	最大值（个）	最小值（个）	样本数量（个）
东南地区	2.15	5.43	61	0	355
环渤海地区	2.95	24.55	300	0	150
中部地区	1.12	5.62	88	0	262
东北地区	0.82	2.22	15	0	66
西南地区	1.94	9.38	112	0	219
西北地区	1.32	4.07	40	0	157

十、相对前一年停产与整顿或清算的创业项目情况

针对中国各区域相对前一年停产与整顿或清算的创业项目数进行方差分析，结果表明，中国各区域相对前一年停产与整顿或清算的创业项目数不存在显著性差异（$F=0.79$，$P>0.1$）。调查结果显示，各区域村落相对前一年停产与整顿或清算的创业项目均不足 2 个。由此可见，各区域村落相对前一年停产与整顿或清算的创业项目很少。具体参见表 3-19。

表 3-19　各区域村落相对前一年停产与整顿或清算的创业项目情况

区域	平均值（个）	标准差	最大值（个）	最小值（个）	样本数量（个）
东南地区	1.43	3.26	30	0	355
环渤海地区	0.57	2.22	20	0	150
中部地区	1.44	13.67	220	0	262
东北地区	0.29	0.74	4	0	66
西南地区	0.81	2.89	22	0	219
西北地区	0.80	1.86	12	0	157

十一、具有创业机会的居民情况

针对中国各区域村落具有创业机会的居民数进行方差分析，结果表明，各区域村落具有创业机会的居民数（$F=1.53$，$P>0.1$）和具有创业机会的居民数在返乡

人数中占比（$F=1.73$，$P>0.1$）均不存在显著性差异，而具有创业机会的居民数在户籍人口中占比（$F=2.95$，$P<0.05$）、具有创业机会的居民数在常住人口中占比（$F=2.16$，$P<0.1$）和具有创业机会的居民数在外出务工人数中占比（$F=5.02$，$P<0.01$）均存在显著性差异。具体而言，具有创业机会的居民数在户籍人口中占比、具有创业机会的居民数在常住人口中占比以及具有创业机会的居民数在外出务工人数中占比最大的地区均为环渤海地区，分别为 3.17%、2.62% 和 46.51%；而具有创业机会的居民数在外出务工人数中占比最小的地区为中部地区，约为 6.45%。由此可知，环渤海地区村落具有创业机会的居民相对较多，而中部地区相对较少。具体参见表 3-20。

表 3-20 各区域村落具有创业机会的居民数情况

区域	具有创业机会的居民数（个）	具有创业机会的居民数/户籍人数(%)	具有创业机会的居民数/常住人数(%)	具有创业机会的居民数/外出务工人数(%)	具有创业机会的居民数/返乡人数(%)	样本数量（个）
东南地区	38.89	1.64	1.20	34.40	325.46	355
环渤海地区	40.77	3.17	2.62	46.51	491.56	150
中部地区	16.60	0.92	0.91	6.45	162.10	262
东北地区	15.61	1.09	1.20	15.25	231.79	66
西南地区	28.68	1.30	1.59	11.24	106.77	219
西北地区	32.74	1.60	1.55	32.58	661.99	157

十二、具备创业技能和经验的居民情况

针对中国各区域具备创业技能和经验的居民数进行方差分析，结果表明，各区域具备创业技能和经验的居民数（$F=2.33$，$P<0.05$）、具备创业技能和经验的居民数在户籍人口中占比（$F=3.62$，$P<0.01$）、具备创业技能和经验的居民数在常住人口中占比（$F=2.26$，$P<0.05$）、具备创业技能和经验的居民数在外出务工人数中占比（$F=3.63$，$P<0.01$）和具备创业技能和经验的居民数在返乡人数中占比（$F=2.80$，$P<0.05$）均存在显著性差异。具体而言，各区域村落中具备创业技能和经验的居民数最多的地区是西北地区，约为 88 人；其次分别是东南地区和环渤海地区，分别约为 70 人和 62 人；而其他地区均不到 27 人；具备创业技能和经验的居民数在户籍人口中占比以及具备创业技能和经验的居民数在常住人口中占比最大地区的是环渤海地区，均约为 3.58%，而其他地区相对较小。具备创业技能和经验的居民数在外出务工人数中占比较大的地区是东南地区和环渤海地区，分别为 82.55% 和 81.41%；而该指标在东北地区和西南地区相对较小，均在 20% 以下。具备创业技能和经验的居民数在返乡人数中占比较大的地区是环渤海地区和西北地区，分别为 863.84% 和 841.03%；而该指标在西南地区最小，约为 142.88%。由此可

见，东南地区、环渤海地区和西北地区村落具备创业技能和经验的居民相对较多，而其他地区相对较少。具体参见表 3-21。

表 3-21　各区域村落具备创业技能和经验的居民数情况

区域	具备创业技能和经验的居民数（个）	具备创业技能和经验的居民数/户籍人数（%）	具备创业技能和经验的居民数/常住人数（%）	具备创业技能和经验的居民数/外出务工人数（%）	具备创业技能和经验的居民数/返乡人数（%）	样本数量（个）
东南地区	70.58	2.76	2.34	82.55	594.86	355
环渤海地区	62.33	3.82	3.58	81.41	863.84	150
中部地区	26.97	1.50	1.46	26.11	268.25	262
东北地区	23.12	1.45	1.73	17.70	317.62	66
西南地区	28.48	1.46	1.83	15.46	142.88	219
西北地区	88.59	3.06	2.89	59.13	841.03	157

第四章
Chapter Four

村落创业者背景

创业者作为创业企业的核心人物，是主导创业方向的舵手，更是影响创业与经营活动成败的关键（Koenig *et al.*，2013）。纵观创业领域的相关研究，创业者特质论一直占据主导地位，学者们试图通过整合创业者的"个人特质"（Hills *et al.*，1997）、"先前经验"（Shane and Venkataraman，2000）、"社会网络关系"（Birley，1985）等内容来挖掘创业成功的个体性关键因素。相关研究不仅在一般创业领域得到验证（张玉利等，2008），而且在农民创业领域也得到了初步验证（汪三贵等，2010；Gao and Yang，2013）。据此，本次调查以现有研究为基础，同时结合中国农村的特色，主要从创业者的个体特征、创业者的家庭背景以及创业者的社会关系三个方面考察村落创业者的背景。

一、创业者的个体特征

学者们发现，创业者的个体特征对其创业行为和创业绩效有重要影响。例如，罗明忠等（2012）的研究表明，性别及打工经历与农民的创业意愿直接相关；温兴祥和程超（2017）的研究表明，教育对农村居民的创业收益有积极的影响作用。根据学者的研究，本次调查主要从创业者的"年龄""性别""学历""宗教信仰""政治身份""村干部经历""政治参与情况""创业前经历"等角度来衡量村落创业者的个体特征。

二、创业者的家庭背景

家庭系统是个体赖以生存的社会环境，创业与家庭两个界面的互动会在极大程度上影响创业与经营活动的成败。（田莉和张玉利，2018）一方面，创业者家庭系统的结构、关系、资源等特征能够为创业与经营活动的开展奠定坚实的物质和感情基础。(Aldrich and Cliff, 2003) 但另一方面,由创业者时间、注意力的有限性所导致的"工作—家庭冲突"又会对创业与经营活动造成负面影响。(田莉和张玉利, 2018) 鉴于此,本次调查主要从创业者的"家庭成员人数""家庭社会网络""小孩与老人情况""家庭经济情况""政治关联情况""家庭创业支持情况""创业项目投入情况"等角度来衡量村落创业者的家庭背景,以探究家庭背景对创业者及其创业与经营活动的影响。

三、创业者的社会关系

以资源基础观为主线的创业研究指出,创业实质上就是创业者嵌入当地的社会结构之中,使用、开发资源,识别、创造机会的过程。(吴小立和于伟, 2016) 他们认为,创业者社会关系的广度、强度和深度不仅会影响创业者对创业机会的识别和把握,而且也会影响创业者对创业资源的获取和利用,并最终影响创业与经营活动的成败。(Adler and Kwon, 2002;Arenius and De Clercq, 2005;张玉利等, 2008;蒋剑勇等, 2013) 借鉴学者的研究,本次调查主要从创业者的"社交工具使用情况""民间组织参与情况""非正式权威来源""人缘与影响力情况""社会地位情况"等角度来衡量村落创业者的社会关系。

| 第一节 |

村落创业者个体特征的总体状况

本节主要介绍中国村落创业者个体特征的总体状况,包括创业者的年龄、性别、学历、宗教信仰、政治身份、村干部经历、政治参与情况以及创业前经历八个因素。

一、年龄

调查结果显示,在此次参与调查的受访对象中,年龄最大的村落创业者为 85 周岁,最小的仅为 14 周岁,平均年龄为 45 周岁。其中,41.57% 的村落创业者的年龄介于 41—50 周岁,21.88% 的村落创业者的年龄介于 31—40 周岁,20.56% 的村落创业者的年龄介于 51—60 周岁。由此可见,中国村落创业者的年龄分布较集中,绝大部分都是有一定工作或生活经验的中年人。具体参见图 4-1。

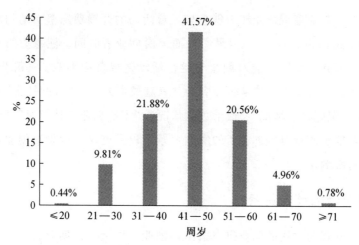

图 4-1　村落创业者的年龄

二、性别

调查结果显示，在此次参与调查的受访对象中，83.66％的村落创业者为男性，仅有16.34％的村落创业者为女性。由此可见，就中国村落创业者的性别而言，男性创业者占比远大于女性创业者占比。

三、学历

本次调查主要将创业者的教育程度分为以下五个层次：初中及以下学历、中专或高中学历、大专学历、本科学历、研究生及以上学历。调查结果显示，在此次参与调查的受访对象中，具有初中或以下学历的村落创业者的人数最多，共计2422人，占比52.69％。其次是具有中专或高中学历的创业者，共计1381人，占比30.04％。具有本科学历、大专学历和研究生及以上学历的创业者占比相对较小，分别为9.44％、7.64％和0.20％。由此可见，中国村落创业者的受教育程度普遍不高。具体参见图4-2。

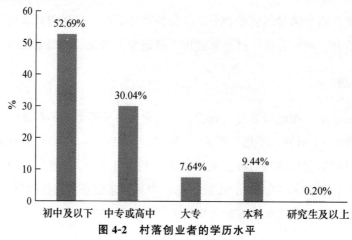

图 4-2　村落创业者的学历水平

四、宗教信仰

调查结果显示，在此次参与调查的受访对象中，只有 8.40％的村落创业者有宗教信仰，共计 386 人。在这些有宗教信仰的创业者中，信奉佛教的人数最多，共计 223 人，占比 57.77％；其次是伊斯兰教，共计 87 人，占比 22.54％；信奉基督教、道教和儒教的创业者相对较少，分别有 32 人、12 人和 2 人，占比分别为 8.29％、3.11％和 0.52％。由此可见，中国绝大多数的村落创业者并没有宗教信仰。而在有宗教信仰的村落创业者中，信仰佛教的占比最高。具体参见图 4-3。

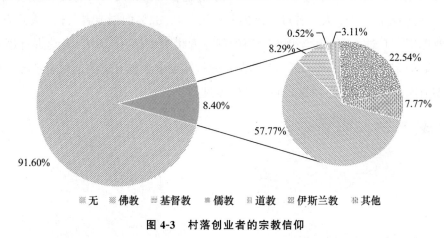

图 4-3　村落创业者的宗教信仰

五、政治身份

调查结果显示，在此次参与调查的受访对象当中，仅有 15.71％的创业者是中共党员，84.29％的创业者都不是党员。由此可见，大部分村落创业者并没有政治身份。

六、村干部经历

调查结果显示，在此次参与调查的受访对象中，仅有 8.14％的创业者现在或者曾经担任村干部，91.86％的创业者并没有担任村干部的相关经历。由此可见，绝大部分村落创业者都没有村干部相关的任职经历。

七、政治参与情况

本次调查主要从是否担任人大代表、是否担任政协委员以及是否具有政府部门工作经历三个方面考察我国村落创业者的政治参与情况。调查结果显示，在此次参与调查的受访对象当中，担任（过）人大代表的创业者人数最多，共计 150 人，占比 3.26％。具有政府部门工作经历的创业者人数次之，共计 98 人，占比 2.13％。

担任（过）政协委员的创业者最少，仅有 43 人，占比 0.94%。由此可见，中国村落创业者的政治参与度普遍较低。

八、创业前经历

（一）先前创业经历

就村落创业者的先前创业经历而言，20.43% 的受访者（939 人）表示之前有过其他创业经历，而剩余 79.57% 的受访者（3658 人）表示本次创业是其第一次创业。在拥有创业经验的受访者当中，46.75% 的创业者（439 人）只有 1 次创业经历，28.43% 的创业者（267 人）有过 2 次创业经历，13.63% 的创业者（128 人）有过 3 次创业经历，有过 4 次及以上创业经历的创业者相对较少（105 人），约占有创业经历总人数的 11.18%。总体来看，1/5 左右的村落创业者曾有过其他创业经历，且其先前创业次数多在一次至两次之间。具体参见图 4-4。

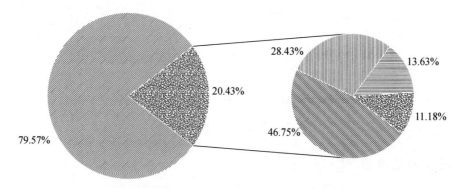

▨无创业经历　▧1次　▥2次　☰3次　▩4次及以上

图 4-4　村落创业者先前的创业经历

在此基础上，本次调查进一步统计了具有创业经历的创业者在先前创业过程中的盈亏情况。结果表明，有 769 位创业者至少实现了一次盈利，占比 81.90%；有 456 位创业者至少出现了一次亏损，占比 48.56%。由此可见，绝大部分有创业经历的村落创业者在先前创业过程中都实现了一定程度上的盈利。同时，也有接近半数的村落创业者在先前的创业过程中出现了亏损。

（二）工作及管理经历

就村落创业者先前的工作经历而言，具有集体企业工作经历的创业者共有 206 人，占比 4.48%。具有国有企业工作经历的创业者共有 123 人，占比 2.68%。由此可见，整体而言，在中国村落创业者中，具有集体企业或国有企业工作经验的人数相对较少，累计占比不到受访对象总人数的 10%。就村落创业者先前的管理经历而言，有 522 名创业者拥有私营企业的管理经历，占比 11.36%；有 124 名创业者拥有央企和国企的管理经历，占比 2.70%；仅有 56 名创业者拥有外资企业的管理经历，占比1.56％。由此可见，具有私企管理经历的创业者最多，其次是具有央企、国企管理经历的创业者，具有外企管理经历的创业者最少。具体参见图4-5。

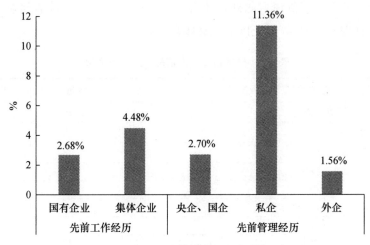

图 4-5　村落创业者先前的工作及管理经历

（三）打工经历[①]

调查结果显示：（1）从具有打工经历的创业者人数来看，在此次创业之前，有1719位创业者曾有过打工经历，约占总调查人数的37.39％。（2）这些外出务工人员的平均打工时间为5年，平均累计打工的城市为3个。（3）从创业者先前打工的岗位来看，具有技术岗位任职经历的创业者人数最多，共计771人，占比44.23％；其次是具有小工和市场营销岗位任职经历的创业者，分别有588人和298人，占比为33.73％和17.10％；具有人事和财务岗位任职经历的创业者人数相对较少，仅有54人和32人，占比为3.10％和1.84％。（4）从创业者先前打工的行业来看，建筑业最受村落创业者的青睐，共有492位村落创业者拥有在该行业的打工经历，占比28.62％；其次是工业和服务业，分别有365人和273人，占比为21.23％和15.88％。相对来说，开发农业和农产品加工业并不受村落创业者的欢迎，仅有91位和70位村落创业者有过此类行业的打工经历，占比分别为5.29％和4.07％。（5）从打工经历与此次创业的关联度来看，51.66％的村落创业者的当前创业项目与其先前打工经历无关，共计888人；33.80％的村落创业者的当前创业项目与其先前打工经历有些相关，共计581人；仅有14.54％的村落创业者的当前创业项目与其先前打工经历紧密相关，共计250人。（6）从打工积累的创业资本金额来看，大多数村落创业者都从先前的外出务工经历中积累了部分创业资本。具体而言，64.81％

————————
① 为确保创业者先前打工经历相关数据的准确性和有效性，本次调查仅统计创业者外出时间为6个月及以上的打工经历。

的村落创业者（1114 人）积累了 0—10 万元的资金；24.72％的村落创业者（425 人）积累了 10—50 万元的资金；8.38％的村落创业者（144 人）在打工期间没有积累任何资金，甚至还有负债；此外，还有极少部分（2.09％）村落创业者（36 人）打工期间累计资本达到 50 万元以上。具体参见表 4-1。

表 4-1　村落创业者先前的打工经历情况

先前的打工经历情况		数量	占比（％）
具有打工经历的创业者数量（人）		1719	37.39
平均打工时间（年）		5	—
平均打工城市数量（个）		3	—
打工岗位（人）	技术	771	44.23
	小工	588	34.73
	市场营销	298	17.10
	人事	54	3.10
	财务	32	1.84
打工行业（人）	建筑业	492	28.62
	工业	365	21.23
	服务业	273	15.88
	运输业	150	8.73
	商业	142	8.27
	开发农业（如蔬菜、林果、养殖等）	91	5.29
	农产品加工业	70	4.07
打工经历与创业关联度	无关	888	51.66
	有些相关	581	33.80
	紧密相关	250	14.54
打工积累金额	负债或无资金积累	144	8.38
	0—10 万元	1114	64.81
	10—50 万元	425	24.72
	50 万元以上	36	2.09

在此基础上，本次调查进一步统计了村落创业者返乡的原因，大部分受访者表示其返乡的原因是"与家人团聚"，累计被提及 702 次，占比 15.27％；其次提及较多的是"家乡有投资机会"和"城市工作不稳定"，分别被提及 614 次和 476 次，占比为 13.36％和 10.35％。因为被社会歧视而返乡的创业者较少，仅有 37 人次，占比 0.80％。由此可见，随着社会和经济的发展，大部分进城务工的农民工都会受到公平公正的对待，其受到社会歧视的可能性较小。而促使村落创业者返乡的主要原因则是与家人团聚、家乡有投资机会以及城市工作不稳定。具体参见图 4-6。

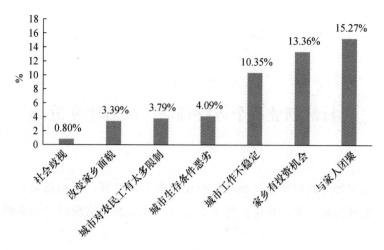

图 4-6　村落创业者返乡的原因

（四）培训及其他经历

就村落创业者先前的培训经历而言，调查结果显示，有 1177 位村落创业者在此次创业前接受过相关培训，占比 25.60%。其中，有 555 位创业者参加过政策培训，占比 12.07%；分别有 90 位和 57 位创业者参加过法律培训和投融资培训，占比分别为 1.96% 和 1.24%；还有 475 位创业者参加过其他培训，如护理培训、厨艺培训、创业培训、计算机培训等，占比 10.33%；而剩余 3420 位创业者则没有参加过任何培训，占比 74.40%。就村落创业者的其他经历而言，本次调查发现，有 298名创业者在此次创业前有过从军经历，占比 6.48%；有 1740 位创业者在此次创业前学过某种手艺或技艺，占比 37.85%。由此可见，大部分村落创业者在创业前并未接受过创业相关知识和技能的培训与学习。具体参见表 4-2。

表 4-2　村落创业者的培训及其他经历

培训及其他经历			人数	比例
培训经历	有	政策培训	555	12.07
		法律培训	90	1.96
		投融资培训	57	1.24
		其他培训	475	10.33
		合计	1177	25.60
	无		3420	74.40
其他经历	从军		298	6.48
	学过手艺或技艺		1740	37.85

村落创业者个体特征的区域对比分析

本节主要对比分析中国各区域村落创业者的个体特征，包括创业者的年龄、性别、学历、宗教信仰、政治身份、村干部经历、政治参与情况以及创业前经历八个因素。

一、年龄

方差分析的结果表明，各区域村落创业者的平均年龄存在显著性差异（$F = 9.41$，$P < 0.01$）。具体而言，环渤海地区村落创业者的平均年龄最大，为46周岁；东南地区和东北地区村落创业者的平均年龄次之，均为45周岁；中部地区和西北地区村落创业者的平均年龄相对较小，均为44周岁；西南地区创业者的平均年龄最小，仅为43周岁。具体参见表4-3。

表4-3 各区域村落创业者的年龄

区域	平均值（周岁）	标准差	最大值（周岁）	最小值（周岁）	样本数量（个）
东南地区	45	10.47	80	17	1398
环渤海地区	46	9.98	80	20	575
中部地区	44	9.82	85	18	970
东北地区	45	8.37	74	25	252
西南地区	43	10.20	76	14	812
西北地区	44	9.96	75	19	590

二、性别

方差分析的结果表明，各区域村落创业者的性别存在显著性差异（$F = 5.25$，$P < 0.01$）。其中，东北地区和东南地区女性创业者占比相对较高，分别为19.05％和19.03％；西北地区和西南地区次之，分别为17.46％和17.24％；中部地区和环渤海地区女性创业者占比相对较低，分别为12.89％和12.00％。具体参见表4-4。

表 4-4　各区域村落创业者的性别

区域	女性		男性		样本数量（个）
	人数（人）	占比（%）	人数（人）	占比（%）	
东南地区	266	19.03	1132	80.97	1398
环渤海地区	69	12.00	506	88.00	575
中部地区	125	12.89	845	87.11	970
东北地区	48	19.05	204	80.95	252
西南地区	140	17.24	672	82.76	812
西北地区	103	17.46	487	82.54	590

三、学历

方差分析的结果表明，各区域村落创业者的学历水平存在显著性差异（$F=34.32$，$P<0.01$）。其中，西南地区学历为初中及以下的创业者占比是所有区域中最高的，为 61.33%；东南地区学历为中专或高中、大专以及本科的创业者占比都是所有区域中最高的，分别为 34.33%、10.87%、14.88%；西北地区学历为研究生及以上的创业者占比是所有区域中最高的，为 0.34%。由此可见，东南地区村落创业者的学历普遍较高，西南地区村落创业者的学历普遍较低，而西北地区具有高学历（研究生及以上）的创业者占比是所有区域中最高的。具体参见表 4-5。

表 4-5　各区域村落创业者的学历水平

区域	初中及以下		中专或高中		大专		本科		研究生及以上	
	人数（人）	占比（%）	人数（人）	占比（%）	人数（人）	占比（%）	人数（人）	占比（%）	人数（人）	占比（%）
东南地区	554	39.63	480	34.33	152	10.87	208	14.88	4	0.29
环渤海地区	322	56.00	174	30.26	36	6.26	43	7.48	0	0.00
中部地区	563	58.04	274	28.25	64	6.60	67	6.91	2	0.21
东北地区	141	55.95	73	28.97	17	6.75	21	8.33	0	0.00
西南地区	498	61.33	214	26.35	49	6.03	50	6.16	1	0.12
西北地区	344	58.31	166	28.14	33	5.59	45	7.63	2	0.34

四、宗教信仰

方差分析的结果表明，各区域村落创业者的宗教信仰情况存在显著性差异（$F=26.32$，$P<0.01$）。其中，东北地区无宗教信仰的创业者占比最高，为 98.41%；其次是环渤海地区，占比为 96.87%；西北地区无宗教信仰的创业者占比最低，为 82.20%。也就是说，东北地区没有宗教信仰的创业者占比最高，而西北地区有宗教信仰的创业者占比最高。另外，从有宗教信仰的创业者的具体情况来看，

数据显示，各区域之间也存在显著性差异（$F=23.12$，$P<0.01$）。其中，东南地区信仰佛教的创业者占比是所有区域中最高的，为80.26％；东北地区信仰基督教的创业者占比是所有区域中最高的，为25.00％；中部地区信仰儒教的创业者占比是所有区域中最高的，为2.08％；西南地区信仰道教的创业者占比是所有区域中最高的，为8.16％；西北地区信仰伊斯兰教的创业者占比是所有区域中最高的，为68.57％。由此可见，佛教在东南地区村落中最为盛行，基督教在东北地区村落中最为盛行，伊斯兰教在西北地区村落中最为盛行。具体参见表4-6。

表4-6　各区域村落创业者的宗教信仰

区域	无宗教信仰		有宗教信仰		宗教信仰的具体类型					
	人数（人）	占比（%）	人数（人）	占比（%）	佛教占比（%）	基督教占比（%）	儒教占比（%）	道教占比（%）	伊斯兰教占比（%）	其他占比（%）
东南地区	1246	89.13	152	10.87	80.26	9.87	0.66	1.32	0.00	7.89
环渤海地区	557	96.87	18	3.13	50.00	16.67	0.00	0.00	0.00	33.33
中部地区	912	94.02	58	5.98	50.01	20.83	2.08	2.08	10.42	14.58
东北地区	248	98.41	4	1.59	75.00	25.00	0.00	0.00	0.00	0.00
西南地区	763	93.97	49	6.03	65.31	2.04	0.00	8.16	20.41	4.08
西北地区	485	82.20	105	17.80	21.90	1.90	0.00	4.76	68.57	2.86

五、政治身份

方差分析的结果表明，各区域村落创业者中的党员占比存在显著性差异（$F=4.63$，$P<0.01$）。其中，东南地区村落创业者中的党员占比最高，为19.10％；其次是中部地区、西南地区和西北地区，党员占比分别为16.39％、14.04％和13.22％；东北地区和环渤海地区中村落创业者中的党员占比较低，分别为12.70％和12.52％。具体参见表4-7。

表4-7　各区域村落创业者的政治身份

区域	党员		非党员		样本数量（个）
	人数（人）	占比（%）	人数（人）	占比（%）	
东南地区	267	19.10	1131	80.90	1398
环渤海地区	72	12.52	503	87.48	575
中部地区	159	16.39	811	83.61	970
东北地区	32	12.70	220	87.30	252
西南地区	114	14.04	698	85.96	812
西北地区	78	13.22	512	86.78	590

六、村干部经历

方差分析的结果表明，各区域村落创业者的村干部经历存在显著性差异（$F=$ 1.93，$P<0.1$）。具体而言，中部地区的创业者是或曾是村干部的占比最高，为 9.38％；西北地区和东南地区次之，分别为 9.32％和 8.58％；西南地区、环渤海地区、东北地区的占比相对较低，分别为 7.02％、6.61％和 5.16％。具体参见表 4-8。

表 4-8　各区域村落创业者的村干部经历

区域	村干部		非村干部		样本数量（个）
	人数（人）	占比（％）	人数（人）	占比（％）	
东南地区	120	8.58	1278	91.42	1398
环渤海地区	38	6.61	537	93.39	575
中部地区	91	9.38	879	90.62	970
东北地区	13	5.16	239	94.84	252
西南地区	57	7.02	755	92.98	812
西北地区	55	9.32	535	90.68	590

七、政治参与情况

本次调查主要从是否担任人大代表、是否担任政协委员以及是否具有政府部门工作经历三个方面考察各区域村落创业者的政治参与情况。针对上述三个指标的方差分析的结果表明，各区域村落创业者的人大代表经历（$F=2.81$，$P<0.05$）存在显著性差异，而各区域村落创业者的政协委员经历（$F=1.31$，$P>0.1$）以及政府部门工作经历（$F=0.93$，$P>0.1$）均不存在显著性差异。具体而言，西南地区拥有人大代表经历的创业者占比最高，为 4.06％；其次是东南地区和中部地区，分别为 3.72％和 3.61％；西北地区和环渤海地区拥有人大代表经历的创业者占比相对较低，分别为 3.05％和 2.09％；而东北地区仅为 0.00％，即东北地区村落创业者均没有担任各级人大代表的经历。此外，各区域村落创业者中政协委员占比基本为 1.00％左右，拥有政府部门工作经历的创业者占比基本为 2.00％左右，均不存在明显的地域差异。具体参见表 4-9。

表 4-9 各区域村落创业者的政治参与情况

区域	人大代表		政协委员		政府部门工作		样本数量
	人数（人）	占比（%）	人数（人）	占比（%）	人数（人）	占比（%）	（个）
东南地区	52	3.72	12	0.86	36	2.58	1398
环渤海地区	12	2.09	6	1.04	9	1.57	575
中部地区	35	3.61	9	0.93	18	1.86	970
东北地区	0	0.00	0	0.00	7	2.78	252
西南地区	33	4.06	6	0.74	13	1.60	812
西北地区	18	3.05	10	1.69	15	2.54	590

八、创业前经历

（一）先前创业经历

方差分析的结果表明，首先，各区域村落创业者此前有无其他创业经历的情况存在显著性差异（$F=3.68$，$P<0.01$）。具体而言，中部地区村落有其他创业经历的创业者占比最高，为25.05%；其次是西北地区和东北地区，分别为20.68%和20.63%；环渤海地区和东南地区占比相对较低，分别为19.83%和18.74%；西南地区占比最低，仅为17.98%。其次，在拥有其他创业经历的创业者中，各区域村落创业者的创业次数存在显著性差异（$F=2.38$，$P<0.05$）。具体而言，中部地区村落创业者先前创业的次数最多，均值为2.19次；其次是西北地区和西南地区，均值分别为2.16次和2.14次；东南地区、东北地区和环渤海地区村落创业者先前创业次数相对较少，均值分别为1.87次、1.83次和1.82次。由此可见，中部地区村落创业者先前创业经历最为丰富，而环渤海地区村落创业者先前创业经历最为匮乏。最后，在拥有其他创业经历的村落创业者中，各区域村落创业者先前创业过程中的盈利次数（$F=1.41$，$P>0.1$）和亏本次数（$F=1.42$，$P>0.1$）均不存在显著性差异。也就是说，虽然各区域村落创业者先前创业次数存在一定差异，但是其盈亏情况的差异并不明显。具体参见表4-10。

表 4-10 各区域村落创业者先前创业经历

区域	先前有创业经历		先前创业次数（次）	盈利次数（次）	亏本次数（次）	样本数量
	人数（人）	占比（%）				（个）
东南地区	262	18.74	1.87	1.16	0.71	1398
环渤海地区	114	19.83	1.82	1.26	0.56	575
中部地区	243	25.05	2.19	1.41	0.78	970
东北地区	52	20.63	1.83	1.29	0.54	252
西南地区	146	17.98	2.14	1.38	0.76	812
西北地区	122	20.68	2.16	1.35	0.81	590

（二）工作及管理经历

就村落创业者先前工作经历而言，方差分析的结果表明，各区域创业者的国企工作经历存在显著性差异（$F=5.37$，$P<0.01$）。其中，东南地区村落有国企工作经历的创业者占比高达 4.43%，位居全国第一；东北地区、环渤海地区占比分别为 3.17% 和 2.43%，位居第二和第三；西南地区、中部地区和西北地区占比相对较低，分别仅为 1.72%、1.65%、1.53%。与此同时，各区域村落创业者的集体所有制企业工作经历也存在显著性差异（$F=6.70$，$P<0.01$）。其中，占比相对较高的地区是东南地区（6.72%）和西北地区（5.25%）；占比相对较低的地区是西南地区（2.22%）和东北地区（1.98%）。

就村落创业者先前的管理经历而言，方差分析的结果表明，各区域创业者的央企、国企管理经历（$F=5.28$，$P<0.01$）存在显著性差异。具体而言，东南地区有 4.43% 的村落创业者具有央企、国企的管理经历，是所有区域中占比最高的；其次是环渤海地区，为 2.78%；西北地区最低，仅有 1.36%。同时，各区域创业者的私企管理经历（$F=7.62$，$P<0.01$）存在显著性差异。具体而言，东南地区有 15.31% 的村落创业者具有私企管理的经历，是所有区域中占比最高的；其次是中部地区，为 11.34%；东北地区最低，仅有 7.94%。此外，各区域村落创业者的外企工作经历（$F=3.54$，$P<0.01$）也存在显著性差异。具体而言，东南地区有 2.15% 的村落创业者具有外企管理的经历，是所有区域中占比最高的；其次是中部地区，为 1.13%；西北地区最低，仅有 0.34%。由此可见，东南地区具有央企和国企管理经历、私企管理经历、外企管理经历的创业者占比都是各个区域中最高的；西北地区具有央企、国企管理经历以及外企管理经历的创业者占比是各个区域中最低的；东北地区具有私企管理经历的创业者占比是各个区域中最低的。具体参见表4-11。

表 4-11　各区域村落创业者的先前工作及管理经历

区域	工作经历		管理经历			样本数量（个）
	国企占比（%）	集体所有制企业占比（%）	央企、国企占比（%）	私企占比（%）	外企占比（%）	
东南地区	4.43	6.72	4.43	15.31	2.15	1398
环渤海地区	2.43	4.35	2.78	8.17	0.52	575
中部地区	1.65	3.40	2.16	11.34	1.13	970
东北地区	3.17	1.98	1.98	7.94	0.40	252
西南地区	1.72	2.22	1.48	8.37	1.11	812
西北地区	1.53	5.25	1.36	10.68	0.34	590

（三）打工经历

首先，从创业者有无打工经历来看，方差分析的结果表明，各区域间存在显著性差异（$F=1.95$，$P<0.01$）。具体而言，西南地区有外出打工经历的创业者占比最高，为 46.31%；中部地区次之，为 44.95%；环渤海地区最低，仅为 29.04%。其次，在拥有外出务工经历的创业者中，各区域创业者的打工时间存在显著性差异（$F=4.67$，$P<0.01$）。具体而言，西南地区村落创业者外出打工的时间最长，均值为 5.76 年；中部地区次之，均值为 5.68 年；环渤海地区最短，均值为 4.44 年。最后，在拥有外出务工经历的创业者中，各区域创业者的打工城市个数存在显著性差异（$F=4.16$，$P<0.01$）。具体而言，中部地区村落创业者外出打工的城市个数最多，均值为 2.87 个；西北地区次之，均值为 2.71 个；环渤海地区最少，均值仅为 1.97 个。

在此基础上，本次调查进一步统计了各区域村落创业者先前的打工经历与此次创业的关联度以及先前打工积累的创业资本金额。一方面，从打工经历与此次创业的关联度（总分 3 分）来看，方差分析的结果表明，各区域创业者先前的打工经历与此次创业的关联度存在显著性差异（$F=8.87$，$P<0.01$）。具体而言，东南地区村落创业者先前的打工经历与此次创业的关联度最高，均值为 1.81 分；其次是中部地区和东北地区，均值均为 1.62 分；西南地区村落创业者的先前打工经历与此次创业的关联度最低，均值仅为 1.49 分。另一方面，从先前打工积累的创业资本金额来看，方差分析的结果表明，各区域创业者先前打工积累的创业资本金额存在显著性差异（$F=2.50$，$P<0.05$）。具体而言，中部地区村落创业者先前打工积累的创业资本金额最多，均值为 14.21 万元；其次是西南地区和东南地区，均值分别为 14.12 万元和 12.57 万元；西北地区村落创业者先前打工积累的创业资本金额最少，均值仅为 6.37 万元。具体参见表 4-12。

表 4-12 各区域村落创业者先前的打工经历

区域	有打工经历占比（%）	打工时间（年）	打工城市（个）	创业的关联度（分）	积累资金（万元）	样本数量（个）
东南地区	31.04	5.18	2.32	1.81	12.57	434
环渤海地区	29.04	4.44	1.97	1.59	7.61	167
中部地区	44.95	5.68	2.87	1.62	14.21	436
东北地区	35.32	3.82	2.02	1.62	6.81	89
西南地区	46.31	5.76	2.57	1.49	14.12	376
西北地区	36.78	4.72	2.71	1.57	6.37	217

（四）培训及其他经历

就村落创业者先前的培训经历而言，方差分析的结果表明，各区域村落创业者接受相关技术培训的占比存在显著性差异（$F=7.78$，$P<0.01$）。具体而言，西北地区村落创业者先前接受过技术培训的占比最高，为 32.37%；其次是西南地区，

为30.54％；东北地区最低，仅为19.05％。就村落创业者的其他经历而言，方差分析的结果表明，各区域拥有从军经历的创业者占比（$F=1.76$，$P>0.1$）不存在显著性差异，而各区域具有某种手艺或技艺的创业者占比（$F=7.78$，$P<0.01$）存在显著性差异。具体而言，中部地区村落创业者具有某种手艺或技艺的占比最高，为40.21％；其次是西北地区和西南地区，分别为38.47％和38.18％；东北地区最低，仅为28.97％。具体参见表4-13。

表 4-13　各区域村落创业者的培训及其他经历

区域	技术培训占比(%)	从军经历占比(%)	手艺技艺占比(%)	样本数量(个)
东南地区	22.68	7.58	37.77	1398
环渤海地区	23.30	7.13	36.87	575
中部地区	24.64	6.80	40.21	970
东北地区	19.05	5.16	28.97	252
西南地区	30.54	5.54	38.18	812
西北地区	32.37	4.58	38.47	590

| 第三节 |

村落创业者家庭背景的总体状况

本节主要介绍中国村落创业者家庭背景的总体状况，包括村落创业者的家庭成员人数、家庭社会网络、小孩与老人情况、家庭经济情况、政治关联情况、家庭创业支持情况以及创业项目投入情况七个因素。

一、家庭成员人数

调查结果显示，受访村落创业者的家庭成员人数的平均值为4人，最大值为16人，最小值为1人。通过频次统计可知，大多数创业者的家庭规模集中在2人到6人的区间内（4175个，占比90.82％）。其中，三口之家的情况最为常见，共计1269个，占比27.60％。其次是四口之家和五口之家，占比分别为23.71％和16.42％。极端情况的样本中，独居的创业者共有203个，占比4.42％；10人及以上的大家庭仅有25个，占比0.54％。具体参见图4-7。

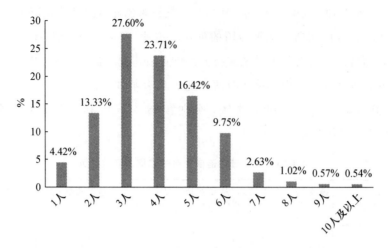

图 4-7 村落创业者的家庭规模

二、家庭社会网络

（一）正在创业的父母或兄弟姐妹人数

调查结果显示，受访村落创业者家中正在创业的父母或兄弟姐妹人数的均值为1人，最大值为15人，最小值为0人。具体而言，59.71%的创业者（2745人）的父母或兄弟姐妹当前并未参与创业，40.29%的创业者（1852人）的父母或兄弟姐妹正在创业。其中，有807个创业者家中有1个正在创业的至亲，占比43.57%；有527个创业者家中有2个正在创业的至亲，占比28.46%；有254个创业者家中有3个正在创业的至亲，占比13.71%；有264个创业者家中有4个或更多正在创业的至亲，占比14.25%。由此可见，约有四成的村落创业者的父母或兄弟姐妹当前正在创业，其中有1人参与创业的情况最为常见。具体参见图4-8。

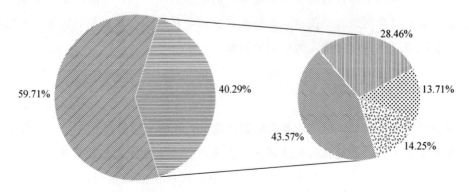

图 4-8 创业者家庭中正在创业的父母或兄弟姐妹人数

（二）正在创业的亲戚朋友人数

调查结果显示，与上述"正在创业的父母或兄弟姐妹人数"相比，村落创业者家庭中"正在创业的亲戚朋友人数"明显更多，其均值为 4 人，最大值高达 380 人，最小值为 0 人。具体而言，有亲戚朋友（以下简称"亲友"）正在创业的创业者有 2682 人，占样本总数的 58.34％。其中，有 565 个创业者有 1 个正在创业的亲友，占比 21.07％；有 540 个创业者有 2 个正在创业的亲友，占比 20.13％；有 374 个创业者有 3 个正在创业的亲友，占比 13.94％；有 1203 个创业者有 4 个或更多正在创业的亲友，占比 44.85％。由此可见，约有六成的村落创业者的亲友正在创业，其中有 4 个或更多亲友参与创业的情况最为常见。具体参见图 4-9。

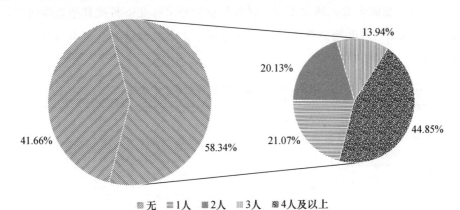

图 4-9　村落创业者家庭中正在创业的亲戚朋友人数

（三）父母创业情况

调查结果显示，在 4597 个村落创业者的样本中，父母正在或曾经创业的样本只有 517 个，占比 11.25％。由此可见，在中国农村地区，上一代创业的情况并不常见，大多数村落创业者（4080 个，占 88.75％）都是自己创业。

（四）亲戚朋友的工作情况

本次调查主要从以下四个方面调查统计了村落创业者亲友的工作情况：在银行（含农村合作社、农商行、信用社）任职的亲友人数及其比例；在银行（含农村合作社、农商行、信用社）担任各级领导的亲友人数及其比例；在其他金融机构（小额贷款公司、互联网金融等）任职的亲友人数及其比例；在其他金融机构（小额贷款公司、互联网金融等）担任各级领导的亲友人数及其比例。

调查结果显示：（1）就创业者在银行任职的亲友而言，71.83％的创业者并没有亲友在银行任职，共计 3302 人；有 1 位亲友在银行任职的创业者人数次之，共计 650 人，占比 14.14％；有 3 位亲友在银行任职的创业者最少，共计 139 人，占比 3.02％。（2）就创业者在银行担任各级领导的亲友而言，87.19％的创业者并没有亲友在银行担任领导，共计 4008 人；有 1 位亲友在银行担任领导的创业者人数次之，共计 435 人，占比 9.46%；有 4 位或更多亲友在银行担任领导的创业者最少，共计 19 人，占比 0.41%。（3）就创业者在其他金融机构任职的亲友而言，88.27% 的创业者并没有亲友在其他金融机构任职，共计 4058 人；有 1 位亲友在其他金融机构任职的创业者人数次之，共计 247 人，占比 5.37%；有 3 位亲友在其他金融机构任职的创业者最少，共计 51 人，占比 1.11%。（4）就创业者在其他金融机构担任各级领导的亲友人数而言，94.71% 的创业者并没有亲友在其他金融机构担任领导，共计 4354 人；有 1 位亲友在其他金融机构担任领导的创业者人数次之，共计 171 人，占比 3.72%；有 4 位或更多亲友在其他金融机构担任领导的创业者最少，共计 11 人，占比 0.24%。总的来说，绝大多数的村落创业者并没有在银行或其他金融机构任职的亲友，其在银行及其他金融机构担任各级领导的亲友数量更是微乎其微。具体参见表 4-14。

表 4-14　村落创业者亲戚朋友的工作情况

亲戚朋友的工作	0 人		1 人		2 人		3 人		4 人及以上	
	人数（人）	占比（%）	人数（人）	占比（%）	人数（人）	占比（%）	人数（人）	占比（%）	人数（人）	占比（%）
银行任职	3302	71.83	650	14.14	328	7.14	139	3.02	178	3.87
银行担任领导	4008	87.19	435	9.46	107	2.33	28	0.61	19	0.41
其他金融机构任职	4058	88.27	247	5.37	150	3.26	51	1.11	91	1.98
其他金融机构担任领导	4354	94.71	171	3.72	43	0.94	18	0.39	11	0.24

三、小孩与老人情况

（一）小孩情况：数量、年龄、身体状况

首先，从小孩的数量来看，调查结果显示，独生子女的创业家庭有 1972 个，占样本总数的 42.90%；有 2 个小孩的家庭有 1865 个，占样本总数的 40.57%；有 3 个或更多小孩的家庭仅有 467 个，占比 10.16%。同时，还有 293 个家庭现阶段没有小孩，占比 6.37%。由此可见，绝大多数村落创业者家庭都有 1 个或 2 个小孩。另外，在有小孩的村落创业者家庭中，有 1 个男孩的家庭有 2716 个，占比 63.10%；有 2 个男孩的家庭有 589 个，占比 13.68%；有 3 个及以上男孩的家庭仅有 47 个，占比 1.09%。由此可见，绝大多数有小孩的创业者家庭中都至少有一个男孩。具体参见图 4-10。

其次，从小孩的年龄来看，受访者家中最大小孩与最小小孩的年龄分布相对分散，最大小孩和最小小孩年龄最高均为 20 岁。值得注意的是，最大小孩未满 18 岁（所有小孩都未成年）的样本有 1533 个，占有小孩家庭总数的 35.62%；最小小孩未满

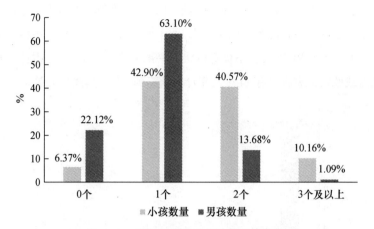

图 4-10 村落创业者家庭中的小孩数量

18 岁（有未成年小孩）的样本有 2170 个，占有小孩家庭总数的 50.42%。即超过一半的受访者家中至少有一个未成年子女需要抚养。具体参见图 4-11、图 4-12。

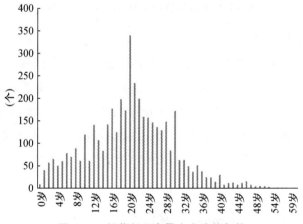

图 4-11 村落创业者最大小孩的年龄

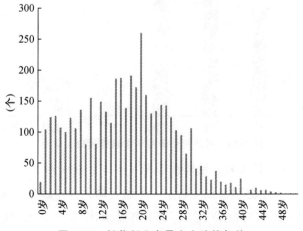

图 4-12 村落创业者最小小孩的年龄

最后，从小孩的身体状况来看，调查结果显示，村落创业者家中小孩的身体状况整体较好。其中，小孩身体状况很好的家庭有 3304 个，占比 76.77%；小孩身体状况良好的家庭有 917 个，占比 21.31%；小孩身体状况一般的家庭有 69 个，占比 1.60%；小孩身体状况较差或残疾的家庭只有 14 个，累计占比不到 1%。具体参见图 4-13。

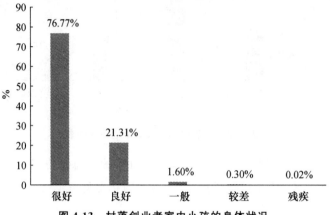

图 4-13　村落创业者家中小孩的身体状况

（二）老人情况：数量、年龄、身体状况

首先，从老人的数量来看，家中有 2 个待赡养老人的创业者人数最多，共计 1688 个，占比 36.72%；其次是家中有 1 个待赡养老人的创业者，共计 1375 个，占比 29.91%；家中暂无待赡养老人的创业者有 1173 个，占比 25.52%；家中有 3 个或更多待赡养老人的创业者相对较少，累计占比不到 10%。由此可见，大多数创业者在日常生活中需承担对 1 个至 2 个老人的赡养责任。具体参见图 4-14。

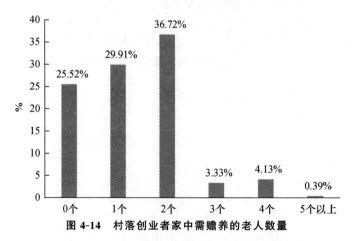

图 4-14　村落创业者家中需赡养的老人数量

其次，从老人的年龄来看，村落创业者家中年龄最大的老人为 102 岁，年龄最小的老人仅有 42 岁。虽然村落创业者家中需赡养老人的年龄分布相对分散，但整体来看，93.69% 的老人都在 60 岁以上，并且年龄为 70 岁的老人数量最多，共计 270 个。具体参见图 4-15。

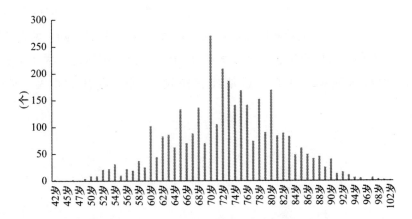

图 4-15　村落创业者家中最大老人的年龄

最后，从老人的身体状况来看，调查结果显示，受访村落创业者家中老人的身体状况较为乐观。其中，老人身体状况很好的家庭有 768 个，占比 22.43%；老人身体状况良好的家庭有 1222 个，占比 35.69%；老人身体状况一般的家庭有 993 个，占比 29.00%；老人身体状况较差、很差或残疾的家庭有 441 个，占比 12.88%。具体参见图 4-16。

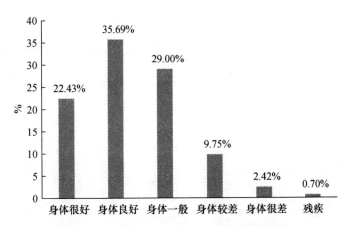

图 4-16　村落创业者家中老人的身体状况

总的来说，大多数受访者家庭属于典型的"上有老，下有小"结构，既需要养育未成年的小孩，也需要赡养 60 岁以上的老人。但令人欣慰的是，这些村落创业者家中小孩与老人的身体状况较好。

四、家庭经济情况

（一）耕地情况

首先，就村落创业者家庭拥有的耕地面积来看，调查结果显示，村落创业者家庭耕地面积的均值为 16.95 亩，耕地面积最大的为 4100 亩，最小的为 0 亩。从分布情况来看，48.81％的村落创业者的家庭耕地面积集中在0—10亩的区间内，共计2244人；29.82％的村落创业者的家庭耕地面积为0亩（即无耕地），共计1371人。10.35％的村落创业者的家庭耕地面积集中在10—20亩的区间内，共计476人。仅有11.01％的村落创业者的家庭耕地面积超过20亩，共计506人。具体参见图4-17。

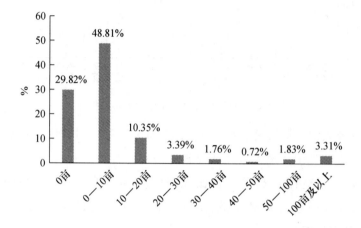

图4-17　村落创业者的家庭耕地面积

其次，就村落创业者家庭耕地被政府征用的情况而言，19.71％（906个）的受访者表示其家庭耕地曾被政府征用，其中绝大多数受访者（91.28％）被政府征用的耕地面积集中在0—10亩的区间内。具体参见图4-18。

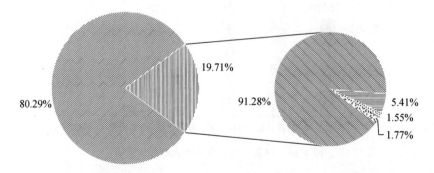

▨未被政府征用　▨0—10亩　▤10—20亩　▨20—30亩　▨30亩及以上
图4-18　村落创业者的家庭耕地被政府征用的情况

从土地征用的时间来看，调查结果显示，1980年到2013年期间，家庭耕地被政府征用的创业者数量整体呈上升趋势；2013年到2016年期间，家庭耕地被政府征用的创业者数量呈下降趋势。其中，2010年和2013年家庭耕地被政府征用的农村创业者的数量最多，达到峰值80个。具体参见图4-19。

最后，就村落创业者对现有土地的使用方式而言，64.87％的创业者都保持自主经营的方式，共计2982个样本；其次是租赁给他人使用的方式，共计829个样本，

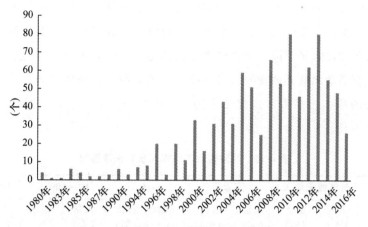

图 4-19　村落创业者家庭耕地被征用的年份

占样本总数的 18.03％；土地入股的方式最少，仅有 96 例，占样本总数的 2.09％。另外还有 690 位创业者将现有土地用于绿化、建房、建设开发区等其他用途，占样本总数的 15.01％。具体参见图 4-20。

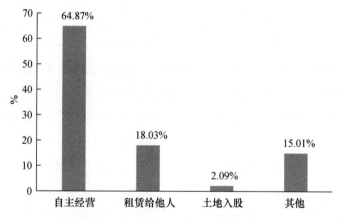

图 4-20　村落创业者家庭土地的使用方式

（二）家庭收入情况

本次调查统计了村落创业者近三年来的家庭年均总收入（包括工资、政府补贴、退休金以及其他来源的收入）情况。数据表明，56.25％的村落创业者近三年的家庭年均总收入集中在 10 万元至 100 万元的区间内，共计 2586 个样本；35.57％的村落创业者近三年的家庭年均总收入集中在 1 万元至 10 万元的区间内，共计 1635 个样本；仅有 5.39％的村落创业者近三年的家庭年均总收入超过了 100 万元，共计 248 个样本。而近三年的家庭年均总收入低于 1 万元以及无收入甚至负债的家庭均为 64 个，两者累计占比不到 5％。整体看来，村落创业者的年均家庭收入水平大多分布在 1—100 万元的区间内，收入过低和过高的村落创业者占比都相对较低。此外，为了进一步了解村落创业者家庭收入的构成情况，本次调查按收入来源将创业者的收入分为以下几类：创业收入、打工收入、工资收入、务农收入、其他收入。将上述五项不同来源的收入置于同一个表格中比较的结果显示，大多数受访者的收入来源于创业与经营活动而非其他途径（打工收入、工资收入、务农收入、其他收入为负债或无收入的样本占多数，占比分别为 81.01%、63.93%、73.72% 和 79.12%）。具体参见表 4-15。

表 4-15　村落创业者的收入及其来源情况

指标	负债或无收入		1 万以下		1—10 万		10—100 万		100 万及以上	
	人数（人）	占比（%）	人数（人）	占比（%）	人数（人）	占比（%）	人数（人）	占比（%）	人数（人）	占比（%）
总收入	64	1.39	64	1.39	1635	35.57	2586	56.25	248	5.39
创业收入	389	8.46	120	2.61	1884	40.98	2004	43.59	200	4.35
打工收入	3724	81.01	182	3.96	594	12.92	96	2.09	1	0.02
工资收入	2939	63.93	486	10.57	1095	23.82	77	1.68	0	0.00
务农收入	3389	73.72	112	2.44	807	17.55	287	6.24	2	0.04
其他收入	3637	79.12	157	3.42	680	14.79	117	2.55	6	0.13

此外，本次调查还进一步统计了创业者对其自身收入水平的评价。结果表明，48.23% 的受访者认为其家庭收入水平高于村落平均水平；44.12% 的受访者认为其家庭收入水平与村落平均水平持平；只有 7.66% 的受访者认为其家庭收入水平低于全村平均水平。由此可见，绝大部分村落创业者认为自身收入水平与村落平均水平持平或高于村落平均水平，认为自身收入水平低于村落平均收入水平的创业者占比相对较低。

（三）存款情况

就村落创业者的家庭存款情况而言，51.95% 的创业者的家庭存款在 10 万元至 100 万元之间，共计 2388 人；18.88% 的创业者的家庭存款在 1 万元至 10 万元之间，共计 868 人；18.12% 的创业者的家庭无存款甚至有负债，共计 833 人；9.92% 的创业者的家庭存款超过 100 万元，共计 456 人；仅有 1.13% 的创业者的家庭存款少于 1 万元，共计 52 人。整体来看，创业者的家庭存款情况较为乐观。具体参见图 4-21。

（四）人情往来支出

本部分主要统计并汇报村落创业者相对前一年人情往来支出（包括亲友人情支出和旅游休闲支出）的相关情况。调查结果显示，65.50% 的村落创业者相对前一年的人情往来支出为 1 万元至 10 万元，共计 3011 个；其次是人情往来支出为 1 万元

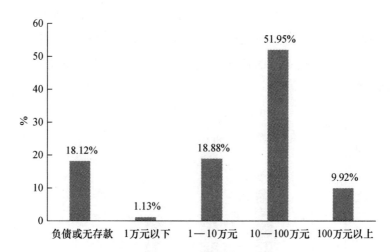

图 4-21 村落创业者的家庭总存款

以下的创业者，共计 1085 个样本，占比 23.60％；人情往来支出超过 10 万元或无人情往来支出的情况相对少见，仅有 293 个和 208 个样本，占比分别为 6.37％和 4.52％。就村落创业者相对前一年人情支出中与亲友的往来支出而言，数据表明，57.99％的村落创业者家庭相对前一年与亲友的人情往来支出为 1 万元至 10 万元，共计 2666 个；其次是与亲友人情往来支出为 1 万元以下的创业者，共计 1522 个样本，占比 33.11％；创业者无亲友人情往来支出或与亲友人情往来支出超过 10 万元的情况相对少见，仅有 264 个和 145 个样本，占比分别为 5.74％和 3.15％。就村落创业者相对前一年人情往来支出中旅游和休闲方面的支出而言，数据表明，46.53％的创业者并没有这方面的支出，共计 2139 个样本。剩余 53.47％的创业者则有旅游休闲方面的支出，且其支出金额多集中在 1 万元到 10 万元的区间内，共计 1345 个样本，占比 29.26％；其次是 1 万元以下的区间，共计 1017 个样本，占比 22.12％；旅游休闲支出超过 10 万元的情况相对少见，仅有 96 个样本，占比 2.09％。具体参见表 4-16。

表 4-16 村落创业者相对前一年的人情往来支出

人情往来支出	无支出		1 万元以下		1—10 万元		10 万元以上	
	人数（人）	占比（%）	人数（人）	占比（%）	人数（人）	占比（%）	人数（人）	占比（%）
相对前一年人情支出	208	4.52	1085	23.60	3011	65.50	293	6.37
亲友人情支出	264	5.74	1522	33.11	2666	57.99	145	3.15
旅游休闲支出	2139	46.53	1017	22.12	1345	29.26	96	2.09

（五）经济上依赖于创业者的家庭成员数量

调查结果显示，经济上依赖于创业者的家庭成员数量主要分布在 0 人到 5 人的区间内，整体分布呈现正态型。其中，有 2 个家庭成员在经济上依赖创业者的情况居多，共计 1342 个，占总样本的 29.19％，即为典型的三口之家。而有 5 个或更多家庭成员在经济上依赖创业者的情况相对少见，共计 253 个，占总样本的 5.50％。具体参见图 4-22。

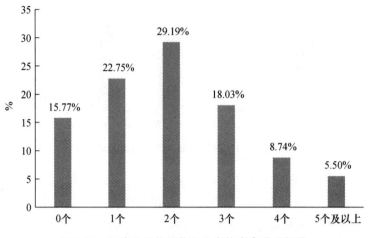

图 4-22　经济上依赖村落创业者的家庭成员数量

五、政治关联情况

本部分主要从家庭中的党员数量、村干部数量、人大代表数量以及政协委员数量四个维度考察村落创业者的家庭政治关联情况。结果表明，在 4597 个有效样本中，有 1 名党员的家庭有 808 个，占比 17.58％；有 2 名党员的家庭有 143 个，占比 3.11％；有 3 名及以上党员的家庭只有 26 个，占比 0.57％；剩余 3620 个创业者家庭中没有党员，占比 78.75％。就村落创业者家庭成员担任村干部的数量而言，有 1 名村干部的家庭有 451 个，占比 9.81％；有 2 名村干部的家庭有 33 个，占比 0.72％；有 3 名及以上村干部的家庭只有 9 个，占比 0.20％；剩余 4104 个创业者家庭中没有村干部，占比 89.28％。就村落创业者家庭成员担任人大代表的数量而言，有 1 名人大代表的家庭有 180 个，占比 3.92％；有 2 名人大代表的家庭有 8 个，占比 0.17％；有 3 名及以上人大代表的家庭只有 6 个，占比 0.13％；剩余 4403 个创业者家庭中没有人大代表，占比 95.78％。就村落创业者家庭成员担任政协委员的数量而言，有 1 名政协委员的家庭有 45 个，占比 0.98％；有 2 名政协委员的家庭有 5 个，占比 0.11％；有 3 名及以上政协委员的家庭有 7 个，占比 0.15％；剩余 4540 个创业者家庭中没有政协委员，占比 98.76。由此可见，大部分村落创业者家庭的政治关联较弱，且其主要形式是入党或担任村干部。具体参见表 4-17。

表 4-17　村落创业者家庭成员的政治关联情况

家庭成员的政治身份	无		1 人		2 人		3 人及以上	
	家庭数量（个）	占比（%）	家庭数量（个）	占比（%）	家庭数量（个）	占比（%）	家庭数量（个）	占比（%）
党员	3620	78.75	808	17.58	143	3.11	26	0.57
村干部	4104	89.28	451	9.81	33	0.72	9	0.20
人大代表	4403	95.78	180	3.92	8	0.17	6	0.13
政协委员	4540	98.76	45	0.98	5	0.11	7	0.15

六、家庭创业支持情况

问卷中用于测量家庭对村落创业者创业支持的题项共有 10 个，分别用李克特 6 点量表测量，从 1 到 6 分别表示"非常不同意""基本不同意""不同意""同意""基本同意"和"非常同意"。具体参见表 4-18。以下部分将分别根据各个题项的回答情况详细分析村落创业者的家庭支持情况。

表 4-18　村落创业者家庭创业支持情况量表

序号	题项内容
题项 1	家人能与我一起谈论创业有关的话题
题项 2	家人能够理解并接受我因创业导致的生活方式的改变
题项 3	家人能容忍并安慰我由于遇到创业中的挫折而发生的情绪变化
题项 4	家人有较多时间参与我的创业
题项 5	配偶会从行动上支持我的事业，主动帮我做家务、照顾小孩和老人
题项 6	配偶会从精神上支持我的事业，经常给予我鼓励
题项 7	由于创业导致我对配偶和小孩的照顾不周，我正面临婚姻危机
题项 8	父母很支持我创业，并给予我资金支持
题项 9	父母尽量自己照顾自己，主动帮我照顾小孩
题项 10	由于创业导致我对小孩照顾不周，小孩经常抱怨

调查结果显示，题项 1 选择"同意""基本同意""非常同意"的村落创业者累计占比 90.13%，即大多数家庭成员愿意与村落创业者讨论创业相关话题。题项 2 选择"同意""基本同意""非常同意"的村落创业者累计占比 93.67%，即大多数村落创业者家庭成员能够理解并接受因创业所带来的改变。题项 3 选择"同意""基本同意""非常同意"的村落创业者累计占比 94.86%，即大多数村落创业者的家人能容忍并开导村落创业者因创业挫折而产生的情绪波动。题项 4 选择"同意""基本同意""非常同意"的村落创业者累计占比 80.14%，即村落创业者的家庭创业参与度普遍较高。题项 5 选择"同意""基本同意""非常同意"的村落创业者累计占比 91.91%，即大多数村落创业者均能得到配偶的行动支持。题项 6 选择"同意""基

本同意""非常同意"的村落创业者累计占比 93.60%，即除行动支持外，大多数村落创业者都获得了配偶的精神支持和鼓励。题项 7（反向）选择"非常不同意""基本不同意""不同意"的村落创业者累计占比 80.25%，即创业并没有给村落创业者带来婚姻危机，多数创业者的配偶愿意支持其创业与经营活动。题项 8 选择"同意""基本同意""非常同意"的村落创业者累计占比 69.28%，即除配偶以外，约有七成的创业者获得了父母的支持，尤其是资金方面的支持。题项 9 选择"同意""基本同意""非常同意"的村落创业者累计占比 81.01%，即多数村落创业者能得到父母的照顾和支持。题项 10（反向）选择"非常不同意""基本不同意""不同意"的村落创业者累计占比 72.68%，即除了配偶和父母外，七成左右的创业者获得了小孩的支持。综上所述，村落创业者的家庭对其创业与经营活动的支持程度总体较高。具体参见表 4-19。

表 4-19　家庭对村落创业者的创业支持情况

序号	非常不同意		基本不同意		不同意		同意		基本同意		非常同意	
	人数（人）	占比（%）	人数（人）	占比（%）	人数（人）	占比（%）	人数（人）	占比（%）	人数（人）	占比（%）	人数（人）	占比（%）
题项 1	64	1.39	165	3.59	225	4.89	1750	38.07	1289	28.04	1104	24.02
题项 2	33	0.72	97	2.11	161	3.50	1712	37.24	1525	33.17	1069	23.25
题项 3	27	0.59	67	1.46	142	3.09	1619	35.22	1525	33.17	1217	26.47
题项 4	96	2.09	250	5.44	567	12.33	1467	31.91	1201	26.13	1016	22.10
题项 5	85	1.85	83	1.81	204	4.44	1436	31.24	1317	28.65	1472	32.02
题项 6	93	2.02	67	1.46	134	2.91	1388	30.19	1440	31.32	1475	32.09
题项 7	2360	51.34	638	13.88	691	15.03	393	8.55	294	6.40	221	4.81
题项 8	349	7.59	352	7.66	711	15.47	1491	32.43	944	20.54	750	16.31
题项 9	260	5.66	202	4.39	411	8.94	1667	36.26	1126	24.49	931	20.25
题项 10	1354	29.45	897	19.51	1090	23.71	681	14.81	346	7.53	229	4.98

七、创业项目投入情况

（一）创业项目投入的总资金

调查结果显示，村落创业者的创业项目投入主要集中在 0—150 万元的区间内。具体而言，39.07% 的村落创业者的创业项目投入分布在 10—50 万元的区间内，共计 1796 人；37.29% 的村落创业者的创业项目投入分布在 0—10 万元的区间内，共计 1714 人；16.31% 的村落创业者的创业项目投入分布在 50—150 万元的区间内，共计 750 人；创业项目投入超过 150 万的情况相对少见且较为分散。具体参见图 4-23。

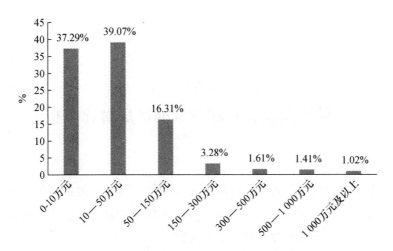

图 4-23　村落创业者创业项目投入的总资金

（二）创业项目投入资金的来源

调查结果显示，村落创业者的创业资金主要来源于以下九种途径：个人储蓄、家人、亲戚、朋友、民间金融机构贷款、信用社贷款、银行贷款、互联网金融以及其他。具体而言，91.78％的创业者在创业过程中使用了个人储蓄。此外，家人和亲戚也是创业者获取创业资金的常用方式，占比分别为45.38％和32.93％。但是，从创业资金的额度来看，银行贷款是创业者获取大额资金的主要来源，均值为52.94万元，最大值为3500万元；其次是创业者的个人储蓄，均值为30.96万元，最大值为4000万元。具体参见表4-20。

表 4-20　村落创业者创业投入资金的来源

创业资金来源	平均数额（万元）	占比（%）	平均资金数额（万元）	最大值（万元）	最小值（万元）
个人储蓄	4219	91.78	30.96	4000	0.01
家人	2086	45.38	14.99	1000	0.01
亲戚	1514	32.93	11.23	600	0.01
朋友	904	19.66	17.32	850	0.01
民间金融机构贷款	311	6.77	15.45	500	0.02
信用社贷款	668	14.53	18.89	500	0.05
银行贷款	755	16.42	52.94	3500	0.05
互联网金融	124	2.70	4.38	100	0.01
其他	342	7.44	68.18	2777	0.04

第四章　村落创业者背景

| 第四节 |

村落创业者家庭背景的区域对比分析

本节主要对比分析中国各区域村落创业者的家庭背景，包括村落创业者的家庭成员人数、家庭社会网络、小孩与老人情况、家庭经济情况、政治关联情况、家庭创业支持情况以及创业项目投入情况七个因素。

一、家庭成员人数

方差分析的结果表明，各区域村落创业者的家庭成员数量存在显著性差异（$F=35.43,P<0.01$）。具体而言，中部地区村落创业者的家庭规模最大，其家庭成员人数的均值为 4.28 人，最大值为 10 人，最小值为 1 人；其次是西南地区，其家庭成员人数的均值为 4.09 人，最大值为 16 人，最小值为 1 人；东北地区村落创业者的家庭规模最小，其家庭成员人数的均值为 3.45 人，最大值为 8 人，最小值为 1 人。具体参见表 4-21。

表 4-21　各区域村落创业者的家庭规模

区域	平均值（人）	标准差	最大值（人）	最小值（人）	样本数量（个）
东南地区	3.53	1.55	12	1	1398
环渤海地区	3.72	1.49	12	1	575
中部地区	4.28	1.59	10	1	970
东北地区	3.45	1.29	8	1	252
西南地区	4.09	1.72	16	1	812
西北地区	4.02	1.51	10	1	590

二、家庭社会网络

（一）正在创业的父母和兄弟姐妹人数

方差分析的结果表明，各区域村落创业者家中正在创业的父母和兄弟姐妹的人数存在显著性差异（$F=2.66$，$P<0.05$）。具体而言，西北地区村落创业者家中正在创业的父母和兄弟姐妹人数最多，均值为 1.01 人，最大值为 13 人，最小

值为 0 人；其次是中部地区，其均值为 0.98 人，最大值为 14 人，最小值为 0 人；东南地区人数最少，均值仅为 0.79 人，最大值为 15 人，最小值为 0 人。具体参见表 4-22。

表 4-22　各区域村落创业者家庭中正在创业的父母和兄弟姐妹人数

区域	平均值（人）	标准差	最大值（人）	最小值（人）	样本数量（个）
东南地区	0.79	1.52	15	0	1398
环渤海地区	0.83	1.60	15	0	575
中部地区	0.98	1.49	14	0	970
东北地区	0.94	1.48	10	0	252
西南地区	0.87	1.50	12	0	812
西北地区	1.01	1.70	13	0	590

（二）正在创业的亲戚朋友人数

方差分析的结果表明，各区域村落创业者家庭中正在创业的亲友人数并不存在显著性差异（$F=0.66$，$P>0.1$）。除西南地区的均值（3.30）略小以外，其他区域村落创业者家庭中都约有 4 位亲友当前正在创业。具体参见表 4-23。

表 4-23　各区域村落创业者家庭中正在创业的亲戚朋友人数

区域	平均值（人）	标准差	最大值（人）	最小值（人）	样本数量（个）
东南地区	3.59	9.51	150	0	1398
环渤海地区	3.86	9.66	100	0	575
中部地区	3.96	7.62	100	0	970
东北地区	3.99	24.26	380	0	252
西南地区	3.30	9.04	200	0	812
西北地区	4.12	8.49	70	0	590

（三）父母创业情况

方差分析的结果表明，各区域村落创业者的父母参与创业的情况存在显著性差异（$F=2.70$，$P<0.05$）。具体而言，东南地区村落创业者的父母参与创业的占比最高，均值为 12.80%；其次是中部地区，为 12.68%；西北地区最低，均值仅为 8.47%。具体参见表 4-24。

表 4-24　各区域村落创业者的父母是否正在或曾经创业

区域	父母为创业者		父母为非创业者		样本数量（个）
	人数（人）	占比（%）	人数（人）	占比（%）	
东南地区	179	12.80	1219	87.20	1398
环渤海地区	53	9.22	522	90.78	575
中部地区	123	12.68	847	87.32	970
东北地区	30	11.90	222	88.10	252
西南地区	82	10.10	730	89.90	812
西北地区	50	8.47	540	91.53	590

（四）亲戚朋友的工作情况

方差分析的结果表明：（1）就创业者在银行任职的亲友人数而言，各区域间存在显著性差异（$F=4.50$，$P<0.01$）。具体而言，东南地区村落创业者在银行任职的亲友人数最多，均值为 0.79 人；其次是西北地区，均值为 0.78 人；中部地区和西南地区最少，均值均为 0.52 人。（2）就创业者在银行担任各级领导的亲友人数而言，各区域间存在显著性差异（$F=3.94$，$P<0.01$）。具体而言，东北地区村落创业者在银行担任各级领导的亲友人数最多，均值为 0.25 人；其次是东南地区，均值为 0.22 人；西南地区最少，均值仅为 0.11 人。（3）就创业者在其他金融机构任职的亲友人数而言，各区域间存在显著性差异（$F=2.00$，$P<0.1$）。具体而言，东南地区村落创业者在其他金融机构任职的亲友人数最多，均值为 0.49 人；其次是西北地区，均值为 0.44 人；环渤海地区最少，均值仅为 0.18 人。（4）就创业者在其他金融机构担任各级领导的亲友人数而言，各区域间并不存在显著性差异（$F=1.23$，$P>0.1$），均值均为 0.10 人左右。具体参见表 4-25。

表 4-25　各区域村落创业者亲戚朋友的工作情况

区域	银行任职（人）	银行担任领导（人）	其他金融机构任职（人）	其他金融机构担任领导（人）	样本数量（个）
东南地区	0.79	0.22	0.49	0.10	1398
环渤海地区	0.53	0.17	0.18	0.05	575
中部地区	0.52	0.17	0.39	0.15	970
东北地区	0.72	0.25	0.28	0.09	252
西南地区	0.52	0.11	0.20	0.05	812
西北地区	0.78	0.20	0.44	0.10	590

三、小孩与老人情况

（一）小孩情况：数量、年龄、身体状况

首先，从村落创业者家庭中的小孩数量来看，方差分析的结果表明，各区域间存在显著性差异（$F=55.41$，$P<0.01$）。其中，中部地区创业者家庭的小孩数量最多，均值为 1.82 人；其次是西北地区，均值为 1.69 人；东南地区最少，均值仅为 1.31 人。另外，从村落创业者家庭中的男孩数量来看，方差分析的结果表明，各区域间存在显著性差异（$F=23.83$，$P<0.01$）。其中，中部地区创业者家庭的男孩数量最多，均值为 1.05 人；其次是西北地区，均值为 1.02 人；东北地区最少，均值仅为 0.77 人。

其次，从村落创业者家庭中最大的小孩和最小的小孩的年龄来看，方差分析的结果表明，各区域间均存在显著性差异（$F=7.81$，$P<0.01$；$F=21.88$，$P<0.01$）。就最大小孩的年龄而言，环渤海地区创业者家庭最大小孩年龄的均值最大，为 21.30 岁；其次是东南地区，其均值为 21.01 岁；西南地区创业者家庭最大小孩年龄的均值最小，仅为 18.71 岁。就最小小孩的年龄而言，东南地区创业者家庭最小小孩年龄的均值最大，为 18.94 岁；其次是东北地区，均值为 18.41 岁；西南地区创业者家庭最大小孩年龄的均值最小，仅为 15.05 岁。由此可见，在各区域中，东南地区创业者家庭中最大、最小小孩的年龄相对较大，而西南地区创业者家庭中最大、最小小孩的年龄都是最小的。

最后，从村落创业者家庭中小孩的身体状况来看，本次调查将其分为 5 个等级，共 5 分，其中 1 分为残疾；2 分为较差；3 分为一般；4 分为良好；5 分为很好，分数越高表明小孩的身体状况越好。方差分析的结果表明，各区域村落创业者家庭中小孩的身体状况存在显著性差异（$F=5.19$，$P<0.01$）。其中，环渤海地区创业者家庭中小孩的身体状况最好，均值为 4.85 分；其次是东北地区，均值为 4.79 分；西北地区最差，均值仅为 4.68 分。具体参见表 4-26。

表 4-26　各区域村落创业者家中的小孩情况

区域	小孩数量 （个）	男孩数量 （个）	最大小孩年龄 （岁）	最小小孩年龄 （岁）	小孩身体状况 （分）	样本数量 （个）
东南地区	1.31	0.81	21.01	18.94	4.75	1398
环渤海地区	1.65	0.96	21.30	17.64	4.85	575
中部地区	1.82	1.05	20.04	16.01	4.73	970
东北地区	1.37	0.77	20.93	18.41	4.79	252
西南地区	1.62	0.99	18.71	15.05	4.71	812
西北地区	1.69	1.02	19.71	16.35	4.68	590

（二）老人情况：数量、年龄、身体状况

首先，从村落创业者家庭中老人的数量来看，方差分析的结果表明，各区域间存在显著性差异（$F=55.41$，$P<0.01$）。其中，东南地区村落创业者家庭中的老人数量最多，均值为 1.43 人；其次是环渤海地区和西南地区，均值均为 1.31 人；东北地区最少，均值仅为 1.15 人。其次，从村落创业者家庭中最大老人的年龄来看，方差分析的结果表明，各区域间存在显著性差异（$F=9.65$，$P<0.01$）。其中，东南地区村落创业者家庭中最大老人的年龄最大，均值为 73.62 岁；其次是环渤海地区，均值为 73.34 岁；西北地区最小，均值仅为 70.39 岁。最后，从村落创业者家庭中老人的身体状况来看，本次调查将其分为 8 个等级，共 8 分，其中，1 分为残疾 7—10 级；2 分为残疾 4—6 级；3 分为残疾 1—3 级；4 分为很差；5 分为较差；6 分为一般；7 分为良好；8 分为很好，得分越高表明老人的身体状况越好。方差分析的结果表明，各区域村落创业者家庭老人的身体状况存在显著性差异（$F=19.84$，$P<0.01$）。其中，东南地区村落创业者家庭老人的身体状况最好，均值为 6.84 分；其次是环渤海地区，均值为 6.83 分；西北地区最差，均值仅为 6.41 分。由此可见，东南地区村落创业者家庭老人虽然数量最多，年龄最大，但其身体状况最好，而西北地区村落创业者家庭老人虽然数量不多，年龄最小，但其身体状况最差。具体参见表 4-27。

表 4-27　各区域村落创业者家中的老人情况

区域	老人数量（个）	老人年龄（岁）	老人身体状况（分）	样本数量（个）
东南地区	1.43	73.62	6.84	1398
环渤海地区	1.31	73.34	6.83	575
中部地区	1.25	73.04	6.49	970
东北地区	1.15	71.36	6.61	252
西南地区	1.31	72.51	6.49	812
西北地区	1.29	70.39	6.41	590

四、家庭经济情况

（一）耕地情况

本部分主要从家庭耕地面积、家庭耕地被政府征用的情况（包括是否被政府征用、被征用的面积和时间）两个方面来考察各区域村落创业者的家庭耕地情况。就村落创业者的家庭耕地面积而言，方差分析的结果表明，各区域间存在显著性差异（$F=5.31$，$P<0.01$）。其中，东北地区村落创业者的家庭承包耕地面积最大，均值为 47.07 亩；中部地区次之，均值为 18.52 亩；环渤海地区最小，均值仅为 7.66

亩。就村落创业者的家庭耕地是否被政府征用、被征用的面积和时间而言，方差分析的结果表明，各区域间也都存在显著性差异（$F=10.08$，$P<0.01$；$F=3.31$，$P<0.01$；$F=8.06$，$P<0.01$）。其中，从创业者的家庭耕地是否被政府征用来看，西北地区有 23.73％的村落创业者的家庭耕地曾被政府征用，而环渤海地区仅有 13.91％的创业者的家庭耕地曾被政府征用。从创业者家庭耕地被政府征用的面积来看，东北地区被征用的面积最大，均值为 6.00 亩；东南地区被征用的面积最小，均值为3.35 亩。从创业者家庭耕地被政府征用的时间来看，东北地区被征用的时间最早，大部分在 2005 年左右就被政府征用；中部地区、西南地区以及西北地区被征用的时间相对较晚，大部分在 2008 年左右才被政府征用。由此可见，东北地区村落创业者的家庭耕地面积最大，被征用的面积最大，被征用的时间也最早。而环渤海地区村落创业者的家庭耕地面积最小，被政府征用的占比最低，被征用的面积相对较小，被征用的时间也相对较迟，具体参见表 4-28。

表 4-28　各区域村落创业者的家庭耕地情况

区域	耕地面积（亩）	征用占比（％）	征用面积（亩）	征用时间（年）	样本数量（个）
东南地区	17.92	23.18	3.35	2006	1398
环渤海地区	7.66	13.91	3.70	2007	575
中部地区	18.52	15.05	5.34	2008	970
东北地区	47.07	14.29	6.00	2005	252
西南地区	11.20	22.17	3.49	2008	812
西北地区	16.18	23.73	4.94	2008	590

此外，就村落创业者对家庭耕地的使用方式而言，方差分析的结果表明，各区域间存在显著性差异（$F=17.42$，$P<0.01$）。具体而言，东北地区有 79.76％的创业者选择自主经营，而东南地区仅有 59.08％的村落创业者选择自主经营；中部地区有 21.86％的创业者选择将土地租赁给他人使用，而东北地区仅有 14.29％的村落创业者选择将土地租赁给他人使用；中部地区有 5.36％的创业者选择以土地入股的方式经营家庭耕地，而东北地区无村落创业者选择此方式。由此可见，东北地区的村落创业者最偏好自主经营的方式，中部地区选择将土地租赁给他人使用或土地入股方式的村落创业者占比远高于其他区域。具体参见表 4-29。

表 4-29　各区域村落创业者对家庭耕地的使用方式

区域	自主经营		租赁给他人		土地入股		其他		样本数量（个）
	人数（人）	占比（%）	人数（人）	占比（%）	人数（人）	占比（%）	人数（人）	占比（%）	
东南地区	826	59.08	251	17.95	16	1.14	305	21.82	1398
环渤海地区	407	70.78	94	16.35	5	0.87	69	12.00	575
中部地区	593	61.13	212	21.86	52	5.36	113	11.65	970
东北地区	201	79.76	36	14.29	0	0.00	15	5.95	252
西南地区	549	67.61	127	15.64	7	0.86	129	15.89	812
西北地区	406	68.81	109	18.47	16	2.71	59	10.00	590

（二）家庭收入情况

方差分析的结果表明，各区域村落创业者的家庭总收入（包括工资、政府补贴、退休金以及其他来源的收入）水平存在显著性差异（$F=47.20$，$P<0.01$）。其中，东南地区创业者的家庭总收入水平最高，均值为 41.75 万元；其次是环渤海地区，均值为 19.71 万元；西南地区创业者的家庭总收入水平最低，均值仅为 15.35 万元。为进一步了解创业者家庭收入的构成情况，本次调查将村落创业者的收入按来源分为以下五类：创业收入、打工收入、工资收入、务农收入、其他收入。方差分析的结果表明，除打工收入以外，各区域村落创业者的创业收入（$F=38.55$，$P<0.01$）、工资收入（$F=56.28$，$P<0.01$）、务农收入（$F=23.31$，$P<0.01$）以及其他收入（$F=3.00$，$P<0.05$）均存在显著性差异。具体而言，东南地区创业者的创业收入、工资收入和其他收入都是各区域中最高的，均值分别为 34.46 万元、3.77 万元和 1.96 万元；西南地区创业者的创业收入是各区域中最低的，均值仅为 11.90 万元；东北地区创业者的工资收入是各区域中最低的，均值仅为 0.60 万元；西北地区创业者的其他收入是各区域中最低的，均值仅为 0.70 万元。另外，务农收入最高的是东北地区创业者，均值为 2.43 万元；务农收入最低的是东南地区创业者，均值仅为 0.62 万元。由此可见，东南地区村落创业者的家庭总收入水平最高，且其主要收入来源于创业与经营活动；西南地区村落创业者的家庭总收入水平最低，且其各项细分收入都处于各区域的中下水平。具体参见表 4-30。

表 4-30　各区域村落创业者的家庭收入情况

区域	总收入（万元）	创业收入（万元）	打工收入（万元）	工资收入（万元）	务农收入（万元）	其他收入（万元）	样本数量（个）
东南地区	41.75	34.46	0.94	3.77	0.62	1.96	1398
环渤海地区	19.71	15.88	0.61	1.16	0.83	1.22	575
中部地区	18.94	15.72	0.80	0.84	0.69	0.90	970
东北地区	19.57	14.92	0.67	0.60	2.43	0.94	252
西南地区	15.35	11.90	0.73	0.86	0.96	0.90	812
西北地区	18.61	15.21	0.70	0.82	1.18	0.70	590

此外，本次调查还进一步统计了村落创业者对其自身收入水平的评价。方差分析的结果表明，各区域间存在显著性差异（$F=5.95$，$P<0.01$）。具体而言，西南地区有 11.95％的创业者认为其家庭收入水平低于村落平均水平，而西北地区的这一占比仅为 5.25％；环渤海地区有 48.17％的创业者认为其家庭收入水平与村落平均水平持平，而西南地区的这一占比仅为 41.50％；西北地区有 52.20％的创业者认为其家庭收入水平高于村落平均水平，而环渤海地区的这一占比仅为 44.17％。由此可见，西北地区村落创业者对其自身收入水平最为乐观，而西南地区村落创业者对其自身收入水平则不太乐观。具体参见表 4-31。

表 4-31　各区域村落创业者收入水平的自我评价情况

区域	低于村落平均水平		与村落平均水平持平		高于村落平均水平		样本数量（个）
	人数（人）	占比（％）	人数（人）	占比（％）	人数（人）	占比（％）	
东南地区	76	5.44	605	43.28	717	51.29	1398
环渤海地区	44	7.65	277	48.17	254	44.17	575
中部地区	76	7.84	449	46.29	445	45.88	970
东北地区	28	11.11	109	43.25	115	45.63	252
西南地区	97	11.95	337	41.50	378	46.55	812
西北地区	31	5.25	251	42.54	308	52.20	590

（三）存款情况

方差分析的结果表明，各区域村落创业者的家庭存款金额存在显著性差异（$F=16.73$，$P<0.01$）。具体而言，东南地区创业者的存款最多，均值为 84.14 万元，最大值为 5000 万元，最小值为 -200 万元；环渤海地区次之，均值为 36.99 万元，最大值为 1120 万元，最小值为 0 万元；西南地区最少，均值仅为 25.21 万元，最大值为 2800 万元，最小值为 -16 万元。具体参见表 4-32。

表 4-32　各区域村落创业者的家庭存款情况

区域	平均值（万元）	标准差	最大值（万元）	最小值（万元）	样本数量（个）
东南地区	84.14	247.87	5000	-200	1398
环渤海地区	36.99	90.51	1120	0	575
中部地区	33.34	200.87	5000	-1000	970
东北地区	29.01	62.29	500	0	252
西南地区	25.21	146.54	2800	-16	812
西北地区	28.14	116.81	2000	0	590

（四）人情往来支出

本部分主要统计并汇报各区域村落创业者相对前一年人情往来支出（包括亲友人情支出和旅游休闲支出）的相关情况。首先，从相对前一年人情往来支出的总体情况来看，各区域村落创业者之间存在显著性差异（$F=21.25$，$P<0.01$）。具体而言，东南地区创业者的人情往来支出最多，均值为 4.66 万元；然后是环渤海地区，均值为 2.75 万元；东北地区最少，均值仅为 2.04 万元。其次，从人情往来支出中与亲友往来支出的情况来看，各区域村落创业者之间存在显著性差异（$F=18.86$，$P<0.01$）。具体而言，东南地区创业者用于与亲友往来的支出最多，均值为 2.80 万元；然后是环渤海地区，均值为 1.68 万元；东北地区最少，均值仅为 1.33 万元。最后，从人情往来支出中旅游休闲支出的情况来看，各区域村落创业者之间存在显著性差异（$F=28.60$，$P<0.01$）。具体而言，东南地区创业者用于旅游休闲的支出最多，均值为 1.83 万元；然后是环渤海地区，均值为 0.77 万元；东北地区最少，均值仅为 0.43 万元。由此可见，各区域村落创业者与亲友往来支出、旅游休闲支出分布情况与总体人情往来支出的分布情况基本一致。具体参见表 4-33。

表 4-33　各区域村落创业者相对前一年的人情往来支出

区域	相对前一年人情支出（万元）	与亲友往来支出（万元）	旅游休闲支出（万元）	样本数量（个）
东南地区	4.66	2.80	1.83	1398
环渤海地区	2.75	1.68	0.77	575
中部地区	2.41	1.59	0.67	970
东北地区	2.04	1.33	0.43	252
西南地区	2.31	1.66	0.53	812
西北地区	2.31	1.34	0.70	590

（五）经济上依赖于创业者的家庭成员数量

方差分析的结果表明，各区域在经济上依赖村落创业者的家庭成员数量存在显著性差异（$F=29.58$，$P<0.01$）。其中，西北地区在经济上依赖创业者的家庭成员数量最多，均值为 2.34 个，最大值为 10 个，最小值为 0 个；其次是中部地区，均值为 2.24 个，最大值为 8 个，最小值为 0 个；东南地区最少，均值仅为 1.68 个，最大值为 10 个，最小值为 0 个。具体参见表 4-34。

表 4-34　各区域村落依赖创业者的家庭成员数量

区域	平均值（个）	标准差	最大值（个）	最小值（个）	样本数量（个）
东南地区	1.68	1.37	10	0	1398
环渤海地区	1.87	1.34	8	0	575
中部地区	2.24	1.45	8	0	970
东北地区	1.92	1.20	6	0	252
西南地区	2.17	1.55	10	0	812
西北地区	2.34	1.57	10	0	590

五、政治关联情况

方差分析的结果表明，在上述四个指标中，各区域间只有党员数量存在显著性差异（$F=4.94$，$P<0.01$）。具体而言，东南地区村落创业者家庭中党员数量最多，均值为0.30个；中部地区次之，均值为0.27个；环渤海地区最少，均值仅为0.19个。而各区域村落创业者家庭中村干部数量和人大代表数量均为0.1个左右，政协委员的数量约为0.01—0.03个，均不存在明显的地域差异。具体参见表4-35。

表4-35 各区域村落创业者家庭成员的政治关联情况

区域	党员数量（个）	村干部数量（个）	人大代表数量（个）	政协委员数量（个）	样本数量（个）
东南地区	0.30	0.12	0.05	0.02	1398
环渤海地区	0.19	0.09	0.03	0.01	575
中部地区	0.27	0.14	0.05	0.02	970
东北地区	0.22	0.10	0.02	0.01	252
西南地区	0.23	0.12	0.06	0.01	812
西北地区	0.24	0.13	0.05	0.03	590

六、家庭创业支持情况

问卷中用于测量家庭对村落创业者创业支持的题项共有10个，分别用李克特6点量表测量，从1到6分别表示"非常不同意""基本不同意""不同意""同意"、"基本同意"和"非常同意"。具体参见表4-36。以下部分将分别从各个题项的回答情况对比分析各区域村落创业者的家庭成员对其创业与经营活动的支持情况。

表4-36 各区域村落家庭创业支持情况量表

序号	题项内容
题项1	家人能与我一起谈论与创业有关的话题
题项2	家人能够理解并接受我因创业导致的生活方式的改变
题项3	家人能容忍并安慰我由于遇到创业中的挫折而发生的情绪变化
题项4	家人有较多时间参与我的创业
题项5	配偶会从行动上支持我的事业，主动帮我做家务、照顾小孩和老人
题项6	配偶会从精神上支持我的事业，经常给予我鼓励
题项7	由于创业导致我对配偶和小孩照顾不周，我正面临婚姻危机
题项8	父母很支持我创业，并给予我资金支持
题项9	父母尽量自己照顾自己，主动帮我照顾小孩
题项10	由于创业导致我对小孩照顾不周，小孩经常抱怨

各题项总分为 5 分。针对题项 1 的方差分析的结果表明，各区域间不存在显著性差异（$F=1.60$，$P>0.1$）。也就是说，就村落创业者的家人是否愿意与其一起谈论与创业有关的话题这一问题而言，各区域间并不存在明显的差异。

针对题项 2 的方差分析的结果表明，各区域间存在显著性差异（$F=2.68$，$P<0.05$）。其中，东北地区村落创业者家人对创业者的理解和接受程度最高，均值为 4.84 分；其次是环渤海地区，均值为 4.76 分；西北地区最低，均值仅为 4.61 分。

针对题项 3 的方差分析的结果表明，各区域间存在显著性差异（$F=2.80$，$P<0.05$）。其中，东北地区村落创业者家人对创业者情绪变化的容忍程度最高，均值为 4.94 分；其次是环渤海地区，均值为 4.86 分；西北地区最低，均值仅为 4.72 分。

针对题项 4 的方差分析的结果表明，各区域间不存在显著性差异（$F=1.76$，$P>0.1$）。也就是说，就村落创业者的家人在其创业与经营活动中的参与程度而言，各区域间并不存在明显的差异。

针对题项 5 的方差分析的结果表明，各区域间存在显著性差异（$F=3.79$，$P<0.01$）。其中，东北地区村落创业者的配偶对创业者的行动支持程度最高，均值为 4.99 分；其次是环渤海地区，均值为 4.86 分；西北地区最低，均值仅为 4.72 分。

针对题项 6 的方差分析的结果表明，各区域间存在显著性差异（$F=2.84$，$P<0.05$）。其中，东北地区村落创业者的配偶对创业者的精神支持程度最高，均值为 5.00 分；其次是环渤海地区，均值为 4.91 分；西北地区最低，均值仅为 4.75 分。

针对题项 7（为方便比较，对其采取反转选项的处理）的方差分析的结果表明，各区域间存在显著性差异（$F=2.21$，$P<0.1$）。其中，中部地区村落创业者的婚姻关系最为牢固，均值为 4.89 分；其次是东南地区，均值为 4.87 分；东北地区相对脆弱，均值仅为 4.66 分。

针对题项 8 的方差分析的结果表明，各区域间存在显著性差异（$F=3.05$，$P<0.01$）。其中，东北地区村落创业者的父母对创业者的资金支持程度最高，均值为 4.18 分；其次是东南地区，均值为 4.06 分；中部地区最低，均值仅为 3.87 分。

针对题项 9 的方差分析的结果表明，各区域间不存在显著差异（$F=0.81$，$P>0.1$）。也就是说，就村落创业者的父母对创业者的行动支持而言，各区域间并不存在明显的地域差异。

针对题项 10（为方便比较，对其采取反转选项的处理）的方差分析的结果表明，各区域间存在显著性差异（$F=4.27$，$P<0.01$）。其中，东北地区村落创业者的小孩对创业者的支持程度最高，均值为 4.48 分；其次是东南地区，均值为 4.46 分；西南地区最低，均值仅为 4.23 分。

综上所述，东北地区村落创业者所获得的家庭支持程度相对较高，其次是环渤海地区和东南地区，而西北地区和西南地区村落创业者所获得的家庭支持程度相对较低。具体参见表4-37。

表4-37　各区域村落创业者的家庭对其创业与经营活动的支持情况

序号	东南地区（分）	环渤海地区（分）	中部地区（分）	东北地区（分）	西南地区（分）	西北地区（分）
题项1	4.60	4.63	4.62	4.71	4.58	4.51
题项2	4.67	4.76	4.72	4.84	4.70	4.61
题项3	4.76	4.86	4.79	4.94	4.75	4.72
题项4	4.35	4.46	4.42	4.58	4.43	4.40
题项5	4.74	4.86	4.85	4.99	4.74	4.72
题项6	4.82	4.91	4.86	5.00	4.80	4.75
题项7	4.87	4.78	4.89	4.66	4.72	4.74
题项8	4.06	4.00	3.87	4.18	3.97	4.01
题项9	4.34	4.29	4.29	4.40	4.26	4.26
题项10	4.46	4.30	4.25	4.48	4.23	4.30

七、创业项目投入情况

（一）创业项目投入的总资金

方差分析的结果表明，各区域村落创业者对创业项目的投入金额存在显著性差异（$F = 8.91$，$P < 0.01$）。其中，东南地区创业者的创业项目投入资金最多，均值为91.62万元，最大值为8000万元，最小值为0万元；东北地区次之，均值为77.26万元，最大值为3068万元，最小值为0.05万元；西南地区创业者的创业项目投入资金最少，均值仅为32.06万元，最大值为1500万元，最小值为0万元。具体参见表4-38。

表4-38　各区域村落创业者创业项目投入的总资金

区域	平均值（万元）	标准差	最大值（万元）	最小值（万元）	样本数量（个）
东南地区	91.62	354.76	8000	0	1398
环渤海地区	49.63	187.80	3000	0	575
中部地区	50.69	142.40	2340	0	970
东北地区	77.26	303.33	3068	0.05	252
西南地区	32.06	95.34	1500	0	812
西北地区	41.55	105.83	1100	0	590

（二）创业项目投入资金的来源

在创业项目投入资金的来源方面，方差分析的结果表明，除民间金融机构和信用社以外，各区域村落创业者来源于个人储蓄（$F = 3.63$，$P < 0.01$）、家人（$F =$

7.01，$P<0.01$）、亲戚（$F=2.05$，$P<0.1$）、朋友和同事（$F=3.03$，$P<0.01$）、银行（$F=4.38$，$P<0.01$）、互联网（$F=3.63$，$P<0.01$）以及其他（$F=3.58$，$P<0.01$）途径的资金均存在显著性差异。具体而言，东北地区创业者来源于个人储蓄、民间金融机构、信用社、银行和互联网的资金远高于其他地区，均值分别为39.52万元、2.30万元、3.26万元、17.48万元和0.63万元；东南地区创业者来源于家人、亲戚、朋友和同事及其他途径的资金远高于其他地区，均值分别为10.49万元、4.73万元、5.21万元和11.21万元。除亲戚以外，西南地区创业者从个人储蓄、家人、朋友和同事、民间金融机构、信用社、银行、互联网以及其他各途径获得的创业项目投入资金都是各区域中最少的，均值分别为17.73万元、3.68万元、1.38万元、0.11万元、1.82万元、3.38万元、0.01万元和0.80万元。由此可见，东北地区创业者从银行等金融机构获取的创业资金相对较多，东南地区创业者从亲朋好友处获取的创业资金相对较多，而西南地区创业者通过各渠道获得的创业资金都相对较少。具体参见表4-39。

表 4-39　各区域村落创业者创业项目投入资金的来源

区域	个人储蓄（万元）	家人（万元）	亲戚（万元）	朋友和同事（万元）	民间金融机构（万元）	信用社（万元）	银行（万元）	互联网（万元）	其他（万元）	样本数量（个）
东南地区	38.71	10.49	4.73	5.21	1.10	2.84	17.14	0.20	11.21	1398
环渤海地区	26.45	7.77	2.85	2.93	1.43	2.81	3.94	0.02	1.43	575
中部地区	25.61	5.28	4.02	3.83	0.90	3.04	3.94	0.05	4.02	970
东北地区	39.52	5.29	1.98	1.81	2.30	3.26	17.48	0.63	5.00	252
西南地区	17.73	3.68	3.15	1.38	0.11	1.82	3.38	0.01	0.80	812
西北地区	20.52	4.57	3.05	2.36	1.53	3.03	4.71	0.06	1.72	590

第五节

村落创业者社会关系的总体状况

本节主要介绍中国村落创业者的社会关系，包括创业者的社交工具使用情况、民间组织参与情况、非正式权威来源、人缘与影响力情况以及社会地位情况五个因素。

一、社交工具使用情况

（一）手机通信录人数

调查结果显示，村落创业者手机通信录人数的平均值为 218 人。其中，36.63％（1684 人）的创业者的通信录中有 1—100 个联系人，22.74％（1275 人）的创业者的通信录中有 101—200 个联系人，15.68％（721 人）的创业者的通信录中有 201—300 个联系人，手机通信录人数在 300 人及以上的创业者共计 860 人，累计占比不到 20％。而手机通信录中无联系人的创业者仅有 57 人，占比 1.24％。由此可见，大多数村落创业者较为注重社会关系的构建，其手机通信录的人数主要分布在 1—300 人的区间内。具体参见图 4-24。

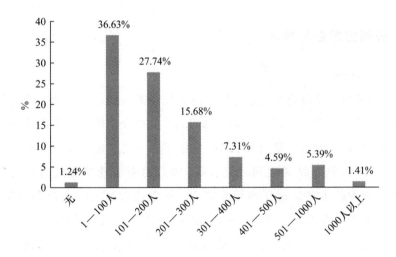

图 4-24　村落创业者手机通信录的人数

（二）微信好友人数

调查结果显示，村落创业者微信好友人数的平均值为 149 人。其中，31.11％（1430 人）的创业者的微信好友人数在 100 人以内，25.13％（1155 人）的创业者没有微信好友，22.88％（1052 人）的创业者的微信好友人数在 101—200 人的区间内。而手机通信录人数超过 200 人的村落创业者相对较少，共计 960 人，累计占比 20.88％。由此可见，村落创业者的微信通信录人数相对较少，部分村落创业者甚至并不会使用微信。具体参见图 4-25。

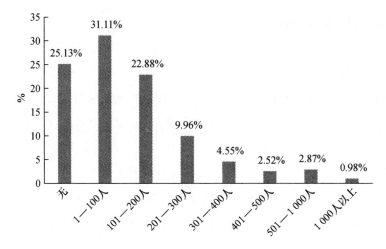

图 4-25 村落创业者的微信好友人数

二、民间组织参与情况

（一）行业协会

行业协会是指介于政府与企业之间，商品生产者与经营者之间，并为其提供服务、咨询、沟通、监督，公正、自律、协调的社会中介组织。对创业者而言，行业协会是一个重要的资源与信息交流平台，它能够在一定程度上促进企业创业与经营活动的开展。本次调查结果表明，仅有 10.92％的创业者参加过行业协会，剩余 89.08％的创业者并未参加过任何行业协会。从创业者加入行业协会的年份来看，46.81％的创业者是在 2011—2016 年加入的行业协会，只有不到 11％的创业者在 2000 年之前就已经加入行业协会。由此可见，近年来，村落创业者逐渐意识到了行业协会对企业发展的重要作用，并试图加入行业协会中。具体参见图 4-26。

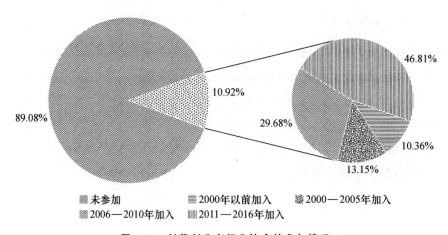

图 4-26 村落创业者行业协会的参与情况

另外，在前期已经加入行业协会的村落创业者中，89.44％的受访者表示不会退出行业协会，10.56％的受访者因为种种原因退出了行业协会。由此可见，大多数创业者可能在行业协会中获得了有价值的经验、指导与机会，因此愿意继续留在行业协会。

（二）商业协会

商会一般是指商人依法组建的，以维护会员合法权益、促进工商业繁荣为宗旨的社会团体法人。商业协会与行业协会在性质上基本类似，都是社会组织，但商业协会的入会条件和门槛更高。本次调查结果表明，仅有5.35％的村落创业者参加了商会，94.65％的村落创业者从未参加过商会。从创业者加入商会的年份来看，54.07％的创业者是在2011—2016年加入的商业协会，只有不到6％的创业者在2000年之前就已经加入商业协会。由此可见，近年来，村落创业者逐渐意识到了商业协会对企业发展的重要作用，并试图加入商业协会中。具体参见图4-27。

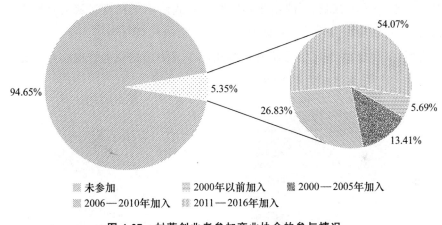

图4-27　村落创业者参加商业协会的参与情况

另外，在前期已经加入商业协会的村落创业者中，86.99％的创业者表示不会退出商会，13.01％的创业者因为种种原因退出了商会。由此可见，大多数创业者在商会中都获得了有价值的经验、指导与机会，因此愿意继续留在商会。

三、非正式权威来源

（一）最大宗族情况

在农村地区，最大宗族通常意味着最优的资源配置权和最高的话语权，因而隶属最大宗族的人群也掌握着较多的财富、较高的人力资本以及较广的人脉。本次调查结果表明，69.63％的村落创业者所在的宗族并非全村最大的宗族，仅有30.37％的村落创业者享受着最大宗族带来的资源优势。

（二）父辈姓氏为第一大姓情况

就父辈姓氏为第一大姓的情况而言，调查结果显示，68.91%的村落创业者的父辈姓氏并非村里的第一大姓，仅有31.09%的创业者是村里第一大姓的子孙辈。从某种程度上讲，这部分创业者往往享受着第一大姓所特有的资源配置权和村落话语权，他们有条件接受更好的教育，也具备创业所需的稀缺资源和人脉关系。

（三）配偶姓氏为第一大姓情况

就配偶姓氏第一大姓的情况而言，调查结果显示，84.84%的村落创业者的配偶姓氏并非村里的第一大姓，仅有15.16%的创业者的配偶隶属村落第一大姓的家族。从某种程度上讲，这部分创业者的姻亲、子女可能因为配偶的关系而受到第一大姓的庇护，并享受着第一大姓所特有的资源优势。

（四）宗族祠堂修建情况

就宗族祠堂修建的情况而言，调查结果显示，77.64%的村落创业者所在的家族并未修建祠堂，仅有22.36%的创业者所在的家族修建了祠堂。就宗族祠堂的修建数量而言，绝大多数（81.42%）创业者所在的家族都只修建了1个祠堂，10.12%的创业者所在的家族修建了2个祠堂，修建3个或更多祠堂的情况相对少见，累计占比仅为8.46%。具体参见图4-28。

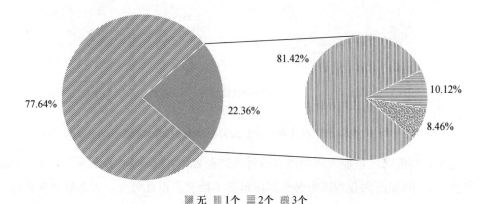

无 1个 2个 3个

图4-28　村落创业者所在宗族的祠堂修建情况

（五）家族族谱情况

就家族族谱情况而言，调查结果显示，58.95%的村落创业者所在家族没有族谱，41.05%的创业者所在家族有族谱。由此可见，相较于祠堂的修建情况，村落创业者所在家族中有无族谱的情况比较均衡。

四、人缘与影响力情况

问卷中用于测量村落创业者人缘与影响力情况的题项共有4个，分别用李克特6

点量表测量，从 1 到 6 分别表示"非常差/非常不重要""很差/不重要""不好/不太重要""好/重要""很好/非常重要"和"非常好/极为重要"。具体参见表 4-40。

表 4-40　村落创业者自身影响力的评估量表

序号	题项内容
题项 1	您在当地的人缘如何
题项 2	对于村里举办与传统相关的活动（比如祠堂修建、族谱制定），您的意见重要程度如何
题项 3	村里出现纠纷需要调解时，您的意见重要程度如何
题项 4	村里需要作出重大决策时（比如修建公路），您的意见对于村委会来讲重要程度如何

　　针对上述四个题项的调查结果显示，题项 1 选择"好""很好""非常好"的创业者累计占比 97.27％，即大多数创业者认为自己在当地的人缘较好。题项 2 选择"重要""非常重要""极为重要"的创业者累计占比 56.97％，即超过半数的创业者认为自己对村落传统活动举办的相关意见较为重要。题项 3 选择"重要""非常重要""极为重要"的创业者累计占比 57.78％，即超过半数的创业者认为自己对解决村落纠纷的相关意见较为重要。题项 4 选择"重要""非常重要""极为重要"的创业者累计占比 55.76％，即超过半数的创业者认为自己对村落重大决策的意见较为重要。综上所述，绝大多数村落创业者在当地都具有很好的人缘，超过半数的创业者在村落重要传统活动的举办、邻里纠纷的解决以及重大决策的制定过程中发挥了重要作用。具体参见表 4-41。

表 4-41　村落创业者的人缘与影响力情况

序号	非常差 非常不重要		很差 不重要		不好 不太重要		好 重要		很好 非常重要		非常好 极为重要	
	人数（人）	占比（％）	人数（人）	占比（％）	人数（人）	占比（％）	人数（人）	占比（％）	人数（人）	占比（％）	人数（人）	占比（％）
题项 1	15	0.33	22	0.48	88	1.91	1816	39.50	1815	39.48	841	18.29
题项 2	108	2.35	508	11.05	1362	29.63	1669	36.31	692	15.05	258	5.61
题项 3	82	1.78	469	10.20	1390	30.24	1736	37.76	666	14.49	254	5.53
题项 4	110	2.39	525	11.42	1399	30.43	1658	36.07	638	13.88	267	5.81

五、社会地位情况

　　就村落创业者的社会地位情况而言，调查结果显示，48.79％的创业者认为自身的社会地位处于中等水平，36.89％的创业者认为自身的社会地位处于中上等水平，8.64％的创业者认为自身的社会地位处于上等水平，认为自身社会地位处于中下等或下等水平的创业者的占比仅为 4.87％和 0.80％。总体看来，村落创业者普遍认为自身的社会地位较高。具体参见图 4-29。

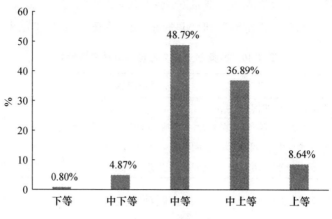

图 4-29　村落创业者的社会地位情况

村落创业者社会关系的区域对比分析

本节主要对比分析中国各区域村落创业者的社会关系，包括创业者的社交工具使用情况、民间组织参与情况、非正式权威来源、人缘与影响力情况以及社会地位情况五个因素。

一、社交工具使用情况

（一）手机通信录人数

方差分析的结果表明，各区域村落创业者的手机通信录人数存在显著性差异（$F=3.53$，$P<0.01$）。其中，东南地区村落创业者的手机通信录人数最多，均值为240人，最大值为5000人，最小值为0人；其次是环渤海地区，均值为228人，最大值为3124人，最小值为0人；东北地区村落创业者的手机通信录人数最少，均值为188人，最大值为1025人，最小值为0人。具体参见表4-42。

表 4-42　各区域村落创业者的手机通信录人数

区域	平均值（人）	标准差	最大值（人）	最小值（人）	样本数量（个）
东南地区	240	329.94	5000	0	1398
环渤海地区	228	254.58	3124	0	575

区域	平均值（人）	标准差	最大值（人）	最小值（人）	样本数量（个）
中部地区	214	308.23	5720	0	970
东北地区	188	205.87	1025	0	252
西南地区	197	275.89	4300	0	812
西北地区	204	219.03	3000	0	590

（二）微信好友人数

方差分析的结果表明，各区域村落创业者的微信好友人数存在显著性差异（F = 12.81，$P < 0.01$）。其中，东南地区创业者的微信好友人数最多，均值为 194 人，最大值为 5000 人，最小值为 0 人；其次是环渤海地区，均值为 150 人，最大值为 3725 人，最小值为 0 人；西南地区最少，均值仅为 105 人，最大值为 2500 人，最小值为 0 人。具体参见表 4-43。

表 4-43　各区域村落创业者的微信好友数

区域	平均值（人）	标准差	最大值（人）	最小值（人）	样本数量（个）
东南地区	194	357.48	5000	0	1398
环渤海地区	150	272.77	3725	0	575
中部地区	134	262.80	4800	0	970
东北地区	106	129.07	700	0	252
西南地区	105	201.98	2500	0	812
西北地区	141	284.02	6000	0	590

二、民间组织参与情况

（一）行业协会

就行业协会的参与比重来看，方差分析的结果表明，各区域间存在显著性差异（$F = 6.26$，$P < 0.01$）。其中，东南地区创业者的参与度最高，有 13.52% 的创业者加入了行业协会。其次是中部地区，有 12.99% 的创业者加入了行业协会；东北地区创业者的参与度最低，仅有 5.95% 的创业者加入了行业协会。就村落创业者加入行业协会的时间来看，方差分析的结果表明，各区域间存在显著性差异（$F = 2.35$，$P < 0.05$）。其中，东南地区和环渤海地区创业者加入行业协会的时间相对较早，约在 2008 年左右就加入了行业协会；东北地区相对较迟，约在 2012 年左右才加入行业协会。就村落创业者退出行业协会的情况来看，方差分析的结果表明，各区域间存在显著性差异（$F = 2.02$，$P < 0.1$）。其中，环渤海地区有 7.41% 的创业者退出了行业协会，占比最高；其次是西北地区，有 1.89% 的村落创业者退出了行业协

会；东北地区和西南地区均无创业者退出行业协会。具体参见表4-44。

表4-44　各区域村落创业者的行业协会参与情况

区域	入会占比（%）	入会时间（年）	退会占比（%）	样本数量（个）
东南地区	13.52	2008	1.59	1398
环渤海地区	9.39	2008	7.41	575
中部地区	12.99	2009	1.59	970
东北地区	5.95	2012	0.00	252
西南地区	8.00	2010	0.00	812
西北地区	8.98	2010	1.89	590

（二）商业协会

就商业协会的参与情况而言，方差分析的结果表明，各区域间存在显著性差异（$F=2.62$，$P<0.05$）。其中，东南地区创业者的参与度最高，有6.94%的村落创业者加入了商业协会。其次是中部地区，有5.67%的村落创业者加入了商业协会；环渤海地区创业者的参与度最低，仅有3.83%的村落创业者加入了商业协会。就村落创业者加入商业协会的时间而言，方差分析的结果表明，各区域间存在显著性差异（$F=2.78$，$P<0.05$）。其中，环渤海地区创业者加入商业协会的时间相对较早，约在2006年左右就加入了商业协会；东北地区相对较迟，约在2013年左右才加入商业协会。就村落创业者退出商业协会的情况而言，方差分析的结果表明，各区域间存在显著性差异（$F=2.96$，$P<0.05$）。其中，环渤海地区创业者退出商业协会的占比最高，均值为31.82%；其次是西北地区，均值为24.00%；而东北地区无创业者退出商业协会。具体参见表4-45。

表4-45　各区域村落创业者的商业协会参与情况

区域	入会占比（%）	入会时间（年）	退会占比（%）	样本数量（个）
东南地区	6.94	2009	8.25	1398
环渤海地区	3.83	2006	31.82	575
中部地区	5.67	2010	9.09	970
东北地区	4.37	2013	0.00	252
西南地区	4.43	2011	16.67	812
西北地区	4.24	2011	24.00	590

三、非正式权威来源

（一）最大宗族情况

方差分析的结果表明，各区域村落创业者是否隶属于村落最大宗族的情况存在显著性差异（$F=27.97$，$P<0.01$）。具体而言，环渤海地区有44.17%的创业者隶

属于村落的最大宗族；其次是中部地区，占比为 39.07%；东北地区最低，仅为 17.86%。具体参见表 4-46。

表 4-46　各区域村落创业者隶属于最大宗族情况

区域	最大宗族		非最大宗族		样本数量（个）
	人数（人）	占比（%）	人数（人）	占比（%）	
东南地区	346	24.75	1052	75.25	1398
环渤海地区	254	44.17	321	55.83	575
中部地区	379	39.07	591	60.93	970
东北地区	45	17.86	207	82.14	252
西南地区	217	26.72	595	73.28	812
西北地区	155	26.27	435	73.73	590

（二）父辈姓氏为第一大姓情况

方差分析的结果表明，各区域村落创业者的父辈为第一大姓情况存在显著性差异（$F=25.54$，$P<0.01$）。具体而言，环渤海地区占比最大，有 44.35% 的创业者的父辈姓氏是村落第一大姓；其次是中部地区，占比为 39.59%；东北地区最低，仅为 19.44%。具体参见表 4-47。

表 4-47　各区域村落创业者父辈姓氏为第一大姓情况

区域	父辈姓氏为第一大姓		父辈姓氏非第一大姓		样本数量（个）
	人数（人）	占比（%）	人数（人）	占比（%）	
东南地区	361	25.82	1037	74.18	1398
环渤海地区	255	44.35	320	55.65	575
中部地区	384	39.59	586	60.41	970
东北地区	49	19.44	203	80.56	252
西南地区	218	26.85	594	73.15	812
西北地区	162	27.46	428	72.54	590

（三）配偶姓氏为第一大姓情况

方差分析的结果表明，各区域村落创业者的配偶姓氏为第一大姓的情况存在显著性差异（$F=13.80$，$P<0.01$）。具体而言，环渤海地区有 24.70% 的创业者的配偶姓氏是村落第一大姓，占比最大。其次是中部地区，占比为 17.84%；东北地区最低，仅为 7.54%。具体参见表 4-48。

表 4-48　各区域村落创业者配偶姓氏为第一大姓情况

区域	配偶姓氏为第一大姓		配偶姓氏非第一大姓		样本数量（个）
	人数（人）	占比（%）	人数（人）	占比（%）	
东南地区	184	13.16	1214	86.84	1398
环渤海地区	142	24.70	433	75.30	575
中部地区	173	17.84	797	82.16	970
东北地区	19	7.54	233	92.46	252
西南地区	102	12.56	710	87.44	812
西北地区	77	13.05	513	86.95	590

（四）宗族祠堂修建情况

方差分析的结果表明，各区域村落创业者所在宗族的祠堂修建情况存在显著性差异（$F=20.85$，$P<0.01$）。具体而言，中部地区创业者所在宗族的祠堂个数最多，均值为 0.45 个，最大值为 6 个，最小值为 0 个；其次是西南地区，均值为 0.44 个，最大值为 23 个，最小值为 0 个；东北地区最少，均值仅为 0.08 个，最大值为 1 个，最小值为 0 个。具体参见表 4-49。

表 4-49　各区域村落创业者的宗族祠堂修建情况

区域	平均值（个）	标准差	最大值（个）	最小值（个）	样本数量（个）
东南地区	0.37	1.09	25	0	1398
环渤海地区	0.15	0.56	7	0	575
中部地区	0.45	0.74	6	0	970
东北地区	0.08	0.26	1	0	252
西南地区	0.44	1.36	23	0	812
西北地区	0.11	0.41	7	0	590

（五）家族族谱情况

方差分析的结果表明，各区域村落创业者是否有家族族谱的情况存在显著性差异（$F=49.82$，$P<0.01$）。其中，中部地区有家族族谱的创业者占比最高，均值为 59.28%；其次是西南地区，均值为 47.66%；西北地区最低，均值仅为 30.17%。具体参见表 4-50。

表 4-50　各区域村落创业者的家族族谱情况

区域	有家族族谱		无家族族谱		样本数量（个）
	人数（人）	占比（%）	人数（人）	占比（%）	
东南地区	437	31.26	961	68.74	1398
环渤海地区	218	37.91	357	62.09	575
中部地区	575	59.28	395	40.72	970
东北地区	92	36.51	160	63.49	252
西南地区	387	47.66	425	52.34	812
西北地区	178	30.17	412	69.83	590

四、人缘与影响力情况

问卷中用于测量村落创业者人缘与影响力情况的题项有 4 个，分别用李克特 6 点量表测量，从 1 到 6 分别表示"非常差/非常不重要""很差/不重要""不好/不太重要""好/重要""很好/非常重要"和"非常好/极为重要"。具体参见表 4-51。

表 4-51　村落创业者人缘与影响力的评估量表

题项	具体内容
题项 1	您在当地的人缘如何
题项 2	对于村里举办与传统相关的活动（比如祠堂修建、族谱制定），您的意见重要程度如何
题项 3	村里出现纠纷需要调解时，您的意见重要程度如何
题项 4	村里需要重大决策时（比如修建公路），您的意见对于村委会来讲重要程度如何

针对上述四个题项（总分 5 分）的方差分析的结果表明，各区域村落创业者在当地的人缘（$F=5.63$，$P<0.01$）以及其意见对村落传统活动的举办（$F=1.96$，$P<0.1$）、村落纠纷的解决（$F=4.96$，$P<0.01$）和重大决策的制定（$F=4.11$，$P<0.01$）的重要程度均存在显著性差异。具体来看，就村落创业者在当地的人缘而言，环渤海地区创业者的人缘最好，均值为 4.83 分；中部地区和西南地区村落创业者的人缘最差，均值仅为 4.65 分。就村落创业者的意见对举办村落传统活动的重要程度而言，西南地区创业者的意见最为重要，均值为 3.75 分；环渤海地区和西北地区村落创业者的意见最不重要，均值仅为 3.61 分。就村落创业者的意见对解决村落纠纷的重要程度而言，西南地区创业者的意见最为重要，均值为 3.84 分；东南地区创业者的意见最不重要，均值仅为 3.62 分。就村落创业者的意见对村落重大决策的影响程度而言，西南地区创业者的意见最为重要，均值为 3.77 分；环渤海地区创业者的意见最不重要，均值仅为 3.54 分。由此可见，整体来说，环渤海地区村落创业者在当地的人缘最好，而西南地区创业者在当地的影响力最大。具体参见表 4-52。

表 4-52　各区域村落创业者的人缘和影响力情况

区域	题项 1（分）	题项 2（分）	题项 3（分）	题项 4（分）	样本数量（个）
东南地区	4.75	3.67	3.62	3.61	1398
环渤海地区	4.83	3.61	3.65	3.54	575
中部地区	4.65	3.71	3.73	3.70	970
东北地区	4.80	3.64	3.73	3.69	252
西南地区	4.65	3.75	3.84	3.77	812
西北地区	4.73	3.61	3.65	3.61	590

五、社会地位情况

就社会地位而言，方差分析的结果表明，各区域间并不存在显著性差异（$F=$

1.67，$P>0.1$）。各区域至少有 47.84％（中部地区）的村落创业者认为自身的社会地位处于中等水平，而认为自己处于中上等水平的村落创业者至少占区域创业人数的 33.33％（东北地区），认为自己处于社会上等的村落创业者至少占区域创业人数的 7.27％（西南地区）。具体参见表 4-53。

表 4-53　各区域村落创业者的社会地位情况

区域	下等		中下等		中等		中上等		上等		样本数量（个）
	人数（人）	占比（%）	人数（人）	占比（%）	人数（人）	占比（%）	人数（人）	占比（%）	人数（人）	占比（%）	
东南地区	5	0.36	57	4.08	680	48.64	520	37.20	136	9.73	1398
环渤海地区	7	1.22	21	3.65	287	49.91	211	36.70	49	8.52	575
中部地区	5	0.52	59	6.08	464	47.84	358	36.91	84	8.66	970
东北地区	4	1.59	13	5.16	125	49.60	84	33.33	26	10.32	252
西南地区	11	1.35	50	6.16	392	48.28	300	36.95	59	7.27	812
西北地区	5	0.85	24	4.07	295	50.00	223	37.80	43	7.29	590

第五章
Chapter Five

村落创业企业的组织与治理效应

科学的管理方式和有效的内部制度化建设是创业企业得以维持与发展的基础。现有研究围绕创业企业的治理机制和组织方式充分探究了影响新创企业绩效的内部因素。(Hoetker *et al*.，2010；石书德等，2016；彭学兵和胡剑锋，2011)借鉴学者的研究，本次调查主要从创业企业的组织特征、治理模式与治理效率三个方面阐述村落创业企业的组织与治理问题。

一、村落创业企业的组织特征

现有研究表明，创业企业的组织特征广泛地体现于企业的组织文化、人力资本和组织结构之中。(朱仁宏等，2018；李晶和陈忠卫，2008)基于此，本次调查主要从"员工结构""员工五险一金情况""家庭成员任职情况""创业者工作时间分配情况"等角度来衡量村落创业企业的组织特征。

二、村落创业企业的治理模式

现有研究主要从企业的股权分配、创始人的权利、企业的产权形式等角度探究创业企业的治理模式。(Breugst *et al*.，2015；Hoang and Antoncic，2003；贺小刚等，2016)遵循这一传统，本次调查主要从"创业者的权力结构""企业的股东结构""企业的投资者人数""企业的产权形式""企业董事会的设立情况""企业党组织的设立情况""企业与政府部门之间的关系""企业与当地农村（社区）之间的关系""企业行业或贸易协会的参与情况"等角度来衡量村落创业企业的治理模式。

三、村落创业企业的治理效率

现有文献关于创业企业治理效率的衡量，一般选用企业利润率、利润增长率、销售增长率、员工数量增长率、市场份额增长率和新产品服务成功率等指标。(Zahra *et al.*，2002；Gielnik *et al.*，2012；任胜钢和赵天宇，2018；朱仁宏等，2018）借鉴学者的研究，本次调查主要从"企业的绩效排名情况""企业的员工数量及变化情况""企业的销售额及变化情况""企业的纯利润及变化情况""企业的总资产及变化情况"等角度来衡量村落创业企业的治理效率。

第一节

村落创业企业组织特征的总体状况

本节主要介绍中国村落创业企业组织特征的总体状况，包括企业的员工结构、员工五险一金情况、家庭成员任职情况以及创业者工作时间分配情况四个因素。

一、村落创业企业的员工结构

本部分主要从员工总数、员工学历、员工雇用形式和员工来源四个方面来分析村落创业企业的员工结构。调查结果显示，在此次参与调查的创业企业当中，员工人数的平均值为 17 人，员工人数最多的企业有 1427 人，最少的仅有 1 人（即村落创业者本人在企业中兼任老板和员工的角色，尚未聘用其他员工）。从员工的学历来看，村落创业企业中具有初中以下学历的员工人数的平均值为 9 人，最大值为 1201 人，最小值为 0 人。村落创业企业中具有中专与高中以上学历的员工人数的平均值为 8 人，最大值为 1315 人，最小值为 0 人。从员工的雇用形式来看，企业雇用临时工占比的平均值为 26.58%，企业雇用合同工占比的平均值为 73.42%，即平均来看，更多企业选择以合同工的形式雇用员工。从员工的来源来看，企业雇用同乡同村员工的人数的平均值为 11 人，企业雇用外地员工的人数的平均值为 6 人，即同乡同村的员工更受村落创业企业的青睐。具体参见表 5-1。

表 5-1　村落创业企业的员工结构

指标		平均值	标准差	最大值	最小值
员工总数（人）		17	56.62	1427	1
员工学历	初中以下学历员工人数（人）	9	34.15	1201	0
	中专与高中以上学历员工人数（人）	8	35.55	1315	0
员工雇用形式	临时工占比（%）	26.58	38.50	100	0
	合同工占比（%）	73.42	38.50	100	0
员工来源	同乡同村员工人数（人）	11	38.42	1202	0
	外地员工人数（人）	6	29.89	919	0

二、村落创业企业的员工五险一金情况

调查结果显示，在此次参与调查的村落创业企业中，仅有 21.23％的企业给员工提供了五险一金，78.77％的企业目前尚未给员工提供五险一金。在进一步询问企业未来的计划后，33.33％的企业表示未来计划给员工提供五险一金，但仍有66.67％的企业在未来也不会给员工提供五险一金。具体参见图 5-1。

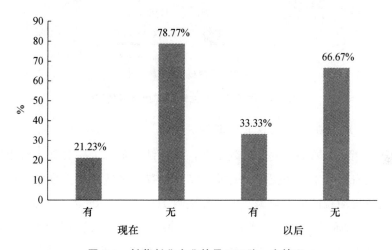

图 5-1　村落创业企业的员工五险一金情况

三、村落创业企业的家庭成员任职情况

（一）家庭成员持股情况

调查结果显示：一方面，对家庭核心成员而言，100％持股的人数最多，共计2213 人，占比 48.14％；其次是家庭核心成员不持股（0％）的人数，共计 1546 人，占比 33.63％；家庭核心成员持股 0％—50％的人数最少，共计 290 人，占比6.31％。另一方面，对普通亲戚而言，约有九成（87.86％）村落创业者的亲戚在企业中并未占有股份，共计 4039 人；其次是普通亲戚持股 0％—50％的人数，共计472 人，占比 10.27％；普通亲戚中 100％持股的人数最少，仅有 2 人，占比0.04％。由此可见，在村落创业企业中，大多数核心家庭成员要么 100％持股，参与创业与经营活动，要么不持股。而普通亲戚在持股上并没有明显优势，大部分亲戚没有参与创业者的创业与经营活动。具体参见图 5-2。

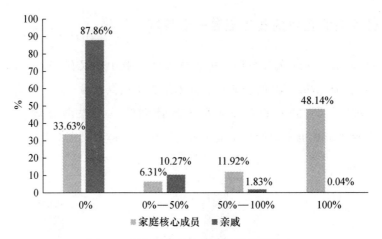

图 5-2　村落创业企业家庭成员持股情况

（二）家庭成员在管理岗位的任职情况

从在管理岗位任职的家庭成员数来看，调查结果显示：一方面，对家庭核心成员而言，除没有担任管理职位的家庭成员以外，有 1 名或 2 名家庭核心成员在创业企业中担任管理职位的情况较为常见，分别是 1614 人和 909 人，占比为 35.11％和 19.77％。另一方面，对普通亲戚而言，约有九成（88.14％）村落创业者的亲戚并未在创业企业的管理岗位上任职，共计 4052 人。由此可见，在村落创业企业中，大部分核心家庭成员会承担企业的管理职责，而普通亲戚在企业中担任管理人员的人数则相对较少。具体参见图 5-3。

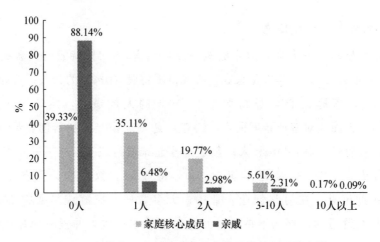

图 5-3　村落创业企业家庭成员在管理岗位任职的人数

四、村落创业者工作时间分配情况

调查结果显示，村落创业者平均每天工作 9.39 小时，其中工作时间最长的创业者出现一天 24 小时都在工作的情况，而工作时间最短的创业者则没有安排任何工作（工作时间为 0）。从创业者工作时间的分配来看，创业者每天用于企业经营管理的时间为 6.75 小时，用于与不同级别、不同岗位的政府官员打交道的时间为每月一天半左右，用于各种经营关系的建立、维护上下游及同行等关系的时间约为每月 3 天。由此可见，村落创业者的绝大部分时间都是用于企业的经营管理工作，但是每月也都会安排一定的时间建立并维护企业与政府、员工、供应商等各方利益相关者的关系。具体参见表 5-2。

表 5-2　村落创业者的工作时间分配情况

指标	平均值	标准差	最大值	最小值
总工作时间（小时/天）	9.39	2.88	24	0
经营管理时间（小时/天）	6.75	3.92	24	0
打交道时间（天/月）	1.45	2.79	31	0
经营关系时间（天/月）	2.72	4.45	30	0

村落创业企业组织特征的区域对比分析

本节主要对比分析中国各区域村落创业企业的组织特征，包括村落创业企业的员工结构、员工五险一金情况、家庭成员任职情况以及创业者工作时间分配情况四个因素。

一、村落创业企业的员工结构

本部分主要从员工总数、员工学历、员工雇用形式和员工来源四个方面来对比分析各区域村落创业企业的员工结构。首先，从村落创业企业的员工总数来看，方差分析的结果表明，各区域间存在显著性差异（$F=10.23$，$P<0.01$）。其中，东南地区村落创业企业的员工总数最多，均值为 26 人；然后是环渤海地区，均值为 16 人；中部地区和西南地区最少，均值仅为 12 人。其次，从村落创业企业员工的学历水平来看，方差分析的结果表明，各区域间具有初中以下学历的员工人数（$F=3.32$，$P<0.01$）和具有中专或高中以上学历的员工人数（$F=11.75$，$P<0.01$）均存在显著性差异。其中，就初中以下学历的员工人数而言，东南地区的均值最大，

为 12 人；然后是环渤海地区，均值为 9 人；中部地区最小，仅为 6 人。就中专或高中以上学历的员工人数而言，东南地区的均值最大，为 14 人；环渤海地区和东北地区较为相似，均值均为 7 人；西南地区的均值最小，仅为 4 人。再次，从村落创业企业员工的雇用形式来看，各区域雇用临时工（$F=11.54$，$P<0.01$）和合同工（$F=11.54$，$P<0.01$）的情况均存在显著性差异。其中，环渤海地区村落创业企业雇佣临时工的比率最高（34.93％），而东南地区村落创业企业雇用合同工的占比最高（78.79％）。最后，从村落创业企业员工的来源来看，各区域雇用同乡同村员工（$F=2.73$，$P<0.05$）和外地员工（$F=15.67$，$P<0.01$）的人数均存在显著性差异。其中，东南地区村落创业企业雇用同乡同村和外地员工的平均人数均大于其他区域，分别为 14 人和 12 人；西南地区均小于其他区域，分别为 9 人和 2 人。具体参见表 5-3。

表 5-3　各区域村落创业企业的员工结构

区域	员工总数（人）	员工学历（人）		员工雇用形式（％）		员工来源（人）		样本数量（个）
		初中以下	中专或高中以上	临时工	合同工	同乡同村	外地	
东南地区	26	12	14	21.21	78.79	14	12	1398
环渤海地区	16	9	7	34.93	65.07	11	5	575
中部地区	12	6	6	26.77	73.23	9	3	970
东北地区	14	7	7	28.37	71.63	10	4	252
西南地区	12	8	4	28.44	71.56	9	2	812
西北地区	13	8	6	27.55	72.45	10	3	590

二、村落创业企业的员工五险一金情况

方差分析的结果表明，各区域村落创业企业当前给员工提供五险一金的情况存在显著性差异（$F=87.26$，$P<0.01$）。其中，东南地区有 39.27％的村落创业企业目前已经给员工提供了五险一金，是所有区域中占比最高的；其次是环渤海地区，为 16.52％；西北地区最低，仅为 10.00％。在进一步统计各区域村落创业企业的未来计划后，我们发现，企业计划在未来给员工提供五险一金的情况也存在显著性差异（$F=49.59$，$P<0.01$）。其中，东南地区有 49.43％的村落创业企业未来会给员工提供五险一金，是所有区域中占比最高的；其次是西北地区，占比为 27.29％；东北地区最低，仅为 24.21％。具体参见表 5-4。

表 5-4 各区域村落创业企业的员工五险一金情况

区域	当前有		未来有		样本数量（个）
	人数（人）	占比（%）	人数（人）	占比（%）	
东南地区	549	39.27	691	49.43	1398
环渤海地区	95	16.52	155	26.96	575
中部地区	137	14.12	248	25.57	970
东北地区	34	13.49	61	24.21	252
西南地区	102	12.56	216	26.60	812
西北地区	59	10.00	161	27.29	590

三、村落创业企业的家庭成员任职情况

（一）家庭成员持股比例

方差分析的结果表明，各区域村落创业企业中家庭核心成员的持股情况存在显著性差异（$F=5.51$，$P<0.01$）。其中，中部地区村落创业企业中家庭成员持股占比最高，均值为 61.63%。东南地区村落创业企业中家庭成员持股占比最低，均值仅为 53.18%。此外，各区域村落创业企业中亲戚持股情况也存在显著性差异（$F=2.11$，$P<0.1$）。其中，中部地区村落创业企业中家庭普通亲戚持股占比最高，均值为 3.09%。东北地区村落创业企业中家庭普通亲戚持股占比最低，均值为 1.74%。具体参见表 5-5。

表 5-5 各区域村落创业企业家庭成员持股情况

区域	家庭核心成员（%）	普通亲戚（%）	样本数量（个）
东南地区	53.18	2.39	1398
环渤海地区	55.20	2.08	575
中部地区	61.63	3.09	970
东北地区	56.91	1.74	252
西南地区	60.82	2.77	812
西北地区	55.03	1.82	590

（二）家庭成员在管理岗位任职的人数

方差分析的结果表明，各区域村落创业企业中在管理岗位任职的家庭核心成员人数存在显著性差异（$F=2.24$，$P<0.05$）。其中，东南地区和中部地区家庭核心成员在创业企业中担任管理人员的人数最多，均值为 1.05 人；西北地区家庭核心成员在创业企业中担任管理人员的人数最少，均值仅为 0.89 人。此外，各区域村落创业企业中在管理岗位任职的普通亲戚人数也存在显著性差异（$F=1.86$，$P<0.1$）。其中，东南地区家庭普通亲戚在创业企业中担任管理人员的人数最多，均值为 0.30

人。西南地区家庭普通亲戚在创业企业中担任管理人员的人数最少，均值仅为 0.19 人。具体参见表 5-6。

表 5-6　各区域村落创业企业家庭成员在管理岗位任职的人数

区域	家庭核心成员（人）	普通亲戚（人）	样本数量（个）
东南地区	1.05	0.30	1398
环渤海地区	0.92	0.20	575
中部地区	1.05	0.25	970
东北地区	0.92	0.20	252
西南地区	0.97	0.19	812
西北地区	0.89	0.20	590

四、村落创业者工作时间分配情况

方差分析的结果表明，各区域村落创业者每天的总工作时间（$F = 1.45$，$P > 0.1$）、每天用于经营管理的时间（$F = 1.69$，$P > 0.1$）以及每月用于经营关系的时间（$F = 1.71$，$P > 0.1$）都不存在显著性差异，但是各区域村落创业者每月用于与不同级别、不同岗位的政府官员打交道的时间存在显著性差异（$F = 7.27$，$P < 0.01$）。也就是说，地域因素并不会影响村落创业者的总工作时间、经营管理时间和经营关系时间，但是不同区域村落创业者在政府关系的建立与维护上花费的时间有显著性差异。其中，西北地区的村落创业者每月用于与不同级别、不同岗位的政府官员打交道的时间最长，为 1.97 天/月；中部地区次之，为 1.53 天/月；环渤海地区最短，仅为 1.01 天/月。具体参见表 5-7。

表 5-7　各区域村落创业者的工作时间分配情况

区域	总工作时间（小时）	经营管理时间（小时）	打交道时间（天/月）	经营关系时间（天/月）	样本数量（个）
东南地区	9.41	6.90	1.38	2.75	1398
环渤海地区	9.27	6.71	1.01	2.56	575
中部地区	9.29	6.80	1.53	3.04	970
东北地区	9.34	6.38	1.40	2.60	252
西南地区	9.41	6.82	1.42	2.59	812
西北地区	9.65	6.44	1.97	2.48	590

村落创业企业治理模式的总体状况

本节主要介绍中国村落创业企业治理模式的总体状况，包括创业者的权力结构、企业的股东结构、企业的投资者人数、企业的产权形式、企业董事会的设立情况、企业党组织的设立情况、企业与政府部门之间的关系、企业与当地农村（社区）之间的关系以及企业行业或贸易协会的参与情况九个因素。

一、村落创业者的权力结构

调查结果显示，在此次参与调查的受访对象中，绝大部分村落创业者在企业中都承担着董事长或总经理等重要职务。具体而言，有 1054 位创业者在企业中同时扮演着董事长和总经理的双重角色，占样本总数的 22.93%；有 956 位创业者在企业中仅担任董事长的职务，占样本总数的 20.80%；有 837 位创业者在企业中仅担任总经理的职务，占样本总数的 18.21%；还有 358 位创业者在企业的技术、市场、财务、人事等职能岗位任职，占样本总数的 7.79%。同时，调查数据显示有 53 位创业者（1.15%）已退居二线，有 202 位创业者（4.39%）已不在企业任职。具体参见图 5-4。

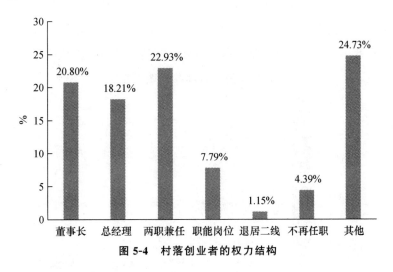

图 5-4　村落创业者的权力结构

二、村落创业企业的股东结构

首先，就村落创业企业在创建时的老板数量而言，调查结果显示，创建时仅有

1个老板的情况最为常见，共计3179家企业，占比69.15%；然后是2人合伙共同创建企业的情况，共计1005个样本，占比21.86%；由3人合伙共同创建企业的样本有246个，占比5.35%；由4人和5人及以上创业者共同创建企业的情况相对少见，分别有94个和73个样本，累计占比不到4%。由此可见，大部分中国村落创业者都是以个人出资或2人合伙的方式创建企业。具体参见图5-5。

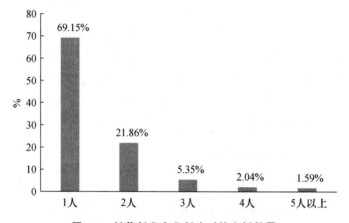

图5-5 村落创业企业创建时的老板数量

其次，就村落创业企业的股权分配情况而言，调查结果显示，仅有13.90%的创业者办理了正式的股权分配合同，还有0.87%的创业者正在办理正式的股权分配合同，而绝大部分（85.23%）的创业者均未办理正式的股权分配合同。由此可见，中国村落创业企业的股权分配程序和制度仍不完善。

最后，就村落创业企业股东间的股权分配情况而言，调查结果显示，创业者本人持股比例最高，均值为85.17%。其中，有68.15%的创业者是100%持股，也有0.35%的创业者并未持股。除创业者本人以外，其他人持股比例依次降低，均值分别为10.83%、2.36%、0.83%和0.82%。具体参见图5-6。

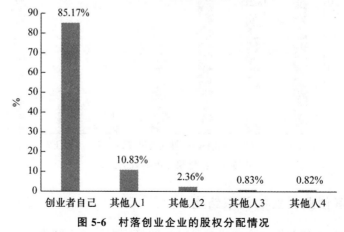

图5-6 村落创业企业的股权分配情况

三、村落创业企业的投资者人数

调查结果显示，在此次参与调查的受访对象中，有超过半数（60.15％）的村落创业企业仅有一名投资者，有 30.82％的村落创业企业有 2 名投资者，有 4.70％的创业企业有 3 名投资者，而拥有 4 人及以上投资者的创业企业相对较少，共计 199 家企业，占样本总数的 4.33％。由此可见，绝大部分中国村落创业企业都是由 1 名或 2 名投资人出资筹建而成。具体参见图 5-7。

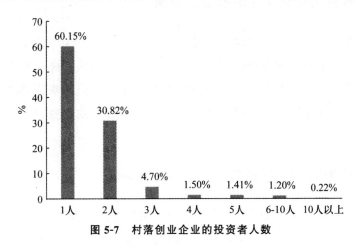

图 5-7　村落创业企业的投资者人数

四、村落创业企业的产权形式

从企业的产权形式来看，调查结果显示，个体经营模式是村落创业企业最为常见的方式，共有 2941 个创业者以这种产权形式创办企业，占比 63.98％；其次，有 1163 个创业者以私营产权形式创办企业，占比 25.30％；采用股份制、承包、租赁等其他产权形式创办企业的情况相对少见，分别有 193 人、140 人、25 人，累计占比 7.79％。由此可见，个体或私营等相对简单的产权形式是中国大部分村落创业者在创办企业过程中的首选。具体参见图 5-8。

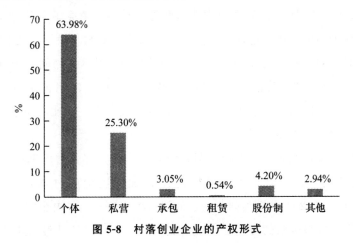

图 5-8　村落创业企业的产权形式

五、村落创业企业董事会的设立情况

从企业董事会的设立情况来看，调查结果显示，仅有 5.53% 的村落创业者在创办企业的过程中设立了董事会，剩余 94.47% 的村落创业者在创办企业的过程中并未设立董事会。由此可见，中国大部分村落创业企业的治理结构相对简单。

六、村落创业企业党组织的设立情况

从村落创业企业党组织的设立情况来看，调查结果显示，仅有 3.24% 的村落创业者在创办企业的过程中设立了党组织，剩余 96.76% 的村落创业者在创办企业的过程中并未设立党组织。这与当前中国村落创业企业的规模总体偏小存在必然关系，当然也可能是由于农村党建工作主要集中于村委或乡镇一级，而没有落实到村落企业中。

七、村落创业企业与政府部门之间的关系

从企业与政府部门之间的关系来看，调查结果显示，有 11.12% 的村落创业企业安排了专职人员协调企业与政府部门之间的关系，剩余 88.88% 的村落创业企业则未作此安排。由此可见，仅有少数村落创业者开始关注企业与政府部门之间关系的构建。

八、村落创业企业与当地农村（社区）之间的关系

从村落创业企业与当地农村（社区）之间的关系来看，调查结果显示，有 12.09% 的村落创业企业安排了专职人员协调企业与当地农村（社区）之间的关系，剩余 87.91% 的村落创业企业则未作此安排。由此可见，只有小部分村落创业者注重企业与当地农村（社区）关系的构建。此外，村落创业企业与当地农村（社区）间的共同议事机构也能在一定程度上反映企业与当地农村（社区）之间的关系。从调查结果来看，86.60% 的村落创业企业和当地农村（社区）之间并没有共同议事机构，但也有 13.40% 的村落创业企业和当地农村（社区）之间有共同议事机构。在这些设有共同议事机构的企业中，77.76% 的企业是一事一议临时设置的，22.24% 的企业是常设的。具体参见图 5-9。

从议事机构负责人的来源来看，调查结果显示，大部分村落创业企业的议事机构并没有负责人，共计 250 家企业，占设有议事机构的村落创业企业总数的 40.58%；其次，有 204 家村落创业企业的议事机构负责人是由企业和农村双方共同委派的，占设有议事机构的村落创业企业总数的 33.12%；村落创业企业的议事机

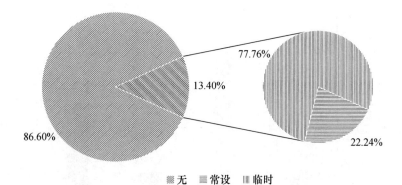

图 5-9　村落创业企业与当地农村（社区）议事机构的设置情况

构仅由农村或企业单方委派的分别有 88 家和 74 家，占设有议事机构的村落创业企业总数的 14.29％和 12.01％。具体参见图 5-10。

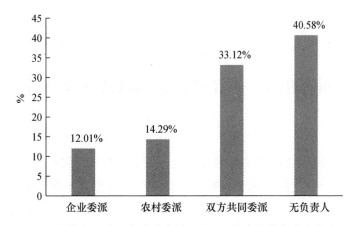

图 5-10　村落创业企业与当地农村（社区）议事机构负责人的来源

九、村落创业企业行业或贸易协会的参与情况

　　从企业参加行业或贸易协会的情况来看，仅有 426 位村落创业者表明企业加入了行业或贸易协会，占比为 9.27％；有 2327 位村落创业者表明企业目前尚未加入任何行业或贸易协会，占比为 50.62％；有 384 位村落创业者表明虽然企业目前尚未加入任何行业或贸易协会，但是以后会逐步采取相关措施，占比 8.35％；剩余 1460 位村落创业者则认为是否加入行业或贸易协会与企业的生产运营并没有什么关系，占比 31.76％。由此可见，相对来说，中国村落创业者尚未充分认识到行业或贸易协会对企业发展的重要作用。具体参见图 5-11。

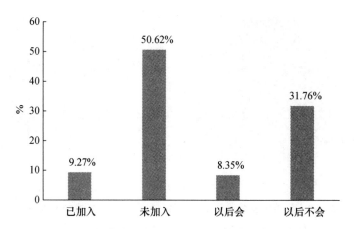

图 5-11　村落创业企业行业或贸易协会的参与情况

村落创业企业治理模式的区域对比分析

本节将对比分析中国各区域村落创业企业的治理模式，包括创业者的权力结构、企业的股东结构、企业的投资者人数、企业的产权形式、企业董事会的设立情况、企业党组织的设立情况、企业与政府部门之间的关系、企业与当地农村（社区）之间的关系以及企业行业或贸易协会的参与情况九个因素。

一、村落创业者的权力结构

方差分析的结果表明，各区域村落创业者的权力结构存在显著性差异（$F=6.80$，$P<0.01$）。其中，东北地区担任董事长的创业者有 69 人，占比 27.38%；东南地区担任总经理的创业者有 288 人，占比 20.60%；环渤海地区同时兼任董事长和总经理的创业者有 157 人，占比 27.30%。也就是说，东北地区在企业中担任董事长的创业者的比例是所有区域中最大的，东南地区在企业中担任总经理的创业者的比例是所有区域中最大的，而环渤海地区在企业中同时担任总经理和董事长的创业者的比例是所有区域中最大的。但总体来说，各区域创业者在技术、市场、财务、人事等职能岗位任职的占比相对较低，最高的西北地区也仅为 9.66%，共计 57 人。同时，调查数据显示各区域退居二线或不再任职的创业者的占比也很低，累计占比最大仅为 7.29%（西北地区）。具体参见表 5-8。

表 5-8　各区域村落创业者的权力机构

区域	董事长(%)	总经理(%)	两职兼任(%)	职能岗位(%)	退居二线(%)	不再任职(%)	其他(%)	样本数量(个)
东南地区	22.32	20.60	23.82	7.15	1.57	4.94	19.60	1398
环渤海地区	17.74	19.83	27.30	8.00	1.39	2.61	23.13	575
中部地区	18.66	17.94	24.95	6.91	0.62	3.81	27.11	970
东北地区	27.38	17.06	15.87	7.14	0.79	4.37	27.38	252
西南地区	23.28	13.05	17.49	8.62	1.11	4.06	32.39	812
西北地区	17.46	18.98	23.73	9.66	1.02	6.27	22.88	590

二、村落创业企业的股东结构

首先，就村落创业企业在创建时的老板数量而言，方差分析的结果表明，各区域间存在显著性差异（$F=5.82$，$P<0.01$）。其中，东南地区村落创业企业在创建时的老板数量最多，均值为 1.53 人；西北地区次之，均值为 1.49 人；环渤海地区最少，均值仅为 1.30 人。其次，就村落创业企业的股权分配情况而言，方差分析的结果表明，各区域间存在显著性差异（$F=8.18$，$P<0.01$）。其中，东南地区股权分配的程序和制度相对较完善，有 18.67％的村落创业企业已经办理了正式的股权分配合同；西北地区次之，有 14.75％的村落创业企业办理了正式的股权分配合同；西南地区股权分配的程序和制度相对较差，仅有 9.48％的村落创业企业办理了正式的股权分配合同。最后，就村落创业者本人所持创业企业的股份而言，方差分析的结果表明，各区域间存在显著性差异（$F=7.44$，$P<0.01$）。其中，东北地区创业者本人所持的股份最多，均值为 91.67％；环渤海地区次之，均值为 88.54％；东南地区最少，均值仅为 83.48％。具体参见表 5-9。

表 5-9　各区域村落创业企业创建时的股东结构

区域	老板数量(人)	股权分配合同的办理(%)	创业者持股占比(%)	样本数量(个)
东南地区	1.53	18.67	83.48	1398
环渤海地区	1.30	12.70	88.54	575
中部地区	1.47	11.44	84.43	970
东北地区	1.42	11.90	91.67	252
西南地区	1.44	9.48	84.91	812
西北地区	1.49	14.75	84.71	590

三、村落创业企业的投资者人数

方差分析的结果表明，各区域村落创业企业的投资者人数存在显著性差异

（$F=14.38$，$P<0.01$）。其中，东南地区村落创业企业的投资者人数最多，均值为 1.74 人，最大值为 15 人，最小值为 1 人；西北地区次之，均值为 1.68 人，最大值为 20 人，最小值为 1 人；环渤海地区最少，均值仅为 1.29 人，最大值为 6 人，最小值为 1 人。具体参见表 5-10。

表 5-10　各区域村落创业企业的投资者人数

区域	平均值（人）	标准差	最大值（人）	最小值（人）	样本数量（个）
东南地区	1.74	1.22	15	1	1398
环渤海地区	1.29	0.69	6	1	575
中部地区	1.61	1.18	15	1	970
东北地区	1.35	1.02	11	1	252
西南地区	1.65	1.17	20	1	812
西北地区	1.68	1.66	20	1	590

四、村落创业企业的产权形式

方差分析的结果表明，各区域村落创业企业的产权形式存在显著性差异（$F=7.39$，$P<0.01$）。其中，东北地区、西北地区和环渤海地区均有超过七成的村落创业企业是以个体经营这种产权形式创办的，占比分别为 73.81%、73.05%、70.61%。而东南地区仅有刚过半数（54.72%）的村落创业企业以个体经营模式运营，但其以私营产权形式运作的企业占比（34.12%）显著高于其他地区。各区域以承包、租赁、股份制等其他产权形式运作的村落创业企业都相对较少，占比最高的中部地区（股份制）也仅为 5.36%。具体参见表 5-11。

表 5-11　各区域村落创业企业的产权形式

区域	个体（%）	私营（%）	承包（%）	租赁（%）	股份制（%）	其他（%）	样本数量（个）
东南地区	54.72	34.12	2.65	0.43	4.94	3.15	1398
环渤海地区	70.61	21.04	2.43	0.17	3.30	2.43	575
中部地区	61.03	25.15	5.15	1.13	5.36	2.16	970
东北地区	73.81	20.63	0.79	0.40	2.38	1.98	252
西南地区	69.09	20.32	3.69	0.49	2.59	3.82	812
西北地区	73.05	17.63	1.19	0.34	4.41	3.39	590

五、村落创业企业董事会的设立情况

方差分析的结果表明，各区域村落创业企业董事会的设立情况存在显著性差异（$F=5.54$，$P<0.01$）。其中，东南地区设立了董事会的村落创业企业的占比最高，

均值为 7.87%；中部地区和东北地区次之，分别为 5.88% 和 4.76%；西南地区最低，仅为 3.20%。具体参见表 5-12。

表 5-12　各区域村落创业企业的董事会设立情况

区域	设立董事会		未设立董事会		样本数量（个）
	数量（个）	占比（%）	数量（个）	占比（%）	
东南地区	110	7.87	1288	92.13	1398
环渤海地区	23	4.00	552	96.00	575
中部地区	57	5.88	913	94.12	970
东北地区	12	4.76	240	95.24	252
西南地区	26	3.20	786	96.80	812
西北地区	26	4.41	564	95.59	590

六、村落创业企业党组织的设立情况

方差分析的结果表明，各区域村落创业企业党组织的设立情况存在显著性差异（$F = 2.50$，$P < 0.05$）。其中，东南地区设立了党组织的村落创业企业的占比最高，均值为 4.01%；环渤海地区和西北地区次之，分别为 3.65%、3.56%；西南地区和东北地区较低，仅为 1.60%、1.59%。具体参见表 5-13。

表 5-13　各区域村落创业企业的党组织设立情况

区域	设立党组织		未设立党组织		样本数量（个）
	数量（个）	占比（%）	数量（个）	占比（%）	
东南地区	56	4.01	1342	95.99	1398
环渤海地区	21	3.65	554	96.35	575
中部地区	34	3.51	936	96.49	970
东北地区	4	1.59	248	98.41	252
西南地区	13	1.60	799	98.40	812
西北地区	21	3.56	569	96.44	590

七、村落创业企业与政府部门之间的关系

方差分析的结果表明，各区域村落创业企业与政府部门之间的关系存在显著性差异（$F = 3.08$，$P < 0.01$）。其中，东南地区的村落创业企业最为注重企业与政府部门关系的构建，有 13.16% 的企业安排了专职人员协调企业与政府部门之间的关系；西北地区和中部地区次之，分别有 11.86% 和 11.55% 的村落创业企业安排了专职人员协调企业与政府部门之间的关系；环渤海地区安排专职人员协调企业与政府

部门之间关系的村落创业企业占比最低，仅为 8.17％。具体参见表 5-14。

表 5-14　各区域村落创业企业与政府部门之间的关系

区域	安排专职人员		未安排专职人员		样本数量（个）
	数量（个）	占比（％）	数量（个）	占比（％）	
东南地区	184	13.16	1214	86.84	1398
环渤海地区	47	8.17	528	91.83	575
中部地区	112	11.55	858	88.45	970
东北地区	23	9.13	229	90.87	252
西南地区	75	9.24	737	90.76	812
西北地区	70	11.86	520	88.14	590

八、村落创业企业与当地农村（社区）之间的关系

本部分主要从村落创业企业是否安排了专职人员协调企业与当地农村（社区）之间的关系和企业是否设立了与当地农村（社区）间的共同议事机构两个方面考察企业与当地农村（社区）之间的关系。方差分析的结果表明，各区域村落创业企业在设置专职人员（$F=4.45$，$P<0.01$）和议事机构（$F=1.86$，$P<0.1$）维护企业与当地农村（社区）之间的关系上均存在显著性差异。从企业与当地农村（社区）之间关系的维护来看，东南地区安排专职人员协调企业与当地农村（社区）之间关系的创业企业占比最高，均值为 14.59％；西北地区次之，均值为 13.56％；东北地区最低，仅为 7.14％。从企业与当地农村（社区）之间合作议事机构的设立来看，西北地区、东南地区和西南地区设立共同议事机构的创业企业的占比相对较高，均值分别为 14.58％、14.52％和 14.41％；东北地区最低，仅为 10.32％。具体参见表 5-15。

表 5-15　各区域村落创业企业与当地农村（社区）之间的关系

区域	安排专职人员		设立议事机构		样本数量（个）
	数量（个）	占比（％）	数量（个）	占比（％）	
东南地区	204	14.59	203	14.52	1398
环渤海地区	50	8.70	61	10.61	575
中部地区	110	11.34	123	12.68	970
东北地区	18	7.14	26	10.32	252
西南地区	94	11.58	117	14.41	812
西北地区	80	13.56	86	14.58	590

九、村落创业企业行业或贸易协会的参与情况

企业对参加行业或贸易协会的态度主要表现为以下四种形式：第一，当前已加

入行业或贸易协会；第二，当前并未加入任何行业或贸易协会；第三，以后会加入行业或贸易协会；第四，认为是否加入行业或贸易协会与企业的生产运营并没有什么关系，以后不会参加。就各区域的对比情况而言，方差分析的结果表明，各区域村落创业企业行业或贸易协会的参与情况并不存在显著性差异（$F=0.94$，$P>0.1$）。也就是说，中国村落创业者尚未充分认识到行业或贸易协会对企业发展的重要作用，各区域参加行业或贸易协会的企业占比都很低，即使是参与度最高的东南地区，占比也不足 15%；计划后期参加行业或贸易协会的企业的占比更低，最高的东南地区也仅为 10.87%。具体参见表 5-16。

表 5-16　各区域村落创业企业行业或贸易协会的参与情况

区域	已加入		未加入		以后会		以后不会		样本数量（个）
	数量（个）	占比（%）	数量（个）	占比（%）	数量（个）	占比（%）	数量（个）	占比（%）	
东南地区	183	13.09	613	43.85	152	10.87	450	32.19	1398
环渤海地区	37	6.43	299	52.00	47	8.17	192	33.39	575
中部地区	95	9.79	502	51.75	80	8.25	293	30.21	970
东北地区	20	7.94	137	54.37	15	5.95	80	31.75	252
西南地区	52	6.40	441	54.31	49	6.03	270	33.25	812
西北地区	39	6.61	335	56.78	41	6.95	175	29.66	590

| 第五节 |

村落创业企业治理效率的总体状况

本节主要介绍中国村落创业企业治理效率的总体状况，包括企业绩效排名情况、企业员工数量及变化情况、企业销售额及变化情况、企业纯利润及变化情况以及企业总资产及变化情况五个因素。

一、村落创业企业的绩效排名情况

调查结果显示，大部分村落创业者对创业企业的治理效率持有较为积极乐观的态度，即认为企业绩效在当地同行业企业中排在前十名以内。其中，有 1188 名创业者认为就 2012 年年底的绩效来看，企业处于当地同行业企业的前三名，占比 25.84%。这一占比在 2016 年和 2019 年（估计）逐步增加，分别为 27.71%（1274

人）和 32.28％（1484 人）；有 2054 名创业者认为就 2012 年年底的绩效来看，企业处于当地同行业企业的 4—10 名，占比为 44.68％。这一占比在 2016 年和 2019 年（估计）变化不大，分别为 44.81％（2060 人）和 44.09％（2027 人）。具体参见表5-17。

表 5-17　村落创业企业的治理效率排名情况

时间	前 3 名		4—10 名		11—15 名		16—20 名		20 名以后	
	数量（个）	占比（%）	数量（个）	占比（%）	数量（个）	占比（%）	数量（个）	占比（%）	数量（个）	占比（%）
2012 年	1188	25.84	2054	44.68	453	9.85	289	6.29	613	13.33
2016 年	1274	27.71	2060	44.81	385	8.38	312	6.79	566	12.31
2019 年（估计）	1484	32.28	2027	44.09	355	7.72	269	5.85	462	10.05

二、（估计）村落创业企业的员工数量及变化情况

（一）员工人数

从员工人数的平均值来看，调查结果显示，2012 年至 2019 年（估计）村落创业企业的员工人数呈逐步增加的趋势。其中，2012 年村落创业企业员工人数的平均值为 14 人，最大值为 1500 人；2016 年村落创业企业员工人数的平均值为 16 人，最大值为 1400 人；2019 年（估计）村落创业企业员工人数的平均值为 20 人，最大值为 2500 人。由此可见，大部分村落创业企业的经营规模会逐年增加，村落创业企业整体发展态势良好。具体参见表 5-18。

表 5-18　村落创业企业的员工数量

时间	平均值（人）	标准差	最大值（人）	最小值（人）
2012 年	14	46.28	1500	0
2016 年	16	48.20	1400	0
2019 年（估计）	20	63.65	2500	0

（二）员工人数的变化情况

从员工人数的变化情况来看，调查结果显示，2016 年与 2012 相比，38.24％的创业企业的员工人数有少量增加，36.96％的创业企业的员工人数没有变化，9.33％的创业企业的员工人数有明显增加，剩余的企业都或多或少地出现了员工人数减少的情况，累计占比 15.47％。2019 年（估计）与 2016 年相比，51.95％的创业者认为未来三年企业的员工人数会少量增加，34.83％的创业者认为未来三年企业的员工人数不会发生变化，7.44％的创业者认为未来三年企业的员工人数会明显增加，剩余 5.78％的创业者认为未来三年企业的员工人数会在一定程度上减少。具体参见

图 5-12。

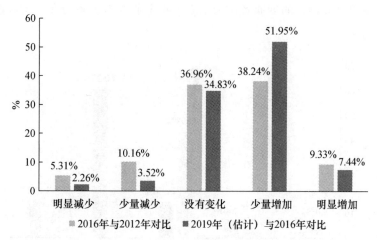

图 5-12　村落创业企业员工人数的变化情况

三、村落创业企业的销售额及变化情况

（一）销售额

从企业销售额的平均值来看，调查结果显示，2012 年至 2019 年（估计），村落创业企业的销售额呈逐步增加的趋势。其中，2012 年，村落创业企业销售额的平均值为 124.51 万元，最大值为 5000 万元，最小值为－4 万元；2016 年，村落创业企业销售额的平均值为 126.92 万元，最大值为 5000 万元，最小值为－130 万元；创业者估计 2019 年村落创业企业销售额的平均值为 177.56 万元，最大值为 5000 万元，最小值为 0 万元。具体参见表 5-19。

表 5-19　村落创业企业的销售额

时间	平均值（万元）	标准差	最大值（万元）	最小值（万元）
2012 年	124.51	323.46	5000	－4
2016 年	126.92	293.38	5000	－130
2019 年（估计）	177.56	400.18	5000	0

（二）销售额的变化情况

从销售额的变化情况来看，调查结果显示，2016 年与 2012 年相比，42.98％的村落创业企业的销售额没有变化，31.00％的村落创业企业的销售额有少量增加，10.68％的村落创业企业的销售额有明显增加，剩余的村落创业企业都或多或少地出现了销售额减少的情况，累计占比 15.34％。2019 年（估计）与 2016 年相比，60.23％的创业者认为未来三年企业的销售额会少量增加，14.92％的创业者认为未来三年企业的销售额会明显增加，14.66％的创业者认为未来三年企业的销售额不会发生变化，剩余10.18％的创业者认为未来三年企业的销售额会在一定程度上减少。具体参见图5-13。

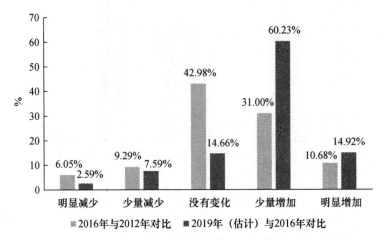

图 5-13 村落创业企业销售额数额的变化情况

四、村落创业企业的纯利润及变化情况

（一）纯利润

从企业纯利润的平均值来看，调查结果显示，2012年至2019年（估计），村落创业企业的纯利润呈逐步增加的趋势。其中，2012年，村落创业企业纯利润的平均值为19.04万元，最大值为900万元，最小值为－56万元；2016年，村落创业企业纯利润的平均值为20.93万元，最大值为1000万元，最小值为－500万元；创业者估计2019年村落创业企业纯利润的平均值为34.15万元，最大值为1200万元，最小值为－30万元。具体参见表5-20。

表 5-20 村落创业企业的纯利润数额（万元）

时间	平均值	标准差	最大值	最小值
2012 年	19.04	41.98	900	－56
2016 年	20.93	43.39	1000	－500
2019 年（估计）	34.15	70.00	1200	－30

（二）纯利润的变化情况

从纯利润的变化情况来看，调查结果显示，2016年与2012年相比，50.23％的村落创业企业的纯利润有少量增加，17.34％的村落创业企业的纯利润没有变化，11.42％的村落创业企业的纯利润有明显增加，剩余的村落创业企业都或多或少地出现了纯利润减少的情况，累计占比 21.01%。2019 年（估计）与 2016 年相比，62.37% 的创业者认为未来三年企业的纯利润会少量增加，15.88% 的创业者认为未来三年企业的纯利润会明显增加，15.16% 的创业者认为未来三年企业的纯利润不会发生变化，剩余 6.59% 的创业者认为未来三年企业的纯利润会在一定程度上减少。具体参见图 5-14。

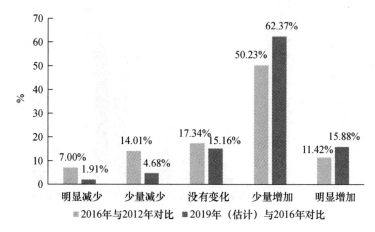

图 5-14　村落创业企业纯利润的变化情况

五、村落创业企业的总资产及变化情况

（一）总资产

从村落创业企业总资产的平均值来看，调查结果显示，2012 年至 2019 年（估计），村落创业企业的总资产呈逐步增加的趋势。其中，2012 年，村落创业企业总资产的平均值为 136.87 万元，最大值为 8000 万元，最小值为 −10 万元；2016 年，村落创业企业总资产的平均值为 161.72 万元，最大值为 8000 万元，最小值为 −5 万元；创业者估计 2019 年，村落创业企业总资产的平均值为 207.06 万元，最大值为 10000 万元，最小值为 0 万元。具体参见表 5-21。

表 5-21　村落创业企业的总资产

时间	平均值（万元）	标准差	最大值（万元）	最小值（万元）
2012 年	136.87	355.50	8000	−10
2016 年	161.72	390.60	8000	−5
2019 年（估计）	207.06	466.52	10000	0

（二）总资产的变化情况

从总资产的变化情况来看，调查结果显示，2016 年与 2012 相比，55.75% 的创业企业的总资产有少量增加，21.91% 的创业企业的总资产没有变化，11.05% 的创业企业的总资产有明显增加，剩余的企业都或多或少出现了总资产减少的情况，累计占比 11.29％。2019 年（估计）与 2016 年相比，67.81％的创业者认为未来三年企业的总资产会少量增加，18.97％的创业者认为未来三年企业的总资产不会发生变化，7.79％的创业者认为未来三年企业的总资产会明显增加，剩余 5.44％的创业者认为未来三年企业的总资产会在一定程度上减少。具体参见图 5-15。

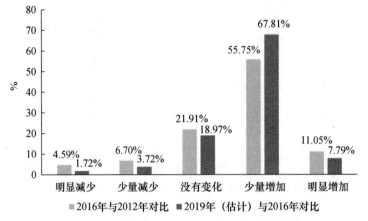

图 5-15　村落创业企业总资产数额的变化情况

第六节

村落创业企业治理效率的区域对比分析

本节主要对比分析各区域村落创业企业的治理效率，包括企业绩效排名情况、企业员工数量及变化情况、企业销售额及变化情况、企业纯利润及变化情况以及企业总资产及变化情况五个因素。

一、村落创业企业的绩效排名情况

方差分析的结果表明，各区域村落创业企业 2012 年（$F=28.46$，$P<0.01$）、2016 年（$F=31.89$，$P<0.01$）以及 2019 年（估计）（$F=38.29$，$P<0.01$）的绩效排名均存在显著性差异。其中，中部地区的创业者对其企业的绩效状况最为自信，2012 年、2016 年、2019 年（估计）分别有 31.86％、33.71％、37.84％的创业者认为企业的治理效率在当地同行业企业中排在前 3 名，是当年所有区域中这一占比最高的。其次是东北地区的创业者，2012 年、2016 年、2019 年（估计）分别有

55.56％、58.33％、56.35％的创业者认为其企业的治理效率在当地同行业企业中排在第4—10名。而东南地区的创业者认为企业的治理效率在当地同行业企业中排在第10名以后的各个档次的占比是所有区域中最高的。具体参见表5-22。

表 5-22　各区域村落创业企业的治理效率排名情况

指标		东南地区（％）	环渤海地区（％）	中部地区（％）	东北地区（％）	西南地区（％）	西北地区（％）
2012 年	前 3 名	20.89	24.00	31.86	30.56	27.22	25.59
	4—10 名	39.63	44.87	44.02	55.56	46.06	51.02
	11—15 名	11.59	9.74	9.07	7.54	9.48	8.64
	16—20 名	8.37	5.74	6.60	3.17	4.19	5.59
	20 名以后	19.53	15.65	8.45	3.17	13.05	9.15
2016 年	前 3 名	21.67	26.26	33.71	30.16	30.30	28.98
	4—10 名	41.20	43.48	44.23	58.33	44.58	50.17
	11—15 名	9.59	7.30	8.14	7.54	7.88	7.97
	16—20 名	9.01	7.13	5.88	1.19	5.91	6.27
	20 名以后	18.53	15.83	8.04	2.78	11.33	6.61
2019 年（估计）	前 3 名	25.11	30.09	37.84	35.71	35.96	35.76
	4—10 名	40.27	42.26	45.15	56.35	43.72	48.47
	11—15 名	10.44	8.17	6.60	4.37	6.03	6.44
	16—20 名	8.58	6.26	4.12	2.78	4.80	4.58
	20 名以后	15.59	13.22	6.29	0.79	9.48	4.75

二、村落创业企业的员工数量及变化情况

（一）员工人数

从员工人数来看，方差分析的结果表明，各区域村落创业企业 2012 年（$F=16.38$，$P<0.01$）、2016 年（$F=16.32$，$P<0.01$）、2019 年（估计）（$F=11.40$，$P<0.01$）的员工人数均存在显著性差异。其中，东南地区的员工人数始终是各区域中最多的，平均值分别为 21 人、25 人和 31 人；其次是环渤海地区，平均值分别为 18 人、14 人和 17 人；东北地区最少，平均值仅为 6 人、7 人和 9 人。虽然各区域村落创业企业的员工人数存在一定差异，但是总体来说除环渤海地区以外，其他各区域村落创业企业的员工人数在 2012 年至 2019 年（估计）间均呈现出稳步增加的趋势。具体参见表5-23。

表 5-23　各区域村落创业企业的员工人数

区域	2012 年（人）	2016 年（人）	2019 年(估计)(人)	样本数量 （个）
东南地区	21	25	31	1398
环渤海地区	18	14	17	575
中部地区	10	12	17	970
东北地区	6	7	9	252
西南地区	7	11	17	812
西北地区	9	11	15	590

（二）员工人数的变化情况

从 2012 年到 2016 年村落创业企业员工人数的变化情况来看，方差分析的结果表明，各区域间存在显著性差异（$F=10.08$，$P<0.01$）。其中，就员工人数明显减少的情况而言，环渤海地区占比最高，均值为 7.48%；东北地区占比最低，均值为 2.78%。就员工数量少量减少的情况而言，环渤海地区占比最高，均值为 19.13%；东北地区占比最低，均值为 4.76%。就员工数量没有变化的情况而言，东北地区占比最高，均值为 44.05%。东南地区占比最低，均值为 34.33%。就员工数量少量增加的情况而言，东南地区占比最高，均值为 41.85%；环渤海地区占比最低，均值为 28.17%。就员工数量明显增加的情况而言，西南地区占比最高，均值为 11.82%；中部地区占比最低，均值为 7.01%。由此可见，2012 年到 2016 年间，环渤海地区村落创业企业员工数量减少的情况占比最高，东北地区村落创业企业员工数量维持不变的情况占比最高，东南地区村落创业企业员工数量少量增加的占比最高，西南地区村落创业企业员工数量明显增加的情况占比最高。

从 2016 年到 2019 年（估计）村落创业企业员工人数的变化情况来看，方差分析的结果表明，各区域间存在显著性差异（$F=2.32$，$P<0.05$）。其中，就员工数量明显减少的情况而言，西南地区占比最高，均值为 3.08%；东南地区占比最低，均值为 1.93%。就员工数量少量减少的情况而言，环渤海地区占比最高，均值为 5.22%；东北地区的比例最低，均值为 1.59%。就员工数量没有变化的情况而言，东北地区占比最高，均值为 38.10%；东南地区占比最低，均值为 33.48%。就员工数量少量增加的情况而言，东南地区占比最高，均值为 53.65%；西北地区占比最低，均值为 49.66%。就员工数量明显增加的情况而言，西北地区占比最高，均值为 10.34%；东北地区占比最低，均值为 4.76%。由此可见，2016 年到 2019 年（估计）间，西南地区村落创业企业员工数量明显减少的情况占比最高，环渤海地区村落创业企业员工数量少量减少的情况占比最高，东北地区村落创业企业员工数量维持不变的情况占比最高，东南地区村落创业企业员工数量少量增加的情况占比最高，西北地区村落创业企业员工数量明显增加的情况占比最高。具体参见表 5-24。

表 5-24　各区域村落创业企业员工数量的变化情况

指标		东南地区(%)	环渤海地区(%)	中部地区(%)	东北地区(%)	西南地区(%)	西北地区(%)
从 2012 年到2016 年	明显减少	5.72	7.48	4.43	2.78	6.03	3.73
	少量减少	8.01	19.13	11.03	4.76	7.14	11.53
	没有变化	34.33	36.87	35.98	44.05	40.27	37.29
	少量增加	41.85	28.17	41.55	38.89	34.73	38.64
	明显增加	10.09	8.35	7.01	9.52	11.82	8.81
从 2016 年到 2019 年（估计）	明显减少	1.93	2.09	1.96	1.98	3.08	2.71
	少量减少	3.51	5.22	3.30	1.59	3.20	3.56
	没有变化	33.48	37.91	33.81	38.10	35.96	33.73
	少量增加	53.65	49.74	52.89	53.57	50.62	49.66
	明显增加	7.44	5.04	8.04	4.76	7.14	10.34

三、村落创业企业的销售额及变化情况

（一）销售额

从销售额数额来看，方差分析的结果表明，各区域村落创业企业 2012 年（$F=31.49$，$P<0.01$）、2016 年（$F=41.12$，$P<0.01$）以及 2019 年（估计）（$F=40.37$，$P<0.01$）的销售额均存在显著性差异。其中，东南地区在上述三年的销售额始终是各区域中最高的，平均值分别为 203.14 万元、209.54 万元和 288.89 万元。其次是中部地区，平均值分别为 127.70 万元、129.69 万元和 189.23 万元。西南地区最低的，平均值仅为 54.93 万元、53.73 万元和 74.62 万元。虽然各区域村落创业企业的销售额存在一定差异，但是总体来说除环渤海地区和西南地区以外，其他各区域村落创业企业的销售额在 2012 年至 2019 年（估计）间均呈现出稳步上升的趋势，村落创业企业的整体发展态势良好。具体参见表 5-25。

表 5-25　各区域村落创业企业的销售额

区域	2012 年（万元）	2016 年（万元）	2019 年（估计）（万元）	样本数量（个）
东南地区	203.14	209.54	288.89	1398
环渤海地区	116.82	108.48	121.86	575
中部地区	127.70	129.69	189.23	970
东北地区	79.42	85.51	123.84	252
西南地区	54.93	53.73	74.62	812
西北地区	55.47	62.94	113.46	590

（二）销售额的变化情况

从 2012 年到 2016 年村落创业企业销售额的变化情况来看，方差分析的结果表

明，各区域间并不存在显著性差异（$F=1.68$，$P>0.1$）。但是，各区域村落创业企业在2016年到2019年（估计）间销售额的变化情况存在显著性差异（$F=11.12$，$P<0.01$）。其中，就销售额明显减少的情况而言，西北地区占比最高，均值为4.41%；环渤海地区占比最低，均值为1.74%。就销售额少量减少的情况而言，环渤海地区占比最高，均值为21.22%；东北地区占比最低，均值为3.97%。就销售额没有变化的情况而言，东北地区占比最高，均值为21.03%；西北地区占比最低，均值为11.53%。就销售额少量增加的情况而言，中部地区占比最高，均值为72.47%；环渤海地区占比最低，均值为36.70%。就销售额明显增加的情况而言，西北地区占比最高，均值为27.80%；东北地区占比最低，均值为6.35%。由此可见，2016年到2019年（估计）之间，西北地区村落创业企业销售额明显减少的情况占比最高，环渤海地区村落创业企业销售额少量减少的情况占比最高，东北地区村落创业企业销售额维持不变的情况占比最高，中部地区村落创业企业销售额少量增加的情况占比最高，西北地区村落创业企业销售额明显增加的情况占比最高。具体参见表5-26。

表 5-26　各区域村落创业企业销售额的变化情况

指标		东南地区（%）	环渤海地区（%）	中部地区（%）	东北地区（%）	西南地区（%）	西北地区（%）
从 2012 年到 2016 年	明显减少	6.08	6.43	6.29	3.17	7.39	4.58
	少量减少	12.09	7.48	6.19	9.92	9.11	9.49
	没有变化	38.98	47.13	44.64	41.27	43.72	45.42
	少量增加	33.05	26.61	33.92	28.17	27.09	32.20
	明显增加	9.80	12.35	8.97	17.46	12.68	8.31
从 2016 年到 2019 年（估计）	明显减少	2.07	1.74	1.75	2.78	3.69	4.41
	少量减少	5.29	21.22	4.64	3.97	8.87	4.41
	没有变化	15.31	17.74	12.99	21.03	13.67	11.53
	少量增加	68.03	36.70	72.47	65.87	53.20	51.86
	明显增加	9.30	22.61	8.14	6.35	20.57	27.80

四、村落创业企业的纯利润及变化情况

（一）纯利润

从纯利润来看，方差分析的结果表明，各区域村落创业企业2012年（$F=39.73$，$P<0.01$）、2016年（$F=44.08$，$P<0.01$）以及2019年（估计）（$F=34.64$，$P<0.01$）的纯利润均存在显著性差异。其中，东南地区在上述三年的纯利润始终是各区域中最多的，均值分别为31.24万元、34.39万元和52.25万元。其次是中部地区，均值分别为18.35万元、19.68万元和35.64万元。除2012年以

外，东北地区村落创业企业的纯利润始终是各区域中最少的，均值仅为 10.45 万元和 15.55 万元。西南地区 2012 年的纯利润是各区域中最少的，均值仅为 10.22 万元。虽然各区域村落创业企业的纯利润存在一定差异，但是总体来说，除环渤海地区和东北地区以外，其他各区域村落创业企业的纯利润在 2012 年至 2019 年（估计）间均呈现出稳步上升的趋势，村落创业企业的整体发展态势良好。具体参见表 5-27。

表 5-27　各区域村落创业企业的纯利润

区域	2012 年（万元）	2016 年（万元）	2019 年(估计)(万元)	样本数量（个）
东南地区	31.24	34.39	52.25	1398
环渤海地区	14.72	14.01	18.25	575
中部地区	18.35	19.68	35.64	970
东北地区	11.36	10.45	15.55	252
西南地区	10.22	12.99	23.04	812
西北地区	10.94	13.21	27.56	590

（二）纯利润的变化情况

从 2012 年到 2016 年村落创业企业纯利润的变化情况来看，方差分析的结果表明，各区域间存在显著性差异（$F=6.25$，$P<0.01$）。其中，就纯利润明显减少的情况而言，环渤海地区占比最高，均值为 8.17%；西北地区占比最低，均值为 5.42%。就纯利润少量减少的情况而言，东北地区占比最高，均值为 26.19%；中部地区占比最低，均值为 6.19%。就纯利润没有变化的情况而言，中部地区占比最高，均值为 27.53%；西北地区占比最低，均值为 12.54%。就纯利润少量增加的情况而言，东南地区占比最高，均值为 55.22%；东北地区占比最低，均值为 38.89%。就纯利润明显增加的情况而言，东北地区占比最高，均值为 14.29%；中部地区占比最低，均值为 9.28%。由此可见，2012 年到 2016 年之间，环渤海地区村落创业企业纯利润明显减少的情况占比最高，东北地区村落创业企业纯利润少量减少的情况占比最高，中部地区村落创业企业纯利润维持不变的情况占比最高，东南地区村落创业企业纯利润少量增加的情况占比最高，东北地区村落创业企业纯利润明显增加的情况占比最高。

从 2016 年到 2019 年（估计）村落创业企业纯利润的变化情况来看，方差分析的结果表明，各区域间存在显著性差异（$F=12.40$，$P<0.01$）。其中，就纯利润明显减少的情况而言，西南地区占比最高，均值为 3.33%；东北地区占比最低，均值为 0.79%。就纯利润少量减少的情况而言，东南地区占比最高，均值为 5.44%；环渤海地区占比最低，均值为 3.65%。就纯利润没有变化的情况而言，东北地区占比最高，均值为 22.62%；中部地区占比最低，均值为 12.58%。就纯利润少量增加的

情况而言，环渤海地区占比最高，均值为 69.57％；西北地区占比最低，均值为 51.02％。就纯利润明显增加的情况而言，西北地区占比最高，均值为 28.98％；环渤海地区占比最低，均值为 5.74％。由此可见，2016 年到 2019 年（估计）之间，西南地区村落创业企业纯利润明显减少的情况占比最高，东南地区村落创业企业纯利润少量减少的情况占比最高，东北地区村落创业企业纯利润维持不变的情况占比最高，环渤海地区村落创业企业纯利润少量增加的情况占比最高，西北地区村落创业企业纯利润明显增加的情况占比最高。具体参见表 5-28。

表 5-28 各区域村落创业企业纯利润的变化情况

指标		东南地区（％）	环渤海地区（％）	中部地区（％）	东北地区（％）	西南地区（％）	西北地区（％）
从 2012 年到2016 年	明显减少	7.22	8.17	7.22	5.56	7.14	5.42
	少量减少	13.02	21.57	6.19	26.19	10.22	21.86
	没有变化	13.88	16.87	27.53	15.08	15.64	12.54
	少量增加	55.22	42.09	49.79	38.89	54.43	46.10
	明显增加	10.66	11.30	9.28	14.29	12.56	14.07
从 2016 年到 2019 年（估计）	明显减少	1.57	1.74	1.13	0.79	3.33	2.71
	少量减少	5.44	3.65	4.33	3.97	4.93	4.41
	没有变化	16.02	19.30	12.58	22.62	13.18	12.88
	少量增加	66.74	69.57	61.03	65.08	58.74	51.02
	明显增加	10.23	5.74	20.93	7.54	19.83	28.98

五、村落创业企业的总资产及变化情况

（一）总资产

从总资产来看，方差分析的结果表明，各区域村落创业企业 2012 年（$F = 45.96$，$P < 0.01$）、2016 年（$F = 40.51$，$P < 0.01$）以及 2019 年（估计）（$F = 38.49$，$P < 0.01$）的总资产均存在显著性差异。其中，东南地区在上述三年的总资产始终是各区域中最多的，均值分别为 251.22 万元、278.17 万元和 338.82 万元。其次是中部地区，2016 年和 2019 年（估计）总资产均值分别为 145.71 万元和 203.28 万元。东北地区总资产始终是各区域中最少的，均值仅为 42.86 万元、60.47 万元和 86.68 万元。虽然各区域村落创业企业的总资产存在一定差异，但是总体来说除环渤海地区以外，其他各区域村落创业企业的总资产在 2012 年至 2019 年（估计）间均呈现出稳步上升的趋势，村落创业企业的整体发展态势良好。具体参见表 5-29。

表 5-29　各区域村落创业企业的总资产

区域	2012 年（万元）	2016 年（万元）	2019 年（估计）（万元）	样本数量（个）
东南地区	251.22	278.17	338.82	1398
环渤海地区	107.81	85.99	100.17	575
中部地区	105.42	145.71	203.28	970
东北地区	42.86	60.47	86.68	252
西南地区	66.46	96.35	135.98	812
西北地区	83.03	119.11	154.49	590

（二）总资产的变化情况

从 2012 年到 2016 年村落创业企业总资产的变化情况来看，方差分析的结果表明，各区域间存在显著性差异（$F=46.73$，$P<0.01$）。其中，就总资产明显减少的情况而言，西南地区占比最高，均值为 5.91%；东北地区占比最低，均值为 1.19%。就总资产少量减少的情况而言，环渤海地区占比最高，均值为 22.61%；中部地区占比最低，均值为 3.09%。就总资产没有变化的情况而言，环渤海地区占比最高，均值为 37.39%；中部地区占比最低，均值为 17.22%。就总资产少量增加的情况而言，中部地区占比最高，均值为 66.19%；环渤海地区占比最低，均值为 25.57%。就总资产明显增加的情况而言，西北地区占比最高，均值为 18.31%；西南地区占比最低，均值为 7.22%。由此可见，2012 年到 2016 年之间，西南地区村落创业企业总资产明显减少的情况占比最高，环渤海地区村落创业企业总资产少量减少和维持不变的情况占比最高，中部地区村落创业企业总资产少量增加的情况占比最高，西北地区村落创业企业总资产明显增加的情况占比最高。

从 2016 年到 2019 年（估计）村落创业企业总资产的变化情况来看，方差分析的结果表明，各区域间存在显著性差异（$F=20.53$，$P<0.01$）。其中，就总资产明显减少的情况而言，西南地区占比最高，均值为 2.34%；东北地区占比最低，均值为 1.19%。就总资产少量减少的情况而言，西北地区占比最高，均值为 14.58%；中部地区占比最低，均值为 1.44%。就总资产没有变化的情况而言，环渤海地区占比最高，均值为 25.74%；西南地区占比最低，均值为 15.76%。就总资产少量增加的情况而言，西南地区占比最高，均值为 71.80%；西北地区占比最低，均值为 59.15%。就总资产明显增加的情况而言，中部地区占比最高，均值为 15.77%；环渤海地区占比最低，均值为 2.96%。由此可见，2016 年到 2019 年（估计）之间，西南地区村落创业企业总资产明显减少的情况占比最高，西北地区村落创业企业总资产少量减少的情况占比最高，环渤海地区村落创业企业总资产维持不变的情况占比最高，西南地区村落创业企业总资产少量增加的情况占比最高，中部地区村落创业企业总资产明显增加的情况占比最高。具体参见表 5-30。

表 5-30　各区域村落创业企业总资产的变化情况

指标		东南地区（%）	环渤海地区（%）	中部地区（%）	东北地区（%）	西南地区（%）	西北地区（%）
从 2012 年到 2016 年	明显减少	4.51	5.39	4.43	1.19	5.91	3.90
	少量减少	4.79	22.61	3.09	5.16	6.03	3.22
	没有变化	20.96	37.39	17.22	23.81	19.83	18.81
	少量增加	62.52	25.57	66.19	55.95	52.96	55.76
	明显增加	7.22	9.04	9.07	13.89	15.27	18.31
从 2016 年到 2019 年（估计）	明显减少	1.50	1.57	1.65	1.19	2.34	1.86
	少量减少	2.36	1.74	1.44	2.38	2.71	14.58
	没有变化	19.24	25.74	17.22	22.62	15.76	17.46
	少量增加	71.32	68.00	63.92	70.24	71.80	59.15
	明显增加	5.58	2.96	15.77	3.57	7.39	6.95

第六章
Chapter Six

村落居民生活质量

关于居民生活质量的研究最早出现于 20 世纪 30 年代的美国。1958 年，美国经济学家加尔布雷斯最早提出了"生活质量"的概念。在 20 世纪 60 年代以前，生活质量指标所涉及的内容几乎都是客观层面的；进入 60 年代以后，主观层面的内容在生活质量指标体系中开始受到重视。有研究发现，主观指标（如生活满意度和幸福指数等）能解释 70％—80％的居民生活质量（Bukenya，2001），而客观指标仅能解释 15％的居民生活质量。因此，要想全方位地把握中国各区域村落居民生活质量的现状，就必须全面、综合、客观地反映村落居民生活情况的方方面面。基于此，本次调查将从客观物质生活质量和主观物质生活质量两个方面构建中国村落居民生活质量的指标体系。具体而言，以"村落居民收入水平"和"村落居民消费水平"作为村落居民客观物质生活质量的衡量指标，以"村落居民幸福指数"和"村落社会和谐指数"作为村落居民主观物质生活质量的衡量指标。

一、村落居民收入水平

物质是衡量居民生活水平的主要指标，物质的富足不仅可以使居民身心愉快，而且也有助于提高居民的生活水平并改善居民的生活状态。（张军扩等，2018）借鉴已有研究，本次调查主要从"前一年村落居民人均年纯收入""村落全年最高家庭收入""村落全年最低家庭收入"以及"村落居民收入水平在其乡镇、县城所处的水平"四个维度衡量村落居民的收入水平。

二、村落居民消费水平

村落居民的消费水平是指居民在物质产品和劳务的消费过程中，满足自身生存、

第六章　村落居民生活质量

发展和享受需要方面所达到的程度，是居民物质生活质量高低的重要体现。借鉴已有研究，本次调查以"村落居民的人均年消费水平"作为衡量村落居民消费水平的指标。

三、村落居民幸福指数

现代生活水平不仅要反映居民收入水平和消费水平的高低，而且还要反映居民精神需求的满足程度、受教育程度以及社会保障水平的高低。幸福能反映出一段时期内居民的生活状态，是衡量居民生活水平的一个重要指标。借鉴已有研究，本次调查主要从"村落居民幸福满意度""村落居民生活满意度"以及"村落居民就业满意度"三个维度衡量村落居民的幸福指数。

四、村落社会和谐指数

村落社会和谐指数作为村落居民生活水平的主观物质需求，能够在一定程度上反映村落居民的精神生活状态。（黄林秀和唐宁，2011）借鉴已有研究，本次调查主要从"村落社会和谐度"和"村落前一年累计发生的邻里纠纷次数及其解决情况"两个维度衡量村落的社会和谐指数。

| 第一节 |

村落居民生活质量的总体状况

本节主要介绍中国村落居民生活质量的总体状况，包括村落居民收入水平、村落居民消费水平、村落居民幸福指数以及村落社会和谐指数四个因素。

一、村落居民收入水平

调查结果显示，就前一年村落居民人均年纯收入而言，受访村落中居民人均年纯收入的均值为 1.84 万元，最大值为 34.00 万元，最小值为 0 万元，即没有收入。就村落全年最高家庭收入而言，受访村落该指标的平均值为 97.21 万元，最大值为 3000.00 万元，最小值为 0.20 万元。值得注意的是，该指标的标准差高达 255.30，也就是说不同村落间居民的最高家庭收入水平存在较大的差异。就村落全年最低家庭收入而言，受访村落该指标的平均值为 1.21 万元，最大值为 23.00 万元，最小值为 0 万元。具体参见表 6-1。

表 6-1 村落居民收入水平

指标	平均值（万元）	标准差	最大值（万元）	最小值（万元）
前一年本村农民人均年纯收入	1.84	2.71	34.00	0
村落全年最高家庭收入	97.21	255.30	3000	0.20
村落全年最低家庭收入	1.21	1.69	23.00	0

除上述客观指标以外，本次调查同时对各村落的收入水平与其乡镇、县城平均水平进行了比较。结果显示，就本村收入水平与本乡镇平均水平相比较而言，67.49%（816 个）的村落的收入水平与本乡镇平均水平持平；高于本乡镇平均水平的村落有 240 个，占比 19.85%；低于本乡镇平均水平的村落有 153 个，占比 12.66%。就本村收入水平与本县平均水平相比较而言，60.38%（730 个）的村落的收入水平与本县平均水平持平；低于本县平均水平的村落有 329 个，占比 27.21%；高于本县平均水平的村落有 150 个，占比 12.41%。具体参见图 6-1。

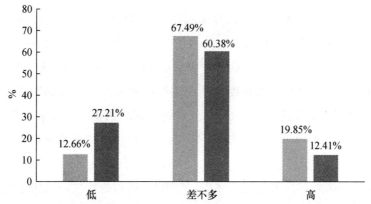

图 6-1 村落居民收入水平在其乡镇、县城所处的水平

二、村落居民消费水平

本次调查主要从"贵村的居民人均年消费水平"来考察中国村落居民的消费水平。调查结果显示，受访村落中居民人均年消费的均值为 1.02 万元。其中，有 753 个村落居民的人均年消费为 0—1 万元（不包括 1 万元），占样本总数的 62.28%；有 390 个村落居民的人均年消费为 1—3 万元（不包括 3 万元），占样本总数的 32.26%；有 44 个村落居民的人均年消费为 3—5 万元（不包括 5 万元），占样本总数的 3.64%；村民人均年消费为 5 万元及以上的村落仅有 22 个，累计占比不到 2.00%。由此可见，我国村落居民的人均年消费水平相对较低。具体参见图 6-2。

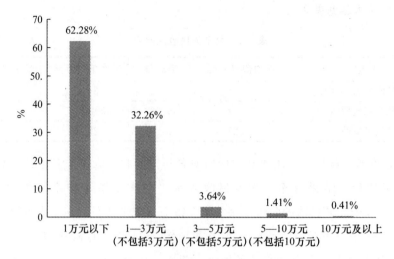

图 6-2　村落居民人均年消费水平

三、村落居民幸福指数

调查结果显示，中国村落居民总体幸福满意度的均值为 4.76 分，居民生活满意度的均值为 4.69 分，居民就业满意度的均值为 4.39 分（总分为 6 分，1 分代表很不幸福，2 分代表不幸福，3 分代表还可以，4 分代表有些幸福，5 分代表幸福，6 分代表很幸福），即各指标的满意度均落在"有些幸福"与"幸福"之间。具体而言，就居民总体幸福满意度而言，19.11% 的村主任认为本村居民很幸福，54.09% 的村主任认为居民总体幸福，几乎没有（0.74%）村主任认为本村居民很不幸福或不幸福。就居民生活满意度而言，19.27% 的村主任认为本村居民生活很幸福，48.80% 的村主任认为本村居民生活幸福，仅有 1.40% 的村主任认为本村居民生活很不幸福或不幸福。就居民就业满意度而言，15.72% 的村主任认为本村居民就业很幸福，39.29% 的村主任认为本村居民就业幸福，而认为本村居民就业不幸福或很不幸福的村主任累计占比 5.87%。由此可见，中国村落居民幸福指数的整体水平较高，但其就业满意度明显低于幸福满意度和生活满意度。具体参见表 6-2。

表 6-2　村落居民幸福指数

指标	总体情况（分）	具体情况（%）					
		很不幸福	不幸福	还可以	有些幸福	幸福	很幸福
幸福满意度	4.76	0.33	0.41	14.47	11.58	54.09	19.11
生活满意度	4.69	0.08	1.32	15.88	14.64	48.80	19.27
就业满意度	4.39	0.74	5.13	19.52	19.60	39.29	15.72

四、村落社会和谐指数

村落的社会和谐度主要是指村落居民对收入、就业、住房、教育、环境、卫生、社区生活、机构管理、安全、工作与家庭关系以及生活条件的整体满意度。调查结果显示，我国村落的社会和谐度的均值为 4.73 分（总分 6 分，1 分代表很低，2 分代表有点低，3 分代表还可以，4 分代表有点高，5 分代表很高，6 分代表相当高），即落在"有点高"与"很高"之间。具体而言，在 1209 位受访村主任中，有 246 位村主任认为其所在村落的社会和谐度相当高，占比 20.35%；有将近半数（586 位）的村主任认为其所在村落的社会和谐度很高，占比 48.47%；仅有 20 位村主任认为其所在村落的社会和谐度有点低或很低，累计占比 1.65%。具体参见图 6-3。

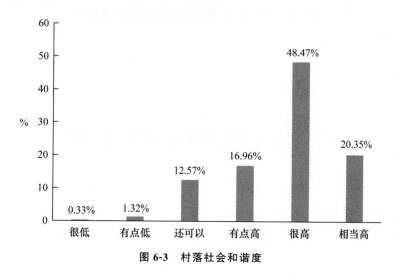

图 6-3　村落社会和谐度

此外，本次调查进一步统计了各村落前一年累计发生的邻里纠纷次数及其解决情况。调查结果显示，过去一年我国村落平均发生 9 起邻里纠纷事件。其中，有超过半数（704 个）的村落发生过 10 起以内的邻里纠纷，占比 58.23%；有 229 个村落未发生过任何邻里纠纷，占比 18.94%；有 164 个村落发生过 11—20 起邻里纠纷，占比 13.56%；20 起以上邻里纠纷的村落相对较少，共计 112 个，累计占比不到 10%。具体参见图 6-4。另外，从邻里纠纷的解决情况来看，调查结果显示，村落邻里纠纷的解决率高达 95.14%。其中，协商解决是村落居民解决纠纷最常用的方式，占比 90.59%。还有少量纠纷是通过相关机构的调解解决的，占比 4.55%。由此可见，2015 年，中国村落邻里纠纷的次数小于 10 起，且绝大部分纠纷都得到了有效解决。

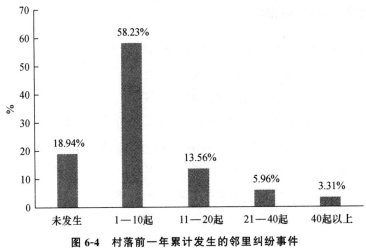

图 6-4　村落前一年累计发生的邻里纠纷事件

村落居民生活质量的区域对比分析

本节主要对比分析中国各区域村落居民的生活质量，包括村落居民收入水平、村落居民消费水平、村落居民幸福指数以及村落社会和谐指数四个因素。

一、村落居民收入水平

方差分析的结果表明，各区域村落居民的人均年纯收入（$F=20.97$，$P<0.01$）、全年最高家庭收入（$F=8.85$，$P<0.01$）以及全年最低家庭收入均存在显著性差异（$F=13.92$，$P<0.01$）。就前一年村落居民人均年纯收入这一指标而言，东南地区村落的均值最大，为 2.95 万元；其次是东北地区，为 2.26 万元；西南地区最低，仅为 1.07 万元。就全年最高家庭收入而言，环渤海地区村落的均值最大，为 145.21 万元；其次是东南地区，为 136.12 万元；东北地区最小，仅为 22.89 万元。就全年最低家庭收入这一指标而言，东南地区村落的均值最大，为 1.75 万元；其次是西北地区，为 1.28 万元；中部地区最小，仅为 0.76 万元。由此可见，东南地区村落居民的收入水平相对较高，而西南地区村落居民的收入水平相对较低。具体参见表 6-3。

表 6-3　各区域村落居民的收入水平

区域	人均年纯收入（万元）	最高家庭收入（万元）	最低家庭收入（万元）	样本数量（个）
东南地区	2.95	136.12	1.75	355
环渤海地区	1.68	145.21	1.25	150
中部地区	1.19	122.25	0.76	262
东北地区	2.26	22.89	1.07	66
西南地区	1.07	42.53	0.85	219
西北地区	1.47	29.12	1.28	157

除上述客观指标以外，本次调查同时对各区域村落居民的收入水平与其乡镇、县城平均水平进行了比较。结果显示，就村落居民收入水平与其乡镇平均水平相比较而言，各区域间并不存在显著性差异（$F=0.41$，$P>0.1$）。各区域均有 75％ 以上的村落居民收入水平与乡镇平均水平持平，高于乡镇平均水平的占比大多分布在 12％ 左右，低于乡镇平均水平的占比大多分布在 10％ 左右。但是，方差分析的结果表明，就村落居民收入水平与其县城平均水平相比较而言，各区域间存在显著性差异（$F=9.12$，$P<0.01$）。其中，西南地区居民收入水平低于本县平均水平的占比是所有区域中最高的，均值为 27.85％；东南地区居民收入水平与本县平均水平持平的占比是所有区域中最高的，均值为 84.79％；环渤海地区居民收入水平高于本县平均水平的占比是所有区域中最高的，均值为 10.00％。具体参见表 6-4。

表 6-4　各区域村落居民收入在其乡镇、县城所处的水平

区域	与本乡镇平均水平相比较（％）			与本县平均水平相比较（％）			样本数量（％）
	低	差不多	高	低	差不多	高	
东南地区	3.10	88.45	8.45	9.58	84.79	5.63	355
环渤海地区	10.00	77.33	12.67	15.33	74.67	10.00	150
中部地区	9.16	80.92	9.92	17.56	76.72	5.73	262
东北地区	10.61	75.76	13.64	24.24	72.73	3.03	66
西南地区	10.05	78.08	11.87	27.85	69.41	2.74	219
西北地区	10.19	77.71	12.10	21.66	73.89	4.46	157

二、村落居民消费水平

方差分析的结果表明，就村落居民人均消费水平而言，各区域间存在显著性差异（$F=18.58$，$P<0.01$）。其中，东南地区村落居民的人均年消费水平最高，均值为 1.56 万元，最大值为 12.00 万元，最小值为 0.20 万元；其次是东北地区，均值为 1.02 万元，最大值为 28.00 万元，最小值为 0.10 万元；西南地区最低，均值仅

为 0.71 万元，最大值为 8.00 万元，最小值为 0 万元。由此可见，东南地区村落居民的人均年消费水平最高，西南地区村落居民的人均年消费水平最低，东北地区村落居民人均年消费水平的差异最大（标准差为 3.40）。具体参见表 6-5。

表 6-5　各区域村落居民人均年消费水平

区域	平均值（万元）	标准差	最大值（万元）	最小值（万元）	样本数量（个）
东南地区	1.56	1.31	12.00	0.20	355
环渤海地区	0.83	0.71	5.00	0.01	150
中部地区	0.77	0.96	10.00	0	262
东北地区	1.02	3.40	28.00	0.10	66
西南地区	0.71	0.87	8.00	0	219
西北地区	0.86	0.89	8.00	0	157

三、村落居民幸福指数

本次调查主要从村落居民幸福满意度、生活满意度、就业满意度三个维度衡量村落居民幸福指数（总分为 6 分）。针对上述三个指标的方差分析的结果表明，各区域村落居民的幸福满意度（$F=3.29$，$P<0.01$）、生活满意度（$F=5.51$，$P<0.01$）和就业满意度（$F=13.14$，$P<0.01$）均存在显著性差异。具体而言，环渤海地区村落居民的幸福满意度、生活满意度以及就业满意度都是各区域中最高的，均值分别为 4.93 分、4.86 分和 4.74 分；其次是东南地区，均值分别为 4.85 分、4.83 分和 4.65 分；西北地区是最低的，均值分别为 4.60 分、4.45 分和 3.97 分。由此可见，环渤海地区村落居民的幸福指数最高，东南地区次之，西北地区最低。具体参见表 6-6。

表 6-6　各区域村落居民幸福指数

区域	幸福满意度（分）	生活满意度（分）	就业满意度（分）	样本数量（个）
东南地区	4.85	4.83	4.65	355
环渤海地区	4.93	4.86	4.74	150
中部地区	4.69	4.59	4.26	262
东北地区	4.85	4.80	4.27	66
西南地区	4.67	4.58	4.19	219
西北地区	4.60	4.45	3.97	157

四、村落社会和谐指数

方差分析的结果表明，各区域村落的社会和谐度存在显著性差异（$F=2.37$，$P<0.05$）。其中，环渤海地区和东北地区的村落社会和谐度最高，均值均为 4.89 分（总分为 6 分）；其次是东南地区，均值为 4.79 分；中部地区最低，均值仅为 4.62 分。此外，各区域村落社会和谐度的最大值均为 6 分，除东北地区（3 分）、西北地区（3 分）和西南地区（2 分）以外，其余各区域村落社会和谐度的最小值均为 1 分。具体参见表 6-7。

表 6-7　各区域村落社会和谐度

区域	平均值（分）	标准差	最大值（分）	最小值（分）	样本数量（个）
东南地区	4.79	0.99	6	1	355
环渤海地区	4.89	0.95	6	1	150
中部地区	4.62	1.01	6	1	262
东北地区	4.89	1.01	6	3	66
西南地区	4.67	0.98	6	2	219
西北地区	4.65	0.96	6	3	157

此外，本次调查也进一步统计了村落前一年累计发生的邻里纠纷次数及其解决情况。方差分析的结果表明，一方面，各区域村落前一年累计发生的邻里纠纷次数存在显著性差异（$F=6.26$，$P<0.01$）。其中，西南地区村落前一年累计发生的邻里纠纷次数最多，均值为 13 起；其次是西北地区，均值为 11 起；环渤海地区最少，均值仅为 3 起。另一方面，各区域村落邻里纠纷的解决情况（$F=6.09$，$P<0.01$）以及解决方式（$F=6.38$，$P<0.01$；$F=2.28$，$P<0.05$）也存在显著性差异。就邻里纠纷的解决情况而言，东北地区的解决率是最高的，有 96.75％的邻里纠纷得到了有效解决；其次是西南地区，有 96.54％的邻里纠纷得到了解决；东南地区是最低的，仅有 93.93％的邻里纠纷得到了有效解决。就邻里纠纷的解决方式来看，西南地区采用协商方式解决邻里纠纷的比例是所有区域中最高的，为 94.19％；东北地区采用协商方式解决邻里纠纷的占比是所有区域中最低的，为 84.01％。而采用调解方式解决邻里纠纷的情况正好相反，占比最大的是东北地区，为 12.74％；最小的是西南地区，为 2.35％。由此可见，过去一年西南地区村落的邻里纠纷次数较多，但其解决率也相对较高；环渤海地区村落的邻里纠纷最少，但其解决率相对较低。具体参见表 6-8。

表 6-8　各区域村落前一年累计发生的邻里纠纷数及其解决情况

区域	邻里纠纷（次）	解决情况（%）			样本数量（个）
		协商解决	调解解决	未解决	
东南地区	10	88.71	5.22	6.07	355
环渤海地区	3	87.93	6.30	5.77	150
中部地区	8	92.17	4.01	3.82	262
东北地区	6	84.01	12.74	3.25	66
西南地区	13	94.19	2.35	3.46	219
西北地区	11	88.73	5.22	6.06	157

第七章
Chapter Seven

贫困县与非贫困县的对比分析

根据国务院扶贫开发领导小组办公室 2014 年发布的全国 832 个贫困县名单，本次调查将受访村落——匹配为贫困县与非贫困县。本次调查的 1209 个行政村落中，有 261 个村落所在县属于贫困县，占比 21.59％；有 948 个村落所在县属于非贫困县，占比 78.41％。本章将基于调查数据对贫困县与非贫困县的村落治理环境、村落营商环境、村落创业活力、村落创业者背景、村落创业企业的组织与治理效应以及村落居民生活质量六大方面进行对比分析，以探究贫困县与非贫困县在上述六个维度是否存在显著性差异。

| 第一节 |

村落治理环境的对比分析

本部分主要对比分析贫困县与非贫困县中的村落正式治理和非正式治理情况。首先，对于贫县与非贫困县中的村落正式治理而言，具体包括村主任特征、村规民约以及政治法律三个方面的内容。T 检验的结果表明：（1）就村主任特征而言，贫困县的教育程度、村主任任期以及是否为本村出生指标均显著低于非贫困县。（2）就村落村规民约而言，贫困县的村落村规民约与非贫困县不存在显著性差异。（3）就村落政治法律中的选举制度而言，贫困县公开计票占比要显著高于非贫困县；就村落政治法律中的党派社团而言，贫困县的党派社团（党员、民主党派、民间社团）人数显著低于非贫困县；就村落政治法律中的参政人员而言，贫困县的村干部人数显著低于非贫困县；就村落政治法律中的公共会议而言，贫困县的公共会议与非贫困县不存在显著性差异。其次，对于贫县与非贫困县中的村落非正式治理而言，具体包括宗族祠堂、精神领袖和社会贤达两个方面的内容。T检验的结果表明：（1）就村落宗族祠堂而言，贫困县有族谱或家谱的占比及其数量均显著高于非贫困县，而贫困县与非贫困县的祠堂和宗族情况并不存在显著性差异；（2）就村落精神领袖和社会贤达而言，贫困县有精神领袖和社会贤达的村落数显著多于非贫困县。具体参见表7-1。

表7-1　贫困县与非贫县村落治理环境对比分析

村落正式治理			非贫困县	贫困县	T检验
村主任特征	教育程度①		2.2700	1.8774	6.3417***
	村主任任期（年）		8.0295	6.9962	1.9297*
	是否为民主选举		0.9103	0.8966	0.6798
	是否为本村出生		0.9051	0.8621	2.0147**
村规民约	是否有村规民约		0.8217	0.8008	0.7755
政治法律	选举制度	是否公开计票	0.8808	0.9310	−2.3152**
		候选人数（人）	5.6857	5.1839	0.7729
		选举制度满意度②	1.2932	1.3448	−1.5390
	党派社团	党员人数（人）	79.2331	57.6207	2.5918***
		团员人数（人）	138.1445	172.3410	−1.4714
		民主党派人数（人）	0.8797	0.0613	2.2051**
		民间社团人数（人）	0.3787	0.0996	1.7466*
	参政人员	村干部人数（人）	8.1878	6.5211	2.1106**
		人民代表人数（人）	5.5032	7.2107	−1.5103
		政协委员人数（人）	0.7236	0.4023	0.5284
		调解员人数（人）	2.2774	2.1724	0.1663
	公共会议	村党支部会议次数（次）	12.6213	11.9540	0.8463
		党员大会次数（次）	6.3291	6.3103	0.0386
		村委会会议次数（次）	21.0116	20.8123	0.1262
		村民代表大会次数（次）	5.4283	5.6054	−0.4537
		宗族会议次数（次）	0.3122	0.3602	−0.4968
村落非正式治理			**非贫困县**	**贫困县**	**T检验**
宗族祠堂	祠堂情况	是否有祠堂	0.2574	0.2874	−0.9725
		祠堂数量（个）	0.8365	1.2874	−1.2923
	宗族情况	最大宗族/总户数（%）	0.3332	0.3446	−0.6379
		第二大宗族/总户数（%）	0.1418	0.1538	−1.6324
		第三大宗族/总户数（%）	0.1011	0.0996	0.1740
	族谱家谱情况	是否有族谱或家谱	0.5749	0.6782	−3.0209***
		族谱或家谱数（个）	3.4293	4.4943	−2.1857**
精神领袖和社会贤达	是否有精神领袖和社会贤达		0.1772	0.2644	−3.1509***

注：① 教育程度：1代表初中及以下学历；2代表中专、高中学历；3代表大专学历；4代表本科学历；5代表研究生及以上学历。② 选举制度满意度：1代表很满意；2代表基本满意；3代表不满意。 * 表示 $p<0.1$， ** 表示 $p<0.05$， *** 表示 $p<0.01$。

村落营商环境的对比分析

本部分主要对比分析贫困县与非贫困县的村落营商环境，具体包括教育与培训、人口流动、文化与制度、金融服务机构、交通运输通信以及吸收外部资本能力六个方面的内容。T 检验的结果表明：（1）就教育与培训而言，贫困县村落高学历水平（高中及以上、大学及以上）的居民人数及其在户籍人口中的占比均显著低于非贫困县村落；（2）就人口流动而言，贫困县村落当地（本乡镇、本县、本省）打工人数及其在本村总劳动力中的占比均显著低于非贫困县村落，而贫困县村落的外省打工人数在本村总劳动力中的占比显著高于非贫困县村落；（3）就文化与制度而言，贫困县有宗教信仰的村落显著多于非贫困县，而贫困县村落与非贫困县村落的宗教建筑不存在显著性差异；（4）就金融服务机构而言，贫困县村落的金融机构种类显著少于非贫困县村落，同时贫困县拥有 ATM 机的村落显著少于非贫困县；（5）就交通运输通信而言，贫困县村落现有的交通运输通信工具（快递点、机动船只）以及通信工具（固定电话、电脑、互联网）均显著少于非贫困县村落，而贫困县村落与主要交通运输通信枢纽（最近县城、商贸市场开发区、火车站）的距离均显著大于非贫困县；（6）就吸收外部资本能力而言，贫困县村落吸收外省市投资能力显著高于非贫困县村落，而其他投资方面贫困县村落显著低于非贫困县村落。具体参见表7-2。

表7-2 贫困县与非贫困县村落营商环境对比分析

营商环境			非贫困县	贫困县	T 检验
教育与培训	教育情况	高中及以上学历的人数（人）	383.0253	267.8544	2.2921**
		高中及以上学历的人数/户籍人口（%）	0.1468	0.1120	4.1283***
		大学及以上学历的人数（人）	150.1804	90.6743	3.6143***
		大学及以上学历的人数/户籍人口（%）	0.0584	0.0367	5.3857***
	培训情况	前一年政府是否提供职业技能培训	0.7669	0.8008	−1.1592
		参加农业培训的人数（人）	109.6804	115.2912	−0.3761
		参加农业培训的人数/户籍人口（%）	0.0581	0.0698	−1.5856
		参加非农业培训的人数（人）	72.1392	89.0383	−1.2751
		参加非农业培训的人数/户籍人口（%）	0.0398	0.0486	−1.3414

（续表）

营商环境			非贫困县	贫困县	T检验
人口流动	本乡镇打工人数（人）		503.9483	207.3793	4.0411***
	本乡镇打工人数/本村总劳动力（%）		27.4513	16.2127	6.4052***
	本县打工人数（人）		440.4631	170.2835	2.8272***
	本县打工人数/本村总劳动力（%）		22.0366	15.6147	4.3709***
	本省打工人数（人）		498.7173	222.0383	2.4341**
	本省打工人数/本村总劳动力（%）		25.9918	21.3165	2.5066**
	外省打工人数（人）		242.4040	339.9923	−1.2676
	外省打工人数/本村总劳动力（%）		15.7449	30.9409	−9.2660***
文化与制度	是否有宗教信仰		0.4103	0.4866	−2.2081**
	宗教建筑	教堂（座）	0.1751	0.2069	−0.5095
		清真寺（座）	0.0759	0.1341	−1.1713
		寺院（庙、庵）（座）	0.4008	0.4904	−1.0433
		道观（座）	0.0549	0.0575	−0.0606
金融服务机构	传统金融	金融机构种类（个）	0.8323	0.6284	2.9194***
	互联网金融	是否有ATM机	0.2996	0.2375	1.9649**
交通运输通信	村落现有交通运输通信工具	快递点的数量（个）	0.3650	0.2261	2.2041**
		客运码头的数量（个）	0.1435	0.0651	1.3334
		货运码头的数量（个）	0.1245	0.1303	−0.0867
		机动车的数量（辆）	428.3861	299.7241	2.5123
		机动船只的数量（艘）	3.3861	0.3985	2.2168**
	村落与主要交通运输通信枢纽的距离	与最近公路的距离（公里）	2.1252	3.2293	−1.1573
		与最近县城的距离（公里）	8.3721	15.5046	−6.9240***
		与商贸市场开发区的距离（公里）	3.6282	6.9336	−5.8876***
		与最近火车站的距离（公里）	30.5423	67.7672	−9.9302***
		与最近码头的距离（公里）	83.7813	87.4766	−0.1562
	村落现有通信工具	固定电话覆盖率（%）	46.4052	22.9330	9.3835***
		手机覆盖率（%）	89.2002	90.2325	−0.9224
		电脑覆盖率（%）	49.4461	24.2767	12.3187***
		互联网覆盖率（%）	51.1493	33.2628	8.2504***
吸收外部资本能力	总固定资产投资（万元）		394.8586	362.0463	0.5475
	外资投资（万元）		50.8095	66.5999	−0.9468
	外省市投资（万元）		84.1266	124.9212	−1.6883*
	其他投资（万元）		259.9226	170.5253	1.9634**

注：* 表示 $p<0.1$，** 表示 $p<0.05$，*** 表示 $p<0.01$。

村落创业活力的对比分析

本部分主要对比分析贫困县与非贫困县的村落创业活力，具体包括创业人数，小微企业数，相对前一年新创企业情况，相对前一年总的创业人数，相对前一年创业家庭户数，相对前一年企业研发投入情况，商贸市场、工业园区、开发区建设情况，相对前一年专利申请情况，相对前一年退出市场的创业项目情况，相对前一年停产与整顿或清算的创业项目情况，具有创业机会的居民情况，具备创业技能和经验的居民情况十二方面的内容。T检验的结果表明：（1）就创业人数而言，贫困县村落的创业人数在户籍人口和返乡人数中的占比均显著低于非贫困县，而其他指标方面贫困县村落和非贫困县村落均不存在显著性差异；（2）就小微企业数而言，贫困县村落的小微企业显著少于非贫困县村落；（3）就相对前一年新创企业情况而言，贫困县村落相对前一年的新创企业在总企业中的占比显著高于非贫困县村落；（4）就相对前一年总的创业人数而言，贫困县村落的相关指标与非贫困县村落不存在显著性差异；（5）就相对前一年创业家庭户数而言，贫困县村落的相关指标与非贫困县村落不存在显著性差异；（6）就相对前一年研发投入情况而言，贫困县村落的相关指标与非贫困县村落不存在显著性差异；（7）就商贸市场、工业园区、开发区建设情况而言，贫困县有商贸市场、工业园区、开发区的村落显著少于非贫困县；（8）就相对前一年专利申请情况而言，贫困县村落的相关指标与非贫困县村落不存在显著性差异；（9）就相对前一年退出市场的创业项目情况而言，贫困县村落与非贫困县村落不存在显著性差异；（10）就相对前一年停产与整顿或清算的创业项目情况而言，贫困县村落与非贫困县村落不存在显著性差异；（11）就具有创业机会的居民情况而言，贫困县村落具有创业机会的居民数在外出务工人数中的占比显著低于非贫困县村落；（12）就具备创业技能和经验的居民情况而言，贫困县村落具备创业技能和经验的居民数及其在户籍人口、常住人口、外出务工人数和返乡人数中的占比均显著低于非贫困县村落。具体参见表7-3。

表 7-3 贫困县与非贫困县村落创业活力对比分析

创业活力		非贫困县	贫困县	T 检验
创业人数	绝对值（人）	160.3421	179.5844	−0.6847
	创业人数/户籍人口（%）	3337.7890	2519.1380	2.3750**
	创业人数/常住人口（%）	0.0629	0.0645	−0.1945
	创业人数/外出务工人数（%）	1.5439	0.9839	1.6120
	创业人数/返乡人数（%）	17.3866	10.7843	1.8715*
小微企业数	绝对值（个）	22.1888	11.4023	2.1535**
	小微企业数/总企业数（%）	0.6245	0.6290	−0.2220
相对前一年新创企业情况	绝对值（个）	2.9420	2.4751	0.7654
	相对前一年新创企业数/总企业数（%）	0.4163	0.7431	−3.7807***
相对前一年总的创业人数	绝对值（人）	54.9314	60.6858	−0.4160
	相对前一年总的创业人数/户籍人口（%）	0.0269	0.0277	−0.1350
	相对前一年总的创业人数/常住人口（%）	0.0260	0.0279	−0.3531
	相对前一年总的创业人数/外出务工人数（%）	0.7031	0.3903	1.5193
	相对前一年总的创业人数/返乡人数（%）	7.2122	6.1299	0.4538
相对前一年创业家庭户数	绝对值（个）	14.8533	17.3966	−0.7994
	相对前一年创业家庭户数/总户数（%）	0.0300	0.0314	−0.2349
相对前一年企业研发投入情况	绝对值（万元）	51.1052	29.4951	1.4820
	相对前一年研发投入/创业人数（%）	1.0566	0.7059	1.1475
是否有商贸市场、工业园区、开发区		0.2732	0.2184	1.7856*
相对前一年专利申请数	绝对值（个）	0.9188	0.5747	0.8237
	相对前一年专利申请数/创业人数（%）	0.0221	0.0084	0.8907
相对前一年退出市场的创业项目情况（个）		1.7806	1.9042	−0.1697
相对前一年停产与整顿或清算的创业项目情况（个）		1.1466	0.7854	0.7596
具有创业机会的居民情况	绝对值（人）	32.9536	21.0077	1.4424
	具有创业机会的居民数/户籍人口（%）	0.0171	0.0110	1.4681
	具有创业机会的居民数/常住人口（%）	0.0152	0.0110	1.1179
	具有创业机会的居民数/外出务工人数（%）	0.2774	0.1211	2.2384**
	具有创业机会的居民数/返乡人数（%）	3.5101	1.5936	1.2776
具备创业技能和经验的居民情况	绝对值（人）	59.4620	25.9579	1.9671**
	具备创业技能经验的居民数/户籍人口（%）	0.0258	0.0150	2.2190**
	具备创业技能经验的居民数/常住人口（%）	0.0244	0.0155	1.8059*
	具备创业技能经验的居民数/外出务工人数（%）	0.5923	0.2315	2.1758**
	具备创业机会的技能经验/返乡人数（%）	5.6784	2.1845	2.0175**

注：* 表示 $p<0.1$，** 表示 $p<0.05$，*** 表示 $p<0.01$。

村落创业者背景的对比分析

一、村落创业者个体特征

本部分主要对比分析贫困县与非贫困县村落创业者的个体特征，具体包括创业者的年龄、性别、学历、宗教信仰、政治身份、村干部经历、政治参与情况以及创业前经历八个方面的内容。T检验的结果表明：（1）就村落创业者的年龄而言，贫困县村落创业者的平均年龄显著小于非贫困县村落创业者的平均年龄；（2）就村落创业者的性别而言，贫困县中男性创业者的占比显著高于非贫困县，即相对而言非贫困县村落有更多女性参与了创业与经营活动；（3）就村落创业者的学历而言，贫困县村落创业者的平均学历水平显著低于非贫困县；（4）就村落创业者的宗教信仰而言，贫困县有宗教信仰的村落创业者的占比显著高于非贫困县；（5）就村落创业者的政治身份而言，贫困县与非贫困县党员占比并不存在显著性差异；（6）就村落创业者的村干部经历而言，贫困县中拥有村干部经历的村落创业者占比显著高于非贫困县；（7）就村落创业者的政治参与情况而言，除贫困县村落创业者中政协委员占比显著高于非贫困县以外，村落创业者中是人大代表或在政府部门工作的占比均不存在显著性差异；（8）就村落创业者的创业前经历而言，首先，从先前创业经历来看，贫困县村落创业者在先前创业过程中亏损的次数显著多于非贫困县；其次，从工作及管理经历来看，贫困县中具有国企、集体企业工作经历和国企、私企管理经历的村落创业者占比显著低于非贫困县；再次，从打工经历来看，贫困县中有打工经历的村落创业者及其打工的城市个数显著多于非贫困县，但其打工经历与当前创业项目的相关性显著低于非贫困县；最后，从培训及其他经历来看，贫困县接受过相关培训的村落创业者占比显著高于非贫困县。具体参见表7-4。

表 7-4　贫困县与非贫困县村落创业者个体特征对比分析

创业者个体特征			非贫困县	贫困县	T 值
年龄（岁）			44.9614	43.3267	4.5342***
性别			0.8311	0.8567	−1.9397*
学历①			1.7838	1.6012	5.2998***
宗教信仰			0.0789	0.1022	−2.3486**
政治身份（是否为党员）			0.1603	0.1571	1.1547
是或曾是村干部			0.0769	0.0972	−2.0688**
政治参与情况	人大代表		0.0317	0.0361	−0.6916
	政协委员		0.0081	0.0140	−1.7338*
	政府部门工作		0.0203	0.0251	−0.9223
创业前经历	先前创业经历	先前是否创业	0.2009	0.2164	−1.0776
		创业次数（次）	1.9986	2.1065	−0.9775
		盈利次数（次）	1.3071	1.2824	0.2722
		亏损次数（次）	0.6816	0.8241	−1.7441*
	工作及管理经历	国企工作	0.0308	0.0120	3.2627***
		集体企业工作	0.0495	0.0281	2.8936**
		央企国企管理	0.0297	0.0170	2.1913**
		私企管理	0.1206	0.0882	2.8576***
		外企管理	0.0128	0.0100	0.7035
	打工经历	是否打工	0.3448	0.4790	−7.7988***
		打工年数（年）	5.2001	5.3324	−0.5105
		打工城市个数（个）	2.4037	2.7971	−2.7132***
		打工与创业项目相关性②	1.6712	1.5188	3.9253***
		打工积累资金（万元）	11.2986	12.9749	−0.8579
	培训及其他经历	培训经历	0.2442	0.2986	−3.4856***
		手艺技艺	0.3807	0.3707	0.5716
		参军经历	0.0645	0.0661	−0.1895

注：① 学历：1代表初中或以下学历；2代表中专、高中学历；3代表大专学历；4代表本科学历；5代表研究生及以上学历。② 打工与创业项目相关性：1代表无关；2代表有点相关；3代表紧密相关。* 表示 $p<0.1$，** 表示 $p<0.05$，*** 表示 $p<0.01$。

二、村落创业者家庭背景

本部分主要对比分析贫困县与非贫困县村落创业者的家庭背景，具体包括家庭成员人数、家庭社会网络、小孩与老人情况、家庭经济情况、政治关联情况、家庭创业支持情况以及创业项目投入情况七个方面的内容。T 检验的结果表明：（1）就村落创业者的家庭成员人数而言，贫困县显著多于非贫困县。（2）就村落创业者的家庭社会网络而言，贫困县村落创业者家庭中正在创业的父母或兄弟姐妹人数显著多于非贫困县。（3）就村落创业者家庭中的小孩与老人情况而言，贫困县村落创业者家中的小孩及男孩数量都显著多于非贫困县，其最大小孩和最小小孩的年龄都小于非贫困县，且其小孩的身体状况不如非贫困县好。同时，贫困县村落创业者家中的老人数量和最大老人年龄都显著小于非贫困县，但其老人的身体状况不如非贫困县好。（4）就村落创业者的家庭经济情况而言，首先，从耕地情况来看，贫困县村落创业者的家庭耕地被政府征用的比例及面积显著大于非贫困县，其被政府征用的时间显著迟于非贫困县，且贫困县与非贫困县的村落创业者对家庭土地的使用方式也存在显著性差异。其次，从家庭收入情况来看，贫困县村落创业者的家庭总收入、创业收入、工资收入及其他收入都显著低于非贫困县，但贫困县村落创业者的务农收入显著高于非贫困县。再次，从存款情况来看，贫困县村落创业者的家庭总存款显著低于非贫困县。进而，从人情往来支出来看，贫困县村落创业者家庭的人情往来支出、与亲友往来支出以及旅游支出均显著低于非贫困县。最后，从家庭成员依赖数量来看，贫困县在经济上依赖于村落创业者的家庭成员数量显著多于非贫困县。（5）就村落创业者的政治关联情况而言，贫困县村落创业者家庭中的党员数量显著少于非贫困县。（6）就村落创业者的家庭创业支持情况而言，贫困县村落创业者的家庭成员对其创业与经营活动的支持力度整体显著小于非贫困县。（7）就村落创业者的创业项目投入情况而言，贫困县村落创业者在创业过程中投入的资金总额显著低于非贫困县，且其从个人储蓄、家人、朋友、银行以及其他渠道获得的创业资金额度都显著低于非贫困县。具体参见表7-5。

表7-5　贫困县与非贫困县村落创业者家庭背景对比分析

创业者家庭背景			非贫困县	贫困县	T 值
家庭成员人数（个）			3.7610	4.2565	−8.7579***
家庭社会网络	正在创业的父母或兄弟姐妹人数（个）		0.8572	0.9930	−2.4600**
	正在创业的亲戚朋友人数（个）		3.6374	4.0862	−1.2133
	父母是否正在或曾经创业		0.1131	0.1102	0.2536
	亲戚朋友的工作情况	银行任职人数（个）	0.6482	0.6353	0.1948
		银行领导人数（个）	0.1870	0.1673	0.9216
		其他金融机构任职人数（个）	0.3882	0.2556	1.4314
		其他金融机构领导人数（个）	0.1017	0.0681	0.9710
小孩与老人情况	小孩情况	小孩数量（个）	1.4979	1.8186	−11.0474***
		男孩数量（个）	0.8987	1.0800	−7.7974***
		最大年龄（岁）	20.5583	19.2618	3.7465***
		最小年龄（岁）	17.6302	15.2880	6.7567***
		身体状况①	4.7522	4.7186	1.8507*
	老人情况	数量（个）	1.3515	1.2094	3.7740***
		最大年龄（岁）	73.0100	71.7730	3.3392***
		身体状况②	6.6900	6.4388	5.7083***

（续表）

	创业者家庭背景		非贫困县	贫困县	T 值
家庭经济状况	耕地情况	耕地面积（亩）	16.8244	17.4176	−0.1532
		是否被政府征用	0.1912	0.2184	−1.9167*
		征用面积（亩）	3.8220	4.9106	−2.1230**
		征用时间（年）	2007	2009	−4.4595***
		使用方式③	1.6957	1.5882	2.7904***
	家庭收入情况	总收入（万元）	27.6865	16.8356	6.1525***
		创业收入（万元）	22.7143	13.2277	5.7894***
		打工收入（万元）	0.7474	0.9247	−1.3935
		务农收入（万元）	0.8330	1.1083	−2.9072***
		工资收入（万元）	2.0375	0.7469	6.5266***
		其他收入（万元）	1.3544	0.8281	1.6942*
		在村落中的水平④	2.4068	2.4018	0.2215
	存款情况（万元）		53.5460	22.9585	4.6083***
	各项支出	人情往来支出（万元）	3.2875	2.3591	3.7100***
		与亲友往来支出（万元）	2.0144	1.6532	2.4502**
		旅游休闲支出（万元）	1.1333	0.5151	5.4361***
	家庭成员依赖者数量（个）		1.9216	2.3036	−7.3871***
政治关联情况	家庭党员数量（个）		0.2645	0.2285	1.8460*
	家庭村干部数量（个）		0.1148	0.1333	−1.4169
	家庭人大代表数量（个）		0.0464	0.0481	−0.1980
	家庭政协委员数量（个）		0.0153	0.0230	−1.2405
家庭创业支持情况⑤	谈论创业相关话题		4.6154	4.5631	2.0251**
	接受生活方式的改变		4.7091	4.6583	1.4494
	容忍情绪变化		4.7878	4.7685	0.5593
	参与创业		4.4076	4.4118	−0.0958
	配偶行动支持		4.8063	4.7355	1.7901*
	配偶精神支持		4.8566	4.7615	2.4615**
	婚姻危机		2.1589	2.3116	−2.8078***
	父母资金支持		4.0014	3.9770	0.4826
	父母行动支持		4.3265	4.2184	2.2920**
	孩子抱怨		2.6499	2.7144	−1.2278
创业项目投入情况	资金总额（万元）		66.0686	38.1056	3.3205***
	资金来源	个人储蓄（万元）	31.1113	18.6879	2.6201***
		家人（万元）	7.4190	4.5814	2.5692**
		亲戚（万元）	3.6411	3.9110	−0.4243
		朋友（万元）	3.8086	1.9503	2.0766**
		民间金融组织（万元）	1.0390	1.0685	−0.0570
		信用社贷款（万元）	2.9661	1.9460	1.4455
		银行（万元）	9.9904	4.0243	1.8061*
		互联网金融（万元）	0.1138	0.1336	−0.2390
		其他（万元）	5.9793	1.8024	1.7141*

注：① 小孩身体状况：1代表残疾；2代表较差；3代表一般；4代表良好；5代表很好。② 老人身体状况：1代表残疾 7—10 级；2代表残疾 4—6 级；3代表残疾 1—3 级；4代表很差；5代表较差；6代表一般；7代表良好；8代表很好。③ 耕地使用情况：1代表自主经营；2代表租赁给他人使用；3代表土地入股；4代表其他。④ 家庭收入在村落中的水平：1代表低于村平均水平；2代表与村平均水平持平；3代表高于村平均水平。⑤ 家庭支持情况：1代表非常不同意；2代表基本不同意；3代表不同意；4代表同意；5代表基本同意；6代表非常同意。* 表示 $p<0.1$，** 表示 $p<0.05$，*** 表示 $p<0.01$。

三、村落创业者社会关系

本部分主要对比分析贫困县与非贫困县村落创业者的社会关系，具体包括社交工具使用情况、民间组织参与情况、非正式权威来源情况、人缘与影响力情况以及社会地位情况五个方面的内容。T 检验的结果表明：（1）就村落创业者的社交工具使用情况而言，贫困县中村落创业者的微信好友人数显著少于非贫困县。（2）就村落创业者的民间组织参与情况而言，一方面，从行业协会来看，贫困县村落创业者参加行业协会的比重显著低于非贫困县，但其退出行业协会的比重显著高于非贫困县。另一方面，从商业协会来看，贫困县村落创业者参加商业协会的比重显著高于非贫困县，且其退出商业协会的比重也显著高于非贫困县。（3）就村落创业者的非正式权威来源情况而言，贫困县中隶属于村落最大宗族、父辈姓氏为村落第一大姓以及拥有家族族谱的村落创业者的比重都显著高于非贫困县，即贫困县村落创业者在当地的非正式权威整体高于非贫困县。（4）就村落创业者的人缘与影响力情况而言，贫困县村落创业者在当地的人缘不如非贫困县，但是其在传统活动举办、村民纠纷调解以及重要决策制定过程中的作用都显著大于非贫困县，即贫困县村落创业者在当地的影响力更大。（5）就村落创业者的社会地位情况而言，贫困县与非贫困县之间不存在显著性差异。具体参见表 7-6。

表 7-6　村落创业者社会关系的贫困县与非贫困县对比分析

创业者社会关系			非贫困县	贫困县	T 值
社交工具使用情况	手机通信录人数（人）		219.5413	212.8657	0.6460
	微信好友人数（人）		154.6766	126.9910	2.6998***
民间组织参与情况	行业协会	是否参加	0.1136	0.0932	1.8336*
		何时参加（年）	2008	2009	-1.1263
		是否退出	0.0905	0.1720	-2.3186**
	商业协会	是否参加	0.0492	0.0691	-2.4800**
		何时参加（年）	2009	2010	-1.1875
		是否退出	0.1017	0.2029	-2.1307**
非正式权威来源情况	是否最大宗族		0.2940	0.3387	-2.7192***
	父辈姓氏是否第一大姓		0.3018	0.3437	-2.5339**
	配偶是否第一大姓		0.1492	0.1603	-0.8660
	宗族祠堂个数（个）		0.3129	0.3627	-1.4783
	是否有家族族谱		0.3884	0.4900	-5.7895***
人缘与影响力情况[①]	在当地的人缘		4.7360	4.6723	2.1714**
	传统活动举办的意见		3.6463	3.7786	-3.3518***
	调解纠纷的作用		3.6549	3.8417	-4.8926***
	重要决策的作用		3.6079	3.8036	-4.9527***
社会地位情况[②]			3.4815	3.4599	0.8012

注：① 人缘与影响力情况：1 代表非常差/非常不重要；2 代表很差/不重要；3 代表不好/不太重要；4 代表好/重要；5 代表很好/非常重要；6 代表非常好/极为重要。② 社会地位情况：1 代表下层；2 代表中下层；3 代表中层；4 代表中上层；5 代表上层。* 表示 $p<0.1$，** 表示 $p<0.05$，*** 表示 $p<0.01$。

第五节

村落创业企业组织与治理效应的对比分析

一、村落创业企业的组织特征

本部分主要对比分析贫困县与非贫困县村落创业企业的组织特征，具体包括员工结构、员工五险一金情况、家庭成员任职情况以及创业者工作时间分配情况四个方面的内容。T检验的结果表明：（1）就村落创业企业的员工结构而言，贫困县村落创业企业的员工总数、具有中专或高中以上学历的员工人数以及外地员工人数显著少于非贫困县；（2）就村落创业企业是否为员工提供五险一金的情况而言，无论是当前已提供还是未来计划提供，贫困县的比重都显著低于非贫困县；（3）就村落创业企业中家庭成员的任职情况而言，贫困县与非贫困县之间并不存在显著性差异；（4）就村落创业者的工作时间分配情况而言，贫困县村落创业者每月用于打交道的时间显著多于非贫困县。具体参见表7-7。

表 7-7　贫困县与非贫困县村落创业企业组织特征对比分析

组织特征		非贫困县	贫困县	T 值
员工结构	员工总数（人）	18.1864	12.0862	3.0140***
	学历　初中及以下学历人数（人）	8.8013	8.4309	0.3032
	学历　中专或高中以上学历人数(人)	9.3871	3.6553	4.5166***
	雇佣形式　临时工（%）	26.1386	28.1863	−1.4868
	雇佣形式　合同工（%）	73.8614	71.8317	1.4868
	来源　同乡同村人数（人）	11.3382	9.3447	1.4505
	来源　外地人数（人）	6.8483	2.7395	3.8480***
员工五险一金情况	当前是否提供	0.2390	0.1132	8.4515***
	未来是否提供	0.3551	0.2545	5.9868***
家庭成员任职情况	持股比例　家庭核心成员（%）	56.9687	57.1507	−0.1114
	持股比例　普通亲戚（%）	2.3404	2.8852	−1.6231
	管理岗位　家庭核心成员（人）	1.0039	0.9549	1.0478
	管理岗位　普通亲戚（人）	0.2515	0.1944	1.6388
创业者工作时间分配情况	总工作时间（小时/天）	9.3691	9.4846	−1.1188
	经营管理时间（小时/天）	6.7461	6.7839	−0.2693
	打交道时间（天/月）	1.3893	1.6628	−2.7394***
	经营关系时间（天/月）	2.7298	2.6703	0.3730

注：* 表示 $p<0.1$，** 表示 $p<0.05$，*** 表示 $p<0.01$。

二、村落创业企业的治理模式

本部分主要对比分析贫困县与非贫困县村落创业企业的治理模式，具体包括村落创业者的权力结构、企业的股东结构、企业的投资者人数、企业的产权形式、企业董事会的设立情况、企业党组织的设立情况、企业与政府部门之间的关系、企业与当地农村（社区）之间的关系以及企业行业或贸易协会的参与情况九个方面的内容。T 检验的结果表明：（1）就村落创业者在企业任职的权力结构而言，贫困县中担任董事长、在职能岗位及其他岗位任职的村落创业者人数显著多于非贫困县，而其担任总经理和两职兼任的村落创业者人数显著少于非贫困县。（2）就村落创业企业创建时的股东结构而言，首先，从老板数量来看，贫困县村落创业企业的老板数量显著多于非贫困县。其次，从股权分配合同的办理情况来看，贫困县已办理股权分配合同的村落创业企业数量显著少于非贫困县。最后，从村落创业者本人所占的股份来看，贫困县与非贫困县之间并不存在显著性差异，村落创业者本人的持股比例均在 85％左右。（3）就村落创业企业的投资者人数而言，贫困县与非贫困县之间并不存在显著性差异。（4）就村落创业企业的产权形式而言，贫困县以个体形式运营的村落企业显著多于非贫困县，而其以私营和股份制形式运营的村落企业显著少于非贫困县。（5）就村落创业企业的董事会设立情况而言，贫困县已设立董事会的村落创业企业的比重显著低于非贫困县。（6）就村落创业企业的党组织设立情况而言，贫困县与非贫困县之间并不存在显著性差异。（7）就村落创业企业与政府部门之间的关系而言，贫困县与非贫困县之间并不存在显著性差异。（8）就村落创业企业与当地农村（社区）之间的关系而言，贫困县设立共同议事机构的村落创业企业的比重显著高于非贫困县。（9）就村落创业企业行业或贸易协会的参与情况而言，贫困县当前已加入行业或贸易协会的村落创业企业的比重显著低于非贫困县。而就未来村落创业企业会加入行业或贸易协会的比重来看，贫困县与非贫困县之间并不存在显著性差异。具体参见表 7-8。

表 7-8 贫困县与非贫困县村落创业企业治理模式对比分析

治理模式		非贫困县	贫困县	T 值
创业者的权力结构	董事长	0.2003	0.2355	−2.4211**
	总经理	0.1920	0.1463	3.3138***
	两职兼任	0.2428	0.1804	4.1618***
	职能岗位	0.0736	0.0932	−2.0402**
	退居二线	0.0122	0.0090	0.8398
	不再任职	0.0433	0.0461	−0.3745
	其他	0.2356	0.2896	−3.4996***

（续表）

治理模式		非贫困县	贫困县	*T* 值
企业的股东结构	老板数量（个）	1.4515	1.5070	−1.7329*
	股权分配合同办理情况 已办理（%）	0.1481	0.1062	3.3877***
	股权分配合同办理情况 没有办理（%）	0.8422	0.8888	−3.6758***
	股权分配合同办理情况 正在办理（%）	0.0097	0.0050	1.4190
	创业者本人所占股份（%）	85.3145	84.6498	0.7631
企业的投资者人数（人）		1.5982	1.6543	−1.2887
企业的产权形式	个体	0.6299	0.6754	−2.6480***
	私营	0.2617	0.2214	2.5923***
	承包	0.0300	0.0321	−0.3343
	租赁	0.0061	0.0030	1.1807
	股份制	0.0447	0.0321	1.7662*
	其他	0.0275	0.0361	−1.4180
是否设立董事会		0.0606	0.0361	2.9997***
是否设立党组织		0.0342	0.0261	1.2823
企业与政府部门之间的关系（是否有专职人员）		0.1081	0.1222	−1.2591
企业与当地农村（社区）之间的关系	有无专职人员负责	0.1203	0.1232	−0.2516
	是否设立共同议事机构	0.1275	0.1573	−2.4446**
企业行业或贸易协会的参与情况①	当前是否加入	0.1646	0.1205	2.6623***
	以后是否加入	0.2075	0.2109	−0.1461

注：① 企业行业或贸易协会的参与情况：1代表有；2代表无；3代表以后会；4代表以后不会。 * 表示 $p<0.1$，** 表示 $p<0.05$，*** 表示 $p<0.01$。

三、村落创业企业的治理效率

本部分主要对比分析贫困县与非贫困县村落创业企业的治理效率，具体包括企业绩效排名情况、企业员工数量及变化情况、企业销售额及变化情况、企业纯利润及变化情况以及企业总资产及变化情况五个方面的内容。T 检验的结果表明：（1）就村落创业企业的治理效率排名情况而言，贫困县始终显著低于非贫困县。（2）就村落创业企业的员工数量及变化情况而言，一方面，从员工数量来看，2012年和2016年贫困县村落创业企业员工的绝对数量都显著少于非贫困县；另一方面，从员工的变化情况来看，贫困县村落创业企业员工的相对增长速度始终显著快于非贫困县。（3）就村落创业企业的销售额及变化情况而言，一方面，从销售额来看，贫困县村落创业企业销售额的绝对数量始终显著少于非贫困县；另一方面，从销售额的变化情况来看，2019年（估计）与2016年相比，贫困县村落创业企业销售额的相对增长速度显著快于非贫困县。（4）就村落创业企业的纯利润及变化情况而言，一方面，从纯利润来看，贫困县村落创业企业纯利润的绝对数量始终显著少于非贫困县；另一方面，从纯利润的变化情况来看，村落创业企业纯利润的相对增长速度始终显著快于非贫困县。（5）就村落创业企业的总资产及变化情况而言，一方面，从总资产的数额来看，贫困县村落创业企业总资产的绝对数量始终显著少于非贫困县；另一方面，从总资产的变化情况来看，2016年与2012年相比，贫困县村落创业企业总资产的相对增长速度显著快于非贫困县。具体参见表7-9。

表7-9　贫困县与非贫困县村落创业企业治理效率对比分析

治理效率		非贫困县	贫困县	*T*值
绩效排名①	2012年	2.4126	2.1974	4.6587***
	2016年	2.3690	2.1052	5.7713***
	2019年（估计）	2.2323	1.9589	6.2461***
员工	人数（人） 2012年	15.2442	8.2565	4.2280***
	2016年	16.5738	11.7295	2.8114***
	2019年（估计）	21.1481	17.7285	1.5019
	变化情况② 2016年与2012年比	3.3368	3.4499	−3.2666***
	2019年（估计）与2016年比	3.5724	3.6433	−2.5658**
销售额	数额（万元） 2012年	139.584	70.1547	6.0228***
	2016年	141.2456	75.2400	6.3176***
	2019年（估计）	195.1578	114.0892	5.6818***
	变化情况② 2016年与2012年比	3.2990	3.3487	−1.4069
	2019年（估计）与2016年比	3.7527	3.8467	−2.9749***
纯利润	数额（万元） 2012年	20.9687	12.0975	5.9284***
	2016年	22.8279	14.0735	5.6591***
	2019年（估计）	36.3963	26.0632	4.1332***
	变化情况② 2016年与2012年比	3.4232	3.5491	−3.2483***
	2019年（估计）与2016年比	3.8336	3.9379	−3.6234***
总资产	数额（万元） 2012年	155.5398	69.5486	6.7945***
	2016年	178.4810	101.2621	5.5438***
	2019年（估计）	222.9681	149.6969	4.3990***
	变化情况② 2016年与2012年比	3.5757	3.7786	−6.1160***
	2019年（估计）与2016年比	3.7572	3.7806	−0.9120

注：① 绩效排名：1代表前三名；2代表第4—10名；3代表第11—15名；4代表第16—20名；5代表20名以后。② 变化情况：1代表明显减少；2代表少量减少；3代表没有变化；4代表少量增加；5代表明显增加。* 表示 $p < 0.1$，** 表示 $p < 0.05$，*** 表示 $p < 0.01$。

| 第六节 |

村落居民生活质量的对比分析

本节主要对比分析贫困县与非贫困县村落居民的生活质量，具体包括村落居民收入水平、村落居民消费水平、村落居民幸福指数以及村落社会和谐指数四个方面的内容。T 检验的结果表明：（1）就村落居民收入水平而言，无论是人均年纯收入、村落最高家庭收入、村落最低家庭收入还是居民收入水平在乡镇或县城所处的水平，贫困县的各项指标均显著低于非贫困县；（2）就村落居民消费水平而言，贫困县村落居民的人均年消费显著低于非贫困县；（3）就村落居民幸福指数而言，贫困县村落居民的幸福满意度、生活满意度和就业满意度都显著低于非贫困县；（4）就村落社会和谐指数而言，贫困县村落的社会和谐度显著低于非贫困县，但二者在过去一年发生的邻里纠纷次数及其解决情况均不存在显著性差异。具体参见表 7-10。

表 7-10　贫困县与非贫困县村落居民生活质量对比分析

居民生活质量		非贫困县	贫困县	T 值
村落居民收入水平	前一年本村居民人均年纯收入（万元）	2.0166	1.2025	4.3223***
	村落最高家庭收入（万元）	105.38	67.55	2.1225**
	村落最低家庭收入（万元）	1.2912	0.9220	3.1321***
	收入水平在本乡镇所处水平[①]	3.1350	2.4853	0.0131***
	收入水平在本县所处水平[①]	2.8070	2.4444	5.2009***
农村居民消费水平（万元）		1.0910	0.7690	3.5026***
村落居民幸福指数[②]	幸福满意度	4.8165	4.5556	3.9159***
	生活满意度	4.7489	4.4560	4.2022***
	就业满意度	4.4821	4.0421	5.5020***
村落社会和谐指数	社会和谐度[③]		4.7679	4.5900	2.5825***
	邻里纠纷	次数（次）	8.8217	10.4444	−1.1935
		协商解决（次）	8.0084	9.4023	−1.1004
		调解解决（次）	0.3966	−0.8311	−0.8311
		未解决（次）	0.4167	0.5517	−1.0695

注：① 收入水平在本乡镇/本县所处水平：1 代表低；2 代表差不多；3 代表高。② 村落居民幸福指数：1 代表很不幸福；2 代表不幸福；3 代表还可以；4 代表有些幸福；5 代表幸福；6 代表很幸福。③ 社会和谐度：1 代表很低，2 代表有点低，3 代表还可以，4 代表有点高，5 代表很高，6 代表相当高。* 表示 $p<0.1$，** 表示 $p<0.05$，*** 表示 $p<0.01$。

第八章
Chapter Eight

村落治理环境、创业与
居民生活质量的关系

  "产业兴旺、生态宜居、乡风文明、治理有效、生活富裕"是新时代中国农民的美好愿望和梦想，也直接关系到每一位村落居民的生活质量。在实施乡村振兴战略、全面建设中国特色社会主义新农村道路中，农民创业是促进农民增收、加快村落经济发展的重要途径（张晓芸等，2014；古家军、谢凤华，2012），也是村落和谐发展、农民安家乐业并最终实现城镇化梦想的动力之源（石巧君和周发明，2009）。村落新创的中小型企业可以吸收和转移大量农村剩余劳动力，拓展村落非农就业空间，提高农民收入水平和生活水平，从而推进新农村经济建设。通过创业过程以及市场经济的磨炼，村落创业者们比普通农民具有更强的主体意识和法律意识、更广阔的视野和见识，他们的存在有助于帮助农民逐步转变小农意识、增强法律意识和权利意识，带动当地农民遵纪守法，自觉遵守和维护公共秩序，在建设和谐稳定的村落社会环境中发挥重要作用。

  有学者研究发现村落创业活力在村主任学历与村落经济发展、村落社会和谐度、村民幸福感之间起到中介作用。（杨婵、贺小刚，2019）作为村落集体组织的直接管理者，村干部个人权威将直接影响村落资源配置、经济发展及社会的和谐稳定发展。乡村振兴战略的实施与社会主义新农村建设离不开以村主任为代表的村干部集体的积极参与和配合，他们在推动村落经济发展、社会和谐以及提高居民幸福感的过程中发挥重要作用，其中村主任权威也将对村落各个方面的发展产生影响。因此，激发村落创业活力，有利于提高村落居民的满意度及村落的总体和谐度，而村落居民的满意度及村落的总体和谐度是反映村落居民生活质量的主要指标。

  为了进一步揭示村落治理环境、创业与居民生活质量的关系，本书运用调查所获得的一手数据对主要变量进行了一系列的相关关系研究，具体包括村落治理环境与居民生活质量的关系、村落营商环境与居民生活质量的关系、村落治理环境与创业活力的关系、村落营商环境与创业活力的关系、村落创业活力与居民生活质量的关系。

村落治理环境与居民生活质量的关系

本节主要研究村落治理环境与居民生活质量的关系。其中，村落治理环境主要包括村落正式治理（村主任特征、村规民约、政治法律）和村落非正式治理（宗族祠堂、精神领袖和社会贤达）两个维度，村落居民生活质量主要包括村落居民收入水平、村落居民消费水平、村落居民幸福指数和村落社会和谐指数四个维度。

一、村落治理环境与居民收入水平

本部分重点探究村落正式治理和非正式治理与居民收入水平（前一年村落居民人均年纯收入）之间的直接关系，主要方法是最小二乘法。为排除变量的极端值对回归结果的影响，我们对主要变量进行了 95% 水平上的缩尾处理。表 8-1 为村落治理环境的各个指标与前一年村落居民人均年纯收入的回归结果，具体列示了自变量（村落治理环境指数）的系数、显著性水平和标准误。

表 8-1　村落治理环境与居民收入水平的关系汇总

村落正式治理			系数	P 值	标准误
村主任特征	教育程度		0.3878***	0.000	0.0407
	任期（年）		−0.0191***	0.001	0.0059
	是否为民主选举		−0.1641	0.209	0.1307
	是否为本村出生		−0.2258*	0.069	0.1239
村规民约	是否有村规民约		−0.0425	0.693	0.1075
政治法律	选举制度	是否公开计票	−0.1912	0.117	0.1219
		候选人人数（人）	−0.0333**	0.027	0.0150
		选举制度满意度	0.0679	0.414	0.0831
	党派社团	党员人数（人）	0.0077***	0.000	0.0008
		团员人数（人）	0.0007**	0.016	0.0003
		民主党派人数（人）	0.36460***	0.000	0.0504
		民间社团人数（人）	0.5273***	0.000	0.1509

村落正式治理			系数	P 值	标准误
政治法律	参政人员	村干部人数（人）	0.0844***	0.000	0.0118
		人民代表人数（人）	−0.0058	0.323	0.0058
		政协委员人数（人）	0.2467***	0.000	0.0481
		调解员人数（人）	0.0061	0.785	0.0223
	公共会议	村党支部会议次数（次）	0.0012	0.824	0.0053
		党员大会次数（次）	−0.0024	0.797	0.0094
		村委会会议次数（次）	−0.0052*	0.060	0.0028
		村民代表大会次数（次）	−0.0081	0.410	0.0098
		宗族会议次数（次）	0.2089***	0.003	0.0708

村落非正式治理			系数	P 值	标准误
宗族祠堂	祠堂情况	是否有祠堂	−0.0271	0.753	0.0860
		祠堂数量（个）	−0.0709	0.113	0.0447
	宗族情况	最大宗族/总户数（%）	−0.3080**	0.045	0.1537
		第二大宗族/总户数（%）	−1.5716	0.000	0.4261
		第三大宗族/总户数（%）	−0.7444	0.246	0.6420
	族谱家谱情况	是否有族谱或家谱	−0.1439*	0.063	0.0772
		族谱或家谱数（个）	−0.0052	0.570	0.0091
精神领袖和社会贤达	是否有精神领袖和社会贤达		0.0366	0.701	0.0955

注：* 表示 $p < 0.1$，** 表示 $p < 0.05$，*** 表示 $p < 0.01$。

村落正式治理与居民收入水平的回归结果表明：（1）就村主任特征而言，村主任的教育程度与居民收入水平显著正相关；村主任任期以及村主任是否为本村出生与村落居民收入水平显著负相关，而是否为民主选举与村落居民收入水平不存在显著的相关关系；（2）就村落村规民约而言，村落是否有村规民约与村落居民收入水平不存在显著的相关关系；（3）就村落政治法律而言，村落各党派社团（包括党员、团员、民主党派、民间社团）人数、参政人员（包括村干部、政协委员）人数以及宗族会议次数与村落居民收入水平显著正相关，候选人数以及村委会会议次数与村落居民收入水平显著负相关，其他指标与村落居民收入水平不存在显著的相关关系。

村落非正式治理与居民收入水平的回归结果表明：（1）就村落宗族祠堂而言，最大宗族在村落总户数中的占比以及是否有族谱或家谱与村落居民收入水平显著负相关，而其他指标与村落居民收入水平不存在显著的相关关系；（2）就村落精神领袖和社会贤达而言，村落是否有精神领袖和社会贤达与村落居民收入水平不存在显著的相关关系。

二、村落治理环境与居民消费水平

本部分重点探究村落正式治理和非正式治理与居民消费水平（前一年村落居民人均年消费）之间的直接关系，主要方法是最小二乘法。为排除变量的极端值对回归结果的影响，我们对主要变量进行了 95％ 水平上的缩尾处理。表 8-2 为村落治理环境的各个指标与前一年本村居民人均年消费的回归结果，具体列示了自变量（村落治理环境指数）的系数、显著性水平和标准误。

表 8-2　村落治理环境与居民消费水平的关系汇总

村落正式治理			系数	P 值	标准误
村主任特征	教育程度		0.3878***	0.000	0.0407
	任期（年）		−0.0191***	0.001	0.0059
	是否为民主选举		−0.1641	0.209	0.1307
	是否为本村出生		−0.2258*	0.069	0.1239
村规民约	是否有村规民约		−0.0425	0.693	0.1075
政治法律	选举制度	是否公开计票	−0.1912	0.117	0.1219
		候选人人数（人）	−0.0333**	0.027	0.0150
		选举制度满意度	0.0679	0.414	0.0831
	党派社团	党员人数（人）	0.0077***	0.000	0.0008
		团员人数（人）	0.0007**	0.016	0.0003
		民主党派人数（人）	0.36460***	0.000	0.0504
		民间社团人数（人）	0.5273***	0.000	0.1509
	参政人员	村干部人数（人）	0.0844***	0.000	0.0118
		人民代表人数（人）	−0.0058	0.323	0.0058
		政协委员人数（人）	0.2467***	0.000	0.0481
		调解员人数（人）	0.0061	0.785	0.0223
	公共会议	村党支部会议次数（次）	0.0012	0.824	0.0053
		党员大会次数（次）	−0.0024	0.797	0.0094
		村委会会议次数（次）	−0.0052*	0.060	0.0028
		村民代表大会次数（次）	−0.0081	0.410	0.0098
		宗族会议次数（次）	0.2089***	0.003	0.0708
宗族祠堂	祠堂情况	是否有祠堂	−0.0271	0.753	0.0860
		祠堂数量（个）	−0.0709	0.113	0.0447
	宗族情况	最大宗族/总户数（％）	−0.3080**	0.045	0.1537
		第二大宗族/总户数（％）	−1.5716	0.000	0.4261
		第三大宗族/总户数（％）	−0.7444	0.246	0.6420
	族谱家谱情况	是否有族谱或家谱	−0.1439*	0.063	0.0772
		族谱或家谱数（个）	−0.0052	0.570	0.0091
精神领袖和社会贤达	是否有精神领袖和社会贤达		0.0366	0.701	0.0955

注：* 表示 $p<0.1$，** 表示 $p<0.05$，*** 表示 $p<0.01$。

村落正式治理与居民消费水平的回归结果表明：（1）就村主任特征而言，教育程度对村落居民消费水平显著正相关；村主任任期、是否为民主选举以及是否为本村出生与村落居民消费水平显著负相关；（2）就村落村规民约而言，村落是否有村规民约与村落居民消费水平不存在显著的相关关系；（3）就村落政治法律而言，村落各党派社团（包括党员、团员、民主党派、民间社团）人数、参政人员（包括村干部、政协委员、调解员）人数与村落居民消费水平显著正相关，其他指标与村落居民消费水平不存在显著的相关关系。

村落非正式治理与居民消费水平的回归结果表明：（1）就村落宗族祠堂而言，最大宗族在村落总户数中的占比、第二大宗族在村落总户数中的占比以及是否有族谱或家谱与村落居民消费水平显著负相关，而其他指标与村落居民消费水平均不存在显著的相关关系；（2）就村落精神领袖和社会贤达而言，村落是否有精神领袖和社会贤达与村落居民消费水平不存在显著的相关关系。

三、村落治理环境与居民幸福指数

本部分重点探究村落正式治理和非正式治理与居民幸福指数（即村落居民幸福满意度）之间的直接关系，主要方法是最小二乘法。为排除变量的极端值对回归结果的影响，我们对主要变量进行了95％水平上的缩尾处理。表8-3为村落治理环境的各个指标与村落居民幸福指数的回归结果，具体列示了自变量（村落治理环境指数）的系数、显著性水平和标准误。

表8-3　村落治理环境与居民幸福指数的关系汇总

村落正式治理			系数	P 值	标准误
村主任特征	教育程度		0.2840***	0.000	0.0620
	任期（年）		0.0014	0.868	0.0085
	是否为民主选举		0.2982	0.119	0.1914
	是否为本村出生		−0.0825	0.651	0.1825
村规民约	是否有村规民约		−0.0907	0.558	0.1546
政治法律	选举制度	是否公开计票	0.0654	0.704	0.1724
		候选人人数（人）	0.0042	0.849	0.0220
		选举制度满意度	1.3451***	0.000	0.1247
	党派社团	党员人数（人）	0.0020	0.100	0.0012
		团员人数（人）	0.0001	0.867	0.0004
		民主党派人数（人）	0.0715	0.337	0.0745
		民间社团人数（人）	−0.3420	0.122	0.2213

（续表）

村落正式治理			系数	P 值	标准误
政治法律	参政人员	村干部人数（人）	−0.0064	0.712	0.0174
		人民代表人数（人）	0.0059	0.479	0.0084
		政协委员人数（人）	−0.0221	0.750	0.0693
		调解员人数（人）	0.0013	0.968	0.0325
	公共会议	村党支部会议次数（次）	0.0119	0.123	0.0077
		党员大会次数（次）	0.0237*	0.081	0.0136
		村委会会议次数（次）	0.0120***	0.003	0.0040
		村民代表大会次数（次）	0.0384***	0.008	0.0145
		宗族会议次数（次）	−0.0545	0.593	0.1020

村落非正式治理			系数	P 值	标准误
宗族祠堂	祠堂情况	是否有祠堂	−0.1957	0.115	0.1241
		祠堂数量（个）	−0.1379**	0.032	0.0645
	宗族情况	最大宗族/总户数（%）	−0.2058**	0.366	0.2276
		第二大宗族/总户数（%）	−0.5743	0.354	0.6201
		第三大宗族/总户数（%）	−1.4533	0.119	0.9325
	族谱家谱情况	是否有族谱或家谱	−0.1841*	0.099	0.1116
		族谱或家谱数（个）	−0.0179	0.172	0.0131
精神领袖和社会贤达	是否有精神领袖和社会贤达		−0.2466	0.076	0.1388

注：* 表示 $p < 0.1$，** 表示 $p < 0.05$，*** 表示 $p < 0.01$。

村落正式治理与居民幸福指数的回归结果表明：（1）就村主任特征而言，村主任的教育程度与村落居民幸福指数显著正相关，而其他指标与村落居民幸福指数不存在显著的相关关系；（2）就村落村规民约而言，村落是否有村规民约与村落居民幸福指数不存在显著的相关关系；（3）就村落政治法律而言，选举制度满意度以及公共会议（包括党员大会、村委会会议、村民代表大会）次数与村落居民幸福指数显著正相关，而其他指标与村落居民幸福指数不存在显著的相关关系。

村落非正式治理与居民幸福指数的回归结果表明：（1）就村落宗族祠堂而言，祠堂数量、最大宗族在村落总户数中的占比以及是否有族谱或家谱与村落居民幸福指数显著负相关，而其他指标与村落居民幸福指数不存在显著的相关关系；（2）就村落精神领袖和社会贤达而言，村落是否有精神领袖和社会贤达与村落居民幸福指数不存在显著的相关关系。

四、村落治理环境与社会和谐指数

本部分重点探究村落正式治理和非正式治理与社会和谐指数（即村落社会和谐度）之间的直接关系，主要方法是最小二乘法。为排除变量的极端值对回归结果的影响，我们对主要变量进行了 95% 水平上的缩尾处理。表 8-4 为村落治理环境的各个指标与村落社会和谐指数的回归结果，具体列示了自变量（村落治理指数）的系数、显著性水平和标准误。

表 8-4　村落治理环境与社会和谐指数的关系汇总

村落正式治理		系数	P 值	标准误
村主任特征	教育程度	0.2300***	0.000	0.0599
	任期（年）	0.0036	0.672	0.0084
	是否为民主选举	0.4276**	0.022	0.1864
	是否为本村出生	−0.0772	0.658	0.1746
村规民约	是否有村规民约	0.0371	0.806	0.1516
政治法律	选举制度 是否公开计票	0.1212	0.476	0.1699
	候选人人数（人）	0.0267	0.212	0.0214
	选举制度满意度	1.2136***	0.000	0.1203
	党派社团 党员人数（人）	0.0011	0.352	0.0012
	团员人数（人）	0.0003	0.446	0.0004
	民主党派人数（人）	0.1048	0.148	0.0724
	民间社团人数（人）	−0.1460	0.497	0.2150
	参政人员 村干部人数（人）	0.0091	0.591	0.0169
	人民代表人数（人）	0.0146*	0.074	0.0082
	政协委员人数（人）	0.0998	0.141	0.0678
	调解员人数（人）	−0.0011	0.971	0.0314
	公共会议 村党支部会议次数（次）	0.0114	0.129	0.0075
	党员大会次数（次）	0.0234*	0.075	0.0132
	村委会会议次数（次）	0.0123***	0.002	0.0040
	村民代表大会次数（次）	0.0464***	0.001	0.0141
	宗族会议次数（次）	−0.0516	0.610	0.1013
村落非正式治理		系数	P 值	标准误
宗族祠堂	祠堂情况 是否有祠堂	−0.2516**	0.038	0.1215
	祠堂数量（个）	−0.1375**	0.029	0.0631
	宗族情况 最大宗族/总户数（%）	−0.3399	0.122	0.2200
	第二大宗族/总户数（%）	−0.8940	0.142	0.6083
	第三大宗族/总户数（%）	−2.4035***	0.008	0.9111
族谱家谱情况	是否有族谱或家谱	−0.2482**	0.023	0.1089
	族谱或家谱数（个）	−0.0120	0.345	0.0127
精神领袖和社会贤达	是否有精神领袖和社会贤达	−0.1937	0.157	0.1367

村落正式治理与社会和谐指数的回归结果表明：（1）就村主任特征而言，村主任的教育程度以及是否为民主选举与村落社会和谐指数显著正相关，而村主任任期以及是否为本村出生与村落社会和谐指数不存在显著的相关关系；（2）就村落村规民约而言，村落是否有村规民约与村落社会和谐指数不存在显著的相关关系；（3）就村落政治法律而言，选举制度满意度、人民代表人数以及公共会议（包括党员大会、村委会会议、村民代表大会）次数与村落社会和谐指数显著正相关，而其他指标与村落社会和谐指数不存在显著的相关关系。

村落非正式治理与社会和谐指数的回归结果表明：（1）就村落宗族祠堂而言，是否有祠堂、祠堂数量、第三大宗族在村落总户数中的占比以及是否有族谱或家谱与村落社会和谐指数显著负相关，而其他指标与村落社会和谐指数不存在显著的相关关系；（2）就村落精神领袖和社会贤达而言，村落是否有精神领袖和社会贤达与村落社会和谐指数不存在显著的相关关系。

│ 第二节 │

村落营商环境与居民生活质量的关系

本节主要研究村落营商环境与居民生活质量之间的关系。其中，村落营商环境主要包括教育与培训、人口流动、文化与制度、金融服务机构、交通运输通信、吸收外部资本能力六个维度，村落居民生活质量主要包括村落居民收入水平、村落居民消费水平、村落居民幸福指数和村落社会和谐指数四个维度。

一、村落营商环境与居民收入水平

本部分重点探究村落营商环境与居民收入水平（前一年本村居民人均年纯收入）之间的直接关系，主要方法是最小二乘法。为排除变量的极端值对回归结果的影响，我们对主要变量进行了95％水平上的缩尾处理。表8-5为村落营商环境的各个指标与村落居民收入水平的回归结果，具体列示了自变量（营商环境指数）的系数、显著性水平和标准误。

表 8-5　村落营商环境与居民收入水平的关系汇总

营商环境			系数	P 值	标准误
教育与培训	教育情况	高中及以上学历的人数	0.0008***	0.000	0.0001
		高中及以上学历的人数/户籍人口（%）	2.5954***	0.000	0.2760
		大学及以上学历的人数（人）	0.0026***	0.000	0.0003
		大学及以上学历的人数/户籍人口（%）	8.2215***	0.000	0.880
	培训情况	前一年政府是否提供职业技能培训	−0.0560	0.537	0.0907
		参加农业培训的人数（人）	0.0005	0.205	0.0004
		参加农业培训的人数/户籍人口（%）	0.2333	0.713	0.6351
		参加非农业培训的人数（人）	0.0025***	0.000	0.0005
		参加非农业培训的人数/户籍人口（%）	3.7235***	0.000	0.8719
人口流动		本乡镇打工人数（人）	0.0008***	0.000	0.0001
		本乡镇打工人数/本村总劳动力（%）	0.0118***	0.000	0.0015
		本县打工人数（人）	0.0009***	0.000	0.0001
		本县打工人数/本村总劳动力（%）	0.0076***	0.000	0.0020
		本省打工人数（人）	0.0007***	0.000	0.0001
		本省打工人数/本村总劳动力（%）	0.0050***	0.001	0.0015
		外省打工人数（人）	−0.0004***	0.006	0.0001
		外省打工人数/本村总劳动力（%）	−0.0114***	0.000	0.0016
文化与制度		是否有宗教信仰	0.1566**	0.041	0.0765
	宗教建筑	教堂数量（座）	0.1220	0.303	0.1184
		清真寺数量（座）	0.1380**	0.010	0.0533
		寺院（庙、庵）数量（座）	0.0084	0.895	0.0635
		道观数量（座）	0.1557**	0.011	0.0612
金融服务机构	传统金融	金融机构种类数（个）	0.1369***	0.001	0.0426
	互联网金融	是否有 ATM 机	0.4320***	0.000	0.0830
交通运输通信	村落现有交通运输通信工具	快递点的数量（个）	0.5331***	0.000	0.0840
		客运码头的数量（个）	0.5379***	0.001	0.1545
		货运码头的数量（个）	0.5121***	0.001	0.1585
		机动车的数量（辆）	0.0006***	0.000	0.0001
		机动船只的数量（艘）	0.0733***	0.000	0.0118
	村落与主要交通运输通信枢纽的距离	与最近公路的距离（公里）	−0.0087	0.638	0.0186
		与最近县城的距离（公里）	−0.0169***	0.000	0.0037
		与最近商贸市场开发区的距离（公里）	−0.0386***	0.000	0.0098
		与最近火车站的距离（公里）	−0.0067***	0.000	0.0012
		与最近码头的距离（公里）	−0.0023***	0.000	0.0005
	村落现有通信工具	固定电话覆盖率（%）	0.0129***	0.000	0.0010
		手机覆盖率（%）	−0.0036	0.284	0.0033
		电脑覆盖率（%）	0.0133***	0.000	0.0012
		互联网覆盖率（%）	0.0107***	0.000	0.0012

（续表）

营商环境		系数	P 值	标准误
吸收外部资本能力	总固定资产投资（万元）	0.0008***	0.000	0.0001
	外资投资（万元）	0.0064***	0.000	0.0008
	外省市投资（万元）	0.0025***	0.000	0.0005
	其他投资（万元）	0.0010***	0.000	0.0002

注：* 表示 $p < 0.1$，** 表示 $p < 0.05$，*** 表示 $p < 0.01$。

回归结果表明：（1）就教育与培训而言，村落中具有高学历（包括高中及以上学历、大学及以上学历）的村民人数及其在户籍人口中的占比以及村落中参加非农业培训的村民人数及其在户籍人口中的占比与村落居民收入水平显著正相关，而其他指标与村落居民收入水平不存在显著的相关关系；（2）就人口流动而言，当地打工（包括本乡镇、本县、本省）的居民人数及其在本村总劳动力中的占比与村落居民收入水平显著正相关，而外省打工人数及其在本村总劳动力中的占比与村落居民收入水平显著负相关；（3）就文化与制度而言，村落村民是否有宗教信仰以及宗教建筑（包括清真寺、道观）的数量与村落居民收入水平显著正相关，而其他指标与村落居民收入水平不存在显著的相关关系；（4）就金融服务机构而言，村落现有金融机构的种类数以及村落是否有 ATM 机与村落居民收入水平显著正相关；（5）就交通运输通信而言，村落现有交通运输通信工具（包括快递点、客运码头、货运码头、机动车、机动船只）的数量以及村落使用各类通信工具（包括固定电话、电脑、互联网）的居民占比与村落居民收入水平显著正相关，村落与主要交通运输通信枢纽（包括最近县城、商贸市场开发区、火车站、码头）的距离与村落居民收入水平显著负相关，而其他指标与村落居民收入水平不存在显著的相关关系；（6）就吸收外部资本能力而言，村落所吸收的总固定资产投资、外资投资、外省市投资、其他投资均与村落居民收入水平显著正相关。

二、村落营商环境与居民消费水平

本部分重点探究村落营商环境与居民消费水平（前一年村落居民人均年消费）之间的直接关系，主要方法是最小二乘法。为排除变量的极端值对回归结果的影响，我们对主要变量进行了 95％水平上的缩尾处理。表 8-6 为村落营商环境的各个指标与村落居民消费水平的回归结果，具体列示了自变量（营商环境指数）的系数、显著性水平和标准误。

表 8-6　村落营商环境与居民消费水平的关系汇总

营商环境			系数	P 值	标准误
教育与培训	教育情况	高中及以上学历的人数（人）	0.0004***	0.000	0.0001
		高中及以上学历的人数/户籍人口（%）	1.1732***	0.000	0.1547
		大学及以上学历的人数（人）	0.0013***	0.000	0.0002
		大学及以上学历的人数/户籍人口（%）	4.1585***	0.000	0.4560
	培训情况	前一年政府是否提供职业技能培训	−0.0588	0.241	0.0502
		参加农业培训的人数（人）	0.0001	0.660	0.0002
		参加农业培训的人数/户籍人口（%）	−0.5571	0.113	0.3513
		参加非农业培训的人数（人）	0.0012***	0.000	0.0003
		参加非农业培训的人数/户籍人口（%）	1.0747**	0.027	0.4854
人口流动		本乡镇打工人数（人）	0.0004***	0.000	0.0000
		本乡镇打工人数/本村总劳动力（%）	0.0072***	0.000	0.0008
		本县打工人数（人）	0.0005***	0.000	0.0001
		本县打工人数/本村总劳动力（%）	0.0037***	0.001	0.0011
		本省打工人数（人）	0.0004***	0.000	0.0001
		本省打工人数/本村总劳动力（%）	0.0026***	0.001	0.0008
		外省打工人数（人）	−0.0002*	0.055	0.0001
		外省打工人数/本村总劳动力（%）	−0.0047***	0.000	0.0009
文化与制度		是否有宗教信仰	0.1315***	0.002	0.0423
	宗教建筑	教堂数量（座）	0.0201	0.760	0.0656
		清真寺数量（座）	0.0944***	0.001	0.0294
		寺院（庙、庵）数量（座）	0.0246	0.483	0.0352
		道观数量（座）	0.0982***	0.004	0.0339
金融服务机构	传统金融	金融机构种类数（个）	0.0999***	0.000	0.0235
	互联网金融	是否有 ATM 机	0.2990***	0.000	0.0456
交通运输通信	村落现有交通运输通信工具	快递点的数量（个）	0.3300***	0.000	0.0463
		客运码头的数量（个）	0.1776**	0.039	0.0858
		货运码头的数量（个）	0.1777**	0.044	0.0880
		机动车的数量（辆）	0.0004***	0.000	0.0001
		机动船只的数量（艘）	0.0440***	0.000	0.0065
	村落与主要交通运输通信枢纽的距离	与最近公路的距离（公里）	0.0016	0.876	0.0103
		与最近县城的距离（公里）	−0.0113***	0.000	0.0020
		与最近商贸市场开发区的距离（公里）	−0.0259***	0.000	0.0054
		与最近火车站的距离（公里）	−0.0029***	0.000	0.0007
		与最近码头的距离（公里）	−0.0013***	0.000	0.0003
	村落现有通信工具	固定电话覆盖率（%）	0.0065***	0.000	0.0005
		手机覆盖率（%）	0.0018	0.317	0.0018
		电脑覆盖率（%）	0.0079***	0.000	0.0006
		互联网覆盖率（%）	0.0061***	0.000	0.0006
吸收外部资本能力		总固定资产投资（万元）	0.0004***	0.000	0.0001
		外资投资（万元）	0.0029***	0.000	0.0004
		外省市投资（万元）	0.0013***	0.000	0.0003
		其他投资（万元）	0.0006***	0.000	0.0001

注：* 表示 $p < 0.1$，** 表示 $p < 0.05$，*** 表示 $p < 0.01$。

回归结果表明：（1）就教育与培训而言，村落中具有高学历（包括高中及以上学历、大学及以上学历）的居民人数及其在户籍人口中的占比以及村落中参加非农业培训的居民人数及其在户籍人口中的占比与村落居民消费水平显著正相关，而其他指标与村落居民消费水平不存在显著的相关关系；（2）就人口流动而言，当地打工（包括本乡镇、本县、本省）的居民人数及其在本村总劳动力中的占比与村落居民消费水平显著正相关，而外省打工人数及其在本村总劳动力中的占比与村落居民消费水平显著负相关；（3）就文化与制度而言，村落居民是否有宗教信仰以及村落宗教建筑（包括清真寺、道观）的数量与村落居民消费水平显著正相关，而其他指标与村落居民消费水平不存在显著的相关关系；（4）就金融服务机构而言，村落现有金融机构的种类数以及村落是否有 ATM 机均与村落居民消费水平显著正相关；（5）就交通运输通信而言，村落现有交通运输通信工具（包括快递点、客运码头、货运码头、机动车、机动船只）的数量以及村落使用各类通信工具（包括固定电话、电脑、互联网）的居民占比与村落居民消费水平显著正相关，村落与主要交通运输通信枢纽（包括最近县城、商贸市场开发区、火车站、码头）的距离与村落居民消费水平显著负相关，而其他指标与村落居民消费水平不存在显著的相关关系；（6）就吸收外部资本能力而言，村落所吸收的总固定资产投资、外资投资、外省市投资以及其他投资均与村落居民消费水平显著正相关。

三、村落营商环境与居民幸福指数

本节重点探究村落营商环境与居民幸福指数（即村落居民幸福满意度）之间的直接关系，主要方法是最小二乘法。为排除变量的极端值对回归结果的影响，我们对主要变量进行了 95％水平上的缩尾处理。表 8-7 为村落营商环境的各个指标与村落居民幸福满意指数的回归结果，具体列示了自变量（营商环境指数）的系数、显著性水平和标准误。

表 8-7　村落营商环境与居民幸福指数的关系汇总

营商环境			系数	P 值	标准误
教育与培训	教育情况	高中及以上学历的人数（人）	0.0002	0.180	0.0001
		高中及以上学历的人数/户籍人口（％）	0.7023*	0.090	0.4143
		大学及以上学历的人数（人）	0.0005	0.187	0.0004
		大学及以上学历的人数/户籍人口（％）	1.6801	0.169	1.2223
	培训情况	前一年政府是否提供职业技能培训	0.1314	0.315	0.1308
		参加农业培训的人数（人）	0.0010*	0.065	0.0005
		参加农业培训的人数/户籍人口（％）	0.5191	0.581	0.9415
		参加非农业培训的人数（人）	0.0012*	0.086	0.0007
		参加非农业培训的人数/户籍人口（％）	1.5952	0.216	1.2893

营商环境		系数	P 值	标准误
人口流动	本乡镇打工人数（人）	0.0000	0.929	0.0001
	本乡镇打工人数/本村总劳动力（%）	0.0044*	0.054	0.0023
	本县打工人数（人）	−0.0000	0.872	0.0002
	本县打工人数/本村总劳动力（%）	−0.0013	0.642	0.0028
	本省打工人数（人）	0.0000	0.970	0.0001
	本省打工人数/本村总劳动力（%）	−0.0017	0.410	0.0021
	外省打工人数（人）	−0.0002	0.245	0.0002
	外省打工人数/本村总劳动力（%）	−0.0046*	0.052	0.0024
文化与制度	是否有宗教信仰	−0.2340**	0.035	0.1107
	宗教建筑	教堂数量（座）	0.0335	0.845	0.1706
		清真寺数量（座）	−0.2328***	0.001	0.0683
		寺院（庙、庵）数量（座）	−0.2366	0.010	0.0915
		道观数量（座）	−0.3044***	0.000	0.0744
金融服务机构	传统金融	金融机构种类数（个）	0.1044*	0.090	0.0616
	互联网金融	是否有 ATM 机	0.1680	0.167	0.1216
交通运输通信	村落现有交通运输通信工具	快递点的数量（个）	0.2007	0.102	0.1229
		客运码头的数量（个）	−0.0149	0.947	0.2229
		货运码头的数量（个）	−0.0393	0.863	0.2276
		机动车的数量（辆）	0.0002	0.150	0.0001
		机动船只的数量（艘）	−0.0218	0.194	0.0168
	村落与主要交通运输通信枢纽的距离	与最近公路的距离（公里）	−0.0508*	0.062	0.0273
		与最近县城的距离（公里）	−0.0132**	0.015	0.0054
		与最近商贸市场开发区的距离（公里）	−0.0387***	0.006	0.0142
		与最近火车站的距离（公里）	−0.0035*	0.055	0.0018
		与最近码头的距离（公里）	−0.0007	0.381	0.0008
	村落现有通信工具	固定电话覆盖率（%）	0.0051***	0.001	0.0015
		手机覆盖率（%）	0.0173***	0.000	0.0047
		电脑覆盖率（%）	0.0104***	0.000	0.0018
		互联网覆盖率（%）	0.0093***	0.000	0.0018
吸收外部资本能力	总固定资产投资（万元）	0.0003*	0.081	0.0002
	外资投资（万元）	0.0014	0.221	0.0012
	外省市投资（万元）	0.0007	0.308	0.0007
	其他投资（万元）	0.0005**	0.036	0.0002

注：* 表示 $p<0.1$，** 表示 $p<0.05$，*** 表示 $p<0.01$。

回归结果表明：（1）就教育与培训而言，村落中具有高中及以上学历的人数在户籍人口中的占比以及参加培训（包括农业、非农业）的人数与村落居民幸福指数显著正相关，而其他指标均与村落居民幸福指数不存在显著的相关关系；（2）就人口流动而言，本乡镇打工人数在本村总劳动力中的占比与村落居民幸福指数显著正相关，外省打工人数在本村总劳动力中的占比与村落居民幸福指数显著负相关，而其他指标与村落居民幸福指数不存在显著的相关关系；（3）就文化与制度而言，村落村民是否有宗教信仰以及村落宗教建筑（包括清真寺、道观）的数量与村落居民幸福指数显著负相关，而其他指标与村落居民幸福指数不存在显著的相关关系；（4）就金融服务机构而言，村落现有金融机构的种类数与村落居民幸福指数显著正相关，而村落是否有 ATM 机与村落居民幸福指数不存在显著的相关关系；（5）就交通运输通信而言，村落使用各类通信工具（包括固定电话、手机、电脑、互联网）的居民占比与村落居民幸福指数显著正相关，村落与主要交通运输通信枢纽（包括最近公路、县城、商贸市场开发区、火车站）的距离与村落居民幸福指数显著负相关，而其他指标与村落居民幸福指数不存在显著的相关关系；（6）就吸收外部资本能力而言，村落所吸收的总固定资产投资以及其他投资与村落居民幸福指数显著正相关，而其他指标与村落居民幸福指数不存在显著的相关关系。

四、村落营商环境与社会和谐指数

本部分重点探究村落营商环境与社会和谐指数（即村落社会和谐度）之间的直接关系，主要方法是最小二乘法。为排除变量的极端值对回归结果的影响，我们对主要变量进行了 95％水平上的缩尾处理。表 8-8 为村落营商环境的各个指标与村落社会和谐指数的回归结果，具体列示了自变量（营商环境指数）的系数、显著性水平和标准误。

表 8-8　村落营商环境与社会和谐指数的关系汇总

营商环境			系数	P 值	标准误
教育与培训	教育情况	高中及以上学历的人数（人）	0.0002*	0.074	0.0001
		高中及以上学历的人数/户籍人口（％）	0.7902*	0.052	0.4062
		大学及以上学历的人数（人）	0.0009**	0.025	0.0004
		大学及以上学历的人数/户籍人口（％）	2.8055**	0.018	1.1825
	培训情况	前一年政府是否提供职业技能培训	0.0186	0.884	0.1274
		参加农业培训的人数（人）	0.0009*	0.071	0.0005
		参加农业培训的人数/户籍人口（％）	0.9066	0.317	0.9058
		参加非农业培训的人数（人）	0.0015**	0.030	0.0007
		参加非农业培训的人数/户籍人口（％）	2.2903*	0.068	1.2553
人口流动		本乡镇打工人数（人）	−0.0001	0.582	0.0001
		本乡镇打工人数/本村总劳动力（％）	0.0015	0.490	0.0022
		本县打工人数（人）	−0.0000	0.949	0.0002
		本县打工人数/本村总劳动力（％）	−0.0007	0.792	0.0028
		本省打工人数（人）	0.0000	0.739	0.0001
		本省打工人数/本村总劳动力（％）	0.0003	0.878	0.0021
		外省打工人数（人）	−0.0005**	0.022	0.0002
		外省打工人数/本村总劳动力（％）	−0.0054**	0.019	0.0023

营商环境		系数	P 值	标准误
文化与制度	是否有宗教信仰	−0.2203**	0.041	0.1079
	宗教建筑 教堂数量（座）	0.0768	0.640	0.1642
	清真寺数量（座）	−0.0401	0.531	0.0640
	寺院（庙、庵）数量（座）	−0.0972	0.275	0.0890
	道观数量（座）	−0.1057	0.153	0.0740
金融服务机构	传统金融 金融机构种类数（个）	0.1234**	0.042	0.0608
	互联网金融 是否有 ATM 机	0.0950	0.424	0.1187
交通运输通信	村落现有交通运输通信工具 快递点的数量（个）	0.0590	0.625	0.1206
	客运码头的数量（个）	−0.2432	0.257	0.2146
	货运码头的数量（个）	−0.0231	0.917	0.2210
	机动车的数量（辆）	0.0003**	0.050	0.0001
	机动船只的数量（艘）	−0.0102	0.530	0.0162
	村落与主要交通运输通信枢纽的距离 与最近公路的距离（公里）	−0.0756***	0.003	0.0259
	与最近县城的距离（公里）	−0.0143***	0.007	0.0053
	与最近商贸市场开发区的距离（公里）	−0.0193	0.164	0.0139
	与最近火车站的距离（公里）	−0.0023	0.194	0.0018
	与最近码头的距离（公里）	−0.0003	0.680	0.0008
	村落现有通信工具 固定电话覆盖率（%）	0.0042***	0.004	0.0015
	手机覆盖率（%）	0.0081*	0.082	0.0047
	电脑覆盖率（%）	0.0067***	0.000	0.0017
	互联网覆盖率（%）	0.0070***	0.000	0.0017
吸收外部资本能力	总固定资产投资（万元）	0.0003*	0.090	0.0002
	外资投资（万元）	0.0012	0.285	0.0011
	外省市投资（万元）	0.0002	0.713	0.0007
	其他投资（万元）	0.0005**	0.024	0.0002

注：* 表示 $p<0.1$，** 表示 $p<0.05$，*** 表示 $p<0.01$。

回归结果表明，（1）就教育与培训而言，村落中具有高学历（包括高中及以上学历、大学及以上学历）的居民人数及其在户籍人口中的占比、村落中参加培训（包括农业、非农业）的居民人数以及村落中参加非农业培训的居民人数在户籍人口中的占比与村落社会和谐指数显著正相关，而其他指标与村落社会和谐指数不存在显著的相关关系；（2）就人口流动而言，外省打工人数及其在本村总劳动力中的占比与村落社会和谐指数显著负相关，而其他指标与村落社会和谐指数不存在显著的相关关系；（3）就文化与制度而言，村落居民是否有宗教信仰与村落社会和谐指数显著负相关，而村落各类宗教建筑的数量与村落社会和谐指数不存在显著的相关关系；（4）就金融服务机构而言，村落现有金融机构的种类数与村落社会和谐指数显著正相关，而村落是否有 ATM 机与村落社会和谐指数不存在显著的相关关系；（5）就交通运输通信而言，村落现有交通运输通信工具（机动车）的数量以及村落使用各类通信工具（包括固定电话、手机、电脑、互联网）的居民占比与村落社会和谐指数显著正相关，村落与主要交通运输通信枢纽（包括最近公路、县城）的距离与村落社会和谐指数显著负相关，而其他指标与村落社会和谐指数不存在显著的相关关系；（6）就吸收外部资本能力而言，村落所吸收的总固定资产投资以及其他投资与村落社会和谐指数显著正相关，而其他指标与村落社会和谐指数不存在显著的相关关系。

| 第三节 |

村落治理环境与创业活力的关系

本节主要研究村落治理环境与创业活力之间的关系。其中，村落治理环境主要包括村落正式治理（包括村主任特征、村规民约、政治法律）和村落非正式治理（包括宗族祠堂、精神领袖和社会贤达）两个维度；创业活力主要包括创业人数，小微企业数，相对前一年新创企业数，相对前一年总的创业人数，相对前一年创业家庭户数，相对前一年企业研发投入情况，商贸市场、工业园区、开发区建设情况，相对前一年专利申请情况，相对前一年退出市场的创业项目情况，相对前一年停产与整顿或清算的创业项目情况，具有创业机会的居民情况，具备创业技能和经验的居民情况十二个维度。

一、村落治理环境与创业人数

本部分重点探究村落正式治理和非正式治理与创业人数之间的直接关系，主要方法是最小二乘法。为排除变量的极端值对回归结果的影响，我们对主要变量进行了 95％ 水平上的缩尾处理。表 8-9 为村落治理环境的各个指标与村落创业人数的回归结果，具体列示了自变量（村落治理环境指数）的系数、显著性水平和标准误。

表 8-9　村落治理环境与创业人数的关系汇总

村落正式治理			系数	P 值	标准误
村主任特征	教育程度		9.8146*	0.058	5.1695
	任期（年）		0.4384	0.544	0.7232
	是否为民主选举		30.1659	0.060	16.0032
	是否为本村出生		16.7896	0.270	15.1998
村规民约	是否有村规民约		13.5167	0.305	13.1693
政治法律	选举制度	是否公开计票	−0.7555	0.960	14.9490
		候选人人数（人）	7.8645***	0.000	1.8331
		选举制度满意度	1.8300	0.857	10.1859
	党派社团	党员人数（人）	1.0463***	0.000	0.1007
		团员人数（人）	0.1691***	0.000	0.0347
		民主党派人数（人）	3.2385	0.608	6.3141
		民间社团人数（人）	77.4595***	0.000	18.4507
	参政人员	村干部人数（人）	10.9652***	0.000	1.4361
		人民代表人数（人）	2.2213***	0.002	0.7141
		政协委员人数（人）	30.682***	0.000	5.8973
		调解员人数（人）	8.7663***	0.001	2.7241
	公共会议	村党支部会议次数（次）	1.4025**	0.031	0.6484
		党员大会次数（次）	−0.9806	0.393	1.1481
		村委会会议次数（次）	0.8417**	0.013	0.3377
		村民代表大会次数（次）	1.5329	0.204	1.2058
		宗族会议次数（次）	20.9776**	0.016	8.6837

村落非正式治理			系数	P 值	标准误
宗族祠堂	祠堂情况	是否有祠堂	25.2345**	0.017	10.5180
		祠堂数量（个）	20.2101***	0.000	5.4548
	宗族情况	最大宗族/总户数（%）	−6.4358	0.733	18.8717
		第二大宗族/总户数（%）	−11.1665	0.832	52.5148
		第三大宗族/总户数（%）	74.9052	0.341	78.6929
	族谱家谱情况	是否有族谱或家谱	2.7782**	0.013	1.1109
		族谱或家谱数（个）	17.5224*	0.064	9.4604
精神领袖和社会贤达	是否有精神领袖和社会贤达		−10.1914	0.384	11.7008

注：* 表示 $p<0.1$，** 表示 $p<0.05$，*** 表示 $p<0.01$。

村落正式治理与创业人数的回归结果表明：（1）就村主任特征而言，村主任教育程度与创业人数显著正相关，而村主任的其他特征与村落创业人数不存在显著的相关关系；（2）就村落村规民约而言，村落是否有村规民约与创业人数不存在显著的相关关系；（3）就村落政治法律而言，候选人人数、村落各党派社团（包括党员、团员、民间社团）人数、参政人员（包括村干部、人民代表、政协委员、调解员）人数、公共会议（包括村党支部会议、村委会会议、宗族会议）次数均与创业人数显著正相关，而其他指标与村落创业人数不存在显著的相关关系。

村落非正式治理与创业人数的回归结果表明：（1）就村落宗族祠堂而言，是否有祠堂、祠堂数量、是否有族谱或家谱以及族谱或家谱数与创业人数显著正相关，而其他指标与创业人数不存在显著的相关关系；（2）就村落精神领袖和社会贤达而言，村落是否有精神领袖和社会贤达与创业人数不存在显著的相关关系。

二、村落治理环境与小微企业数

本部分重点探究村落正式治理和非正式治理与小微企业数之间的直接关系，主要方法是最小二乘法。为排除变量的极端值对回归结果的影响，我们对主要变量进行了95％水平上的缩尾处理。表 8-10 为村落治理环境的各个指标与村落小微企业数的回归结果，具体列示了自变量（村落治理环境指数）的系数、显著性水平和标准误。

表 8-10　村落治理环境与小微企业数的关系汇总

村落正式治理		系数	P 值	标准误
村主任特征	教育程度	3.2317	0.000	0.6305
	任期（年）	−0.0723	0.417	0.0890
	是否为民主选举	0.62543	0.751	1.9729
	是否为本村出生	−2.9226	0.118	1.8703
村规民约	是否有村规民约	3.6775**	0.023	1.6185
政治法律	选举制度 是否公开计票	1.3708	0.456	1.8399
	候选人数（人）	0.5304**	0.020	0.2269
	选举制度满意度	0.4294	0.732	1.2539
	党派社团 党员人数（人）	0.1366***	0.000	0.0123
	团员人数（人）	0.0125***	0.004	0.0043
	民主党派人数（人）	5.3719***	0.000	0.7619
	民间社团人数（人）	8.2274***	0.000	2.2757
	参政人员 村干部人数（人）	1.3839***	0.000	0.1766
	人民代表人数（人）	0.2766***	0.002	0.0879
	政协委员人数（人）	3.5090***	0.000	0.7271
	调解员人数（人）	0.6613**	0.049	0.3363
	公共会议 村党支部会议次数（次）	0.2403***	0.003	0.0797
	党员大会次数（次）	0.1111	0.432	0.1413
	村委会会议次数（次）	0.0312	0.454	0.0417
	村民代表大会次数（次）	0.0495	0.739	0.1485
	宗族会议次数（次）	1.6049	0.134	1.0706

村落非正式治理			系数	**P** 值	标准误
宗族祠堂	祠堂情况	是否有祠堂	−0.5916	0.649	1.2978
		祠堂数量（个）	−0.5385	0.425	0.6752
	宗族情况	最大宗族/总户数（％）	−6.6433***	0.004	2.3155
		第二大宗族/总户数（％）	−20.5550***	0.001	6.4380
		第三大宗族/总户数（％）	−18.7707*	0.053	9.6763
	族谱家谱情况	是否有族谱或家谱	−0.1395	0.309	0.1371
		族谱或家谱数（个）	−2.1739*	0.062	1.1646
精神领袖和社会贤达		是否有精神领袖和社会贤达	−1.2139	0.400	1.4405

注：＊表示 $p<0.1$，＊＊表示 $p<0.05$，＊＊＊表示 $p<0.01$。

村落正式治理与小微企业数的回归结果表明：（1）就村主任特征而言，村主任特征与小微企业数均不存在显著的相关关系；（2）就村落村规民约而言，村落是否有村规民约与小微企业数显著正相关；（3）就村落政治法律而言，候选人数、村落各党派社团（包括党员、团员、民主党派、民间社团）人数、参政人员（包括村干部、人民代表、政协委员、调解员）人数以及村党支部会议次数均与小微企业数显著正相关，而其他指标与小微企业数均不存在显著的相关关系。

村落非正式治理与小微企业数的回归结果表明：（1）就村落宗族祠堂而言，宗族情况（包括最大宗族在总户数中的占比、第二大宗族在总户数中的占比、第三大宗族在总户数中的占比）以及是否有族谱或家谱均与小微企业数显著正相关，而其他指标与小微企业数均不存在显著的相关关系；（2）就村落精神领袖和社会贤达而言，村落是否有精神领袖和社会贤达与小微企业数不存在显著的相关关系。

三、村落治理环境与相对前一年新创企业数

本部分重点探究村落正式治理和非正式治理与相对前一年新创企业数之间的直接关系，主要方法是最小二乘法。为排除变量的极端值对回归结果的影响，我们对主要变量进行了95％水平上的缩尾处理。表8-11为村落治理环境的各个指标与村落相对前一年新创企业数的回归结果，具体列示了自变量（村落治理环境指数）的系数、显著性水平和标准误。

表 8-11　村落治理环境与相对前一年新创企业数的关系汇总

村落正式治理		系数	**P** 值	标准误
特征	教育程度	0.4317***	0.000	0.0955
	任期（年）	−0.0202	0.133	0.0134
	是否为民主选举	−0.8388***	0.005	0.2971
	是否为本村出生	−0.8087***	0.004	0.2819

（续表）

村落正式治理			系数	P 值	标准误
村规民约		是否有村规民约	0.2862	0.243	0.2449
政治法律	选举制度	是否公开计票	0.5167*	0.063	0.2776
		候选人人数（人）	0.0976***	0.004	0.0342
		选举制度满意度	−0.1402	0.459	0.1894
	党派社团	党员人数（人）	0.0126***	0.000	0.0019
		团员人数（人）	0.0014**	0.035	0.0007
		民主党派人数（人）	0.6412***	0.000	0.1160
		民间社团人数（人）	1.2963***	0.000	0.3436
	参政人员	村干部人数（人）	0.1709***	0.000	0.0269
		人民代表人数（人）	0.0471***	0.000	0.0133
		政协委员人数（人）	0.6251***	0.000	0.1094
		调解员人数（人）	0.1115**	0.028	0.0508
	公共会议	村党支部会议次数（次）	0.0180	0.137	0.0121
		党员大会次数（次）	0.0072	0.735	0.0214
		村委会会议次数（次）	0.0072	0.735	0.0214
		村民代表大会次数（次）	0.0151	0.502	0.0224
		宗族会议次数（次）	0.2975*	0.066	0.1617
村落非正式治理			系数	P 值	标准误
宗族祠堂	祠堂情况	是否有祠堂	−0.1087	0.579	0.1960
		祠堂数量（个）	−0.0509	0.618	0.1020
	宗族情况	最大宗族/总户数（%）	−0.9003**	0.010	0.3500
		第二大宗族/总户数（%）	−2.2280**	0.022	0.9745
		第三大宗族/总户数（%）	−2.5888*	0.077	1.4621
	族谱家谱情况	是否有族谱或家谱	0.0023	0.911	0.0207
		族谱或家谱数（个）	0.0830	0.637	0.1762
精神领袖和社会贤达		是否有精神领袖和社会贤达	0.0916	0.674	0.2177

注：* 表示 $p<0.1$，** 表示 $p<0.05$，*** 表示 $p<0.01$。

村落正式治理与相对前一年新创企业数的回归结果表明：（1）就村主任特征而言，教育程度与相对前一年新创企业数显著正相关，而是否为民主选举和是否为本村出生均与相对前一年新创企业数不存在显著的负相关关系；（2）就村落村规民约而言，村落是否有村规民约与相对前一年新创企业数不存在显著的相关关系；（3）就村落政治法律而言，选举制度（包括是否公开计票、候选人人数）、村落各党派社团（包括党员、团员、民主党派、民间社团）人数、参政人员（包括村干部、人民代表、政协委员、调解员）人数与相对前一年新创企业数显著正相关，而其他指标与相对前一年新创企业数均不存在显著的相关关系。

村落非正式治理与相对前一年新创企业数的回归结果表明：（1）就村落宗族祠堂而言，宗族情况（包括最大宗族在总户数中的占比、第二大宗族在总户数中的占比、第三大宗族在总户数中的占比）与相对前一年新创企业数显著负相关，而其他指标与相对前一年新创企业数均不存在显著的相关关系；（2）就村落精神领袖和社会贤达而言，村落是否有精神领袖和社会贤达与相对前一年新创企业数不存在显著的相关关系。

四、村落治理环境与相对前一年总的创业人数

本部分重点探究村落正式治理和非正式治理与相对前一年总的创业人数之间的直接关系，主要方法是最小二乘法。为排除变量的极端值对回归结果的影响，我们对主要变量进行了 95％水平上的缩尾处理。表 8-12 为村落治理环境的各个指标与村落相对前一年总的创业人数的回归结果，具体列示了自变量（村落治理环境指数）的系数、显著性水平和标准误。

表 8-12　村落治理环境与相对前一年总的创业人数的关系汇总

村落正式治理			系数	P 值	标准误
村主任特征		教育程度	2.3196	0.196	1.7936
		任期（年）	0.0737	0.769	0.2507
		是否为民主选举	−6.1934	0.265	5.5534
		是否为本村出生	−2.5534	0.628	5.2717
村规民约		是否有村规民约	−0.3481	0.939	4.5676
政治法律	选举制度	是否公开计票	4.8935	0.345	5.1807
		候选人数（人）	2.0822***	0.001	0.6375
		选举制度满意度	0.1236	0.972	3.5313
	党派社团	党员人数（人）	0.1989***	0.000	0.0360
		团员人数（人）	0.0184	0.130	0.0121
		民主党派人数（人）	3.5593	0.104	2.1868
		民间社团人数（人）	28.7307***	0.000	6.3898
	参政人员	村干部人数（人）	1.8394***	0.000	0.5070
		人民代表人数（人）	0.7135***	0.004	0.2477
		政协委员人数（人）	10.6812***	0.000	2.0443
		调解员人数（人）	1.9504**	0.040	0.9468
	公共会议	村党支部会议次数（次）	0.5621**	0.012	0.2246
		党员大会次数（次）	0.4419	0.267	0.3979
		村委会会议次数（次）	0.1579	0.178	0.1173
		村民代表大会次数（次）	1.2270***	0.003	0.4168
		宗族会议次数（次）	5.4973*	0.068	3.0136

（续表）

村落非正式治理			系数	P值	标准误
宗族祠堂	祠堂情况	是否有祠堂	3.0399	0.406	3.6541
		祠堂数量（个）	2.4014	0.207	1.9006
	宗族情况	最大宗族/总户数（%）	−7.4975	0.252	6.5393
		第二大宗族/总户数（%）	−8.4503	0.643	18.2048
		第三大宗族/总户数（%）	−7.0658	0.796	27.2912
	族谱家谱情况	是否有族谱或家谱	0.4750	0.219	0.3859
		族谱或家谱数（个）	−0.0841	0.980	3.2844
精神领袖和社会贤达		是否有精神领袖和社会贤达	1.4157	0.727	4.0576

注：* 表示 $p<0.1$，** 表示 $p<0.05$，*** 表示 $p<0.01$。

村落正式治理与相对前一年总的创业人数的回归结果表明：（1）就村主任特征而言，村主任特征与相对前一年总的创业人数均不存在显著的相关关系；（2）就村落村规民约而言，村落是否有村规民约与相对前一年总的创业人数不存在显著的相关关系；（3）就村落政治法律而言，候选人数、村落各党派社团（包括党员、民间社团、村干部、人民代表、政协委员、调解员）人数、公共会议（包括村党支部会议、村民代表大会、宗族会议）次数均与相对前一年总的创业人数显著正相关，而其他指标与相对前一年总的创业人数不存在显著的相关关系。

村落非正式治理与相对前一年总的创业人数的回归结果表明：（1）就村落宗族祠堂而言，村落宗族祠堂的相关指标均与相对前一年总的创业人数不存在显著的相关关系；（2）就村落精神领袖和社会贤达而言，村落是否有精神领袖和社会贤达与相对前一年总的创业人数不存在显著的相关关系。

五、村落治理环境与相对前一年创业家庭户数

本部分重点探究村落正式治理和非正式治理与相对前一年创业家庭户数之间的直接关系，主要方法是最小二乘法。为排除变量的极端值对回归结果的影响，我们对主要变量进行了95%水平上的缩尾处理。表8-13为村落治理环境的各个指标与村落相对前一年创业家庭户数的回归结果，具体列示了自变量（村落治理环境指数）的系数、显著性水平和标准误。

表8-13 村落治理环境与相对前一年创业家庭户数的关系汇总

村落正式治理		系数	P值	标准误
村主任特征	教育程度	1.4231***	0.005	0.5039
	任期（年）	−0.0594	0.401	0.0706
	是否为民主选举	−3.5505**	0.023	1.5618
	是否为本村出生	−0.1262	0.932	1.4851

村落正式治理			系数	P 值	标准误
村规民约	是否有村规民约		−0.8879	0.490	1.2864
政治法律	选举制度	是否公开计票	1.0449	0.474	1.4596
		候选人人数（人）	0.2305	0.201	0.1803
		选举制度满意度	−0.7019	0.480	0.9945
	党派社团	党员人数（人）	0.0493***	0.000	0.0102
		团员人数（人）	0.0063*	0.066	0.0034
		民主党派人数（人）	0.8001	0.194	0.6163
		民间社团人数（人）	6.9047***	0.000	1.8041
	参政人员	村干部人数（人）	0.5922***	0.000	0.1426
		人民代表人数（人）	0.1455**	0.038	0.0699
		政协委员人数（人）	2.7495***	0.000	0.5769
		调解员人数（人）	0.7006***	0.009	0.2664
	公共会议	村党支部会议次数（次）	0.1364**	0.031	0.0633
		党员大会次数（次）	0.1589	0.156	0.1121
		村委会会议次数（次）	0.0405	0.220	0.0330
		村民代表大会次数（次）	0.3111	0.008	0.1175
		宗族会议次数（次）	1.4950	0.079	0.8490

村落非正式治理			系数	P 值	标准误
宗族祠堂	祠堂情况	是否有祠堂	−0.0078	0.994	1.0296
		祠堂数量（个）	0.1229	0.819	0.5357
	宗族情况	最大宗族/总户数（%）	−2.1879	0.235	1.8420
		第二大宗族/总户数（%）	−0.7622	0.882	5.1286
		第三大宗族/总户数（%）	−0.2839	0.971	7.6879
	族谱家谱情况	是否有族谱或家谱	−0.0456	0.675	0.1088
		族谱或家谱数（个）	−0.9616	0.299	0.9248
精神领袖和社会贤达	是否有精神领袖和社会贤达		−0.1226	0.915	1.1430

注：* 表示 $p<0.1$，** 表示 $p<0.05$，*** 表示 $p<0.01$。

村落正式治理与相对前一年创业家庭户数的回归结果表明：（1）就村主任特征而言，教育程度与相对前一年创业家庭户数显著正相关，而是否民主选举与相对前一年创业家庭户数显著负相关；其他指标（包括村主任任期和是否为本村出生）与相对前一年创业家庭户数均不存在显著的相关关系；（2）就村落村规民约而言，村落是否有村规民约与相对前一年创业家庭户数不存在显著的相关关系；（3）就村落政治法律而言，村落各党派社团（包括党员、团员、民间社团）人数、参政人员（包括村干部、人民代表、政协委员、调解员）人数以及村党支部会议次数均与相对前一年创业家庭户数显著正相关。

村落非正式治理与相对前一年创业家庭户数的回归结果表明：（1）就村落宗族祠堂而言，村落宗族祠堂相关指标均与相对前一年创业家庭户数不存在显著的相关关系；（2）就村落精神领袖和社会贤达而言，村落是否有精神领袖和社会贤达与相对前一年创业家庭户数不存在显著的相关关系。

六、村落治理环境与相对前一年企业研发投入情况

本部分重点探究村落正式治理和非正式治理与相对前一年企业研发投入情况之间的直接关系，主要方法是最小二乘法。为排除变量的极端值对回归结果的影响，我们对主要变量进行了95％水平上的缩尾处理。表8-14为村落治理环境的各个指标与相对前一年企业研发投入的回归结果，具体列示了自变量（村落治理环境指数）的系数、显著性水平和标准误。

表 8-14　村落治理环境与相对前一年企业研发投入情况的关系汇总

村落正式治理			系数	P 值	标准误
村主任特征	教育程度		5.7616***	0.000	1.2889
	任期（年）		−0.1352	0.457	0.1815
	是否为民主选举		−1.0431	0.795	4.0227
	是否为本村出生		−3.5169	0.357	3.8159
村规民约	是否有村规民约		1.0139	0.759	3.3069
政治法律	选举制度	是否公开计票	1.5943	0.671	3.7520
		候选人人数（人）	0.8370*	0.071	0.4630
		选举制度满意度	−0.2238	0.930	2.5568
	党派社团	党员人数（人）	0.0885***	0.001	0.0263
		团员人数（人）	−0.0075	0.394	0.0088
		民主党派人数（人）	7.5833***	0.000	1.5700
		民间社团人数（人）	19.0354***	0.000	4.6327
	参政人员	村干部人数（人）	1.6598***	0.000	0.3660
		人民代表人数（人）	−0.2508	0.163	0.1798
		政协委员人数（人）	4.8697***	0.001	1.4902
		调解员人数（人）	0.4279	0.533	0.6866
	公共会议	村党支部会议次数（次）	0.1421	0.383	0.1630
		党员大会次数（次）	0.4408	0.126	0.2880
		村委会会议次数（次）	−0.0026	0.975	0.0850
		村民代表大会次数（次）	0.0339	0.911	0.3029
		宗族会议次数（次）	4.4342**	0.042	2.1812

村落非正式治理			系数	*P* 值	标准误
宗族祠堂	祠堂情况	是否有祠堂	3.8136	0.149	2.6441
		祠堂数量（个）	1.9662	0.153	1.3758
	宗族情况	最大宗族/总户数（%）	−0.6077	0.898	4.7371
		第二大宗族/总户数（%）	3.5252	0.789	13.1815
		第三大宗族/总户数（%）	19.3335	0.328	19.7521
	族谱家谱情况	是否有族谱或家谱	0.0142	0.959	0.2796
		族谱或家谱数（个）	1.2192	0.608	2.3777
精神领袖和社会贤达		是否有精神领袖和社会贤达	0.3288	0.911	2.9379

注：* 表示 $p < 0.1$，** 表示 $p < 0.05$，*** 表示 $p < 0.01$。

村落正式治理与相对前一年企业研发投入的回归结果表明：（1）就村主任特征而言，村主任的教育程度与相对前一年企业研发投入显著正相关，而村主任任期、是否为民主选举以及是否为本村出生与相对前一年企业研发投入均不存在显著的相关关系；（2）就村落村规民约而言，村落是否有村规民约与相对前一年企业研发投入不存在显著的相关关系；（3）就村落政治法律而言，村落候选人人数、村落各党派社团（包括党员、民主党派、民间社团）人数、参政人员（包括村干部、政协委员）人数以及村落公共会议（宗族会议）次数与相对前一年企业研发投入显著正相关，而其他指标与相对前一年企业研发投入不存在显著的相关关系。

村落非正式治理与相对前一年企业研发投入的回归结果表明：（1）就村落宗族祠堂而言，村落祠堂情况、宗族情况以及族谱家谱情况的各个指标与相对前一年研发投入均不存在显著的相关关系；（2）就村落精神领袖和社会贤达而言，村落是否有精神领袖和社会贤达与相对前一年研发投入不存在显著的相关关系。

七、村落治理环境与商贸市场、工业园区、开发区建设情况

本部分重点探究村落正式治理和非正式治理与商贸市场、工业园区、开发区建设情况之间的直接关系，主要方法是最小二乘法。为排除变量的极端值对回归结果的影响，我们对主要变量进行了 95% 水平上的缩尾处理。表 8-15 为村落治理环境的各个指标与村落商贸市场、工业园区、开发区建设的回归结果，具体列示了自变量（村落治理环境指数）的系数、显著性水平和标准误。

表 8-15 村落治理环境与商贸市场、工业园区、开发区建设情况的关系汇总

村落正式治理			系数	P 值	标准误
村主任特征	教育程度		0.0387***	0.006	0.0140
	任期（年）		−0.0008	0.700	0.0020
	是否为民主选举		−0.0465	0.286	0.0436
	是否为本村出生		−0.0626	0.130	0.0414
村规民约	是否有村规民约		0.0266	0.458	0.0359
政治法律	选举制度	是否公开计票	0.0705*	0.083	0.0406
		候选人人数（人）	0.0164***	0.001	0.0050
		选举制度满意度	−0.0107	0.700	0.0277
	党派社团	党员人数（人）	0.0017***	0.000	0.0003
		团员人数（人）	0.0003***	0.007	0.0001
		民主党派人数（人）	0.0488***	0.004	0.0171
		民间社团人数（人）	0.1565***	0.002	0.0504
	参政人员	村干部人数（人）	0.0243***	0.000	0.0039
		人民代表人数（人）	0.0012	0.554	0.0020
		政协委员人数（人）	0.0453***	0.005	0.0162
		调解员人数（人）	0.0021	0.775	0.0074
	公共会议	村党支部会议次数（次）	0.0037**	0.039	0.0018
		党员大会次数（次）	0.0012	0.710	0.0031
		村委会会议次数（次）	0.0011	0.246	0.0009
		村民代表大会次数（次）	0.0013	0.690	0.0033
		宗族会议次数（次）	0.0652***	0.006	0.0236
村落非正式治理			**系数**	**P 值**	**标准误**
宗族祠堂	祠堂情况	是否有祠堂	0.0495*	0.084	0.0287
		祠堂数量（个）	0.0115	0.440	0.0149
	宗族情况	最大宗族/总户数（%）	0.0161	0.754	0.0514
		第二大宗族/总户数（%）	0.1209	0.398	0.1429
		第三大宗族/总户数（%）	−0.1158	0.589	0.2142
	族谱家谱情况	是否有族谱或家谱	0.0047	0.121	0.0030
		族谱或家谱数（个）	0.0113	0.661	0.0258
精神领袖和社会贤达	是否有精神领袖和社会贤达		0.0213	0.504	0.0319

注：* 表示 $p < 0.1$，** 表示 $p < 0.05$，*** 表示 $p < 0.01$。

村落正式治理与商贸市场、工业园区、开发区建设的回归结果表明：（1）就村主任特征而言，村主任的教育程度与商贸市场、工业园区、开发区建设显著正相关，而村主任任期、是否为民主选举以及是否为本村出生与商贸市场、工业园区、开发区建设不存在显著的相关关系；（2）就村落村规民约而言，村落是否有村规民约与商贸市场、工业园区、开发区建设不存在显著的相关关系；（3）就村落政治法律而言，选举制度（是否公开计票、候选人人数）、村落各党派社团（包括党员、团员、民主党派、民间社团）人数、参政人员（包括村干部、政协委员）人数以及村落公共会议（包括村党支部会议、宗族会议）次数与商贸市场、工业园区、开发区建设显著正相关，而其他指标与商贸市场、工业园区、开发区建设不存在显著的相关关系。

村落非正式治理与商贸市场、工业园区、开发区建设的回归结果表明：（1）就村落宗族祠堂而言，村落是否有祠堂与商贸市场、工业园区、开发区建设显著正相关，而其他指标与商贸市场、工业园区、开发区建设不存在显著的相关关系；（2）就村落精神领袖和社会贤达而言，村落是否有精神领袖和社会贤达与商贸市场、工业园区、开发区建设不存在显著的相关关系。

八、村落治理环境与相对前一年专利申请情况

本部分重点探究村落正式治理和非正式治理与相对前一年专利申请情况的直接关系，主要方法是最小二乘法。为排除变量的极端值对回归结果的影响，我们对主要变量进行了95％水平上的缩尾处理。表8-16为村落治理环境的各个指标与村落相对前一年专利申请数量的回归结果，具体列示了自变量（村落治理环境指数）的系数、显著性水平和标准误。

表 8-16　村落治理环境与相对前一年专利申请情况的关系汇总

村落正式治理		系数	P 值	标准误
村主任特征	教育程度	0.0411	0.100	0.0250
	任期（年）	0.0022	0.527	0.0035
	是否为民主选举	−0.0924	0.233	0.0774
	是否为本村出生	−0.0471	0.522	0.0735
村规民约	是否有村规民约	−0.0782	0.219	0.0636
政治法律	选举制度 是否公开计票	0.0269	0.710	0.0722
	候选人人数（人）	−0.0008	0.932	0.0089
	选举制度满意度	−0.0241	0.625	0.0492
	党派社团 党员人数（人）	0.0002	0.650	0.0005
	团员人数（人）	−0.0001	0.549	0.0002
	民主党派人数（人）	0.0977***	0.001	0.0304
	民间社团人数（人）	0.4157***	0.000	0.0890
	参政人员 村干部人数（人）	0.0138*	0.053	0.0071
	人民代表人数（人）	0.0006	0.871	0.0035
	政协委员人数（人）	0.0977***	0.001	0.0287
	调解员人数（人）	0.0044	0.739	0.0132
	公共会议 村党支部会议次数（次）	−0.0020	0.527	0.0031
	党员大会次数（次）	0.0025	0.655	0.0055
	村委会会议次数（次）	−0.0026	0.975	0.0850
	村民代表大会次数（次）	0.0039	0.501	0.0058
	宗族会议次数（次）	0.1300***	0.002	0.0419

（续表）

村落非正式治理		系数	P 值	标准误
宗族祠堂	祠堂情况 是否有祠堂	0.0687	0.178	0.0509
	祠堂数量（个）	0.0176	0.507	0.0265
	宗族情况 最大宗族/总户数（%）	0.1662*	0.068	0.0911
	第二大宗族/总户数（%）	0.2050	0.419	0.2537
	第三大宗族/总户数（%）	0.7805**	0.040	0.3797
	族谱家谱 情况 是否有族谱或家谱	0.0039	0.470	0.0054
	族谱或家谱数（个）	0.0165	0.719	0.0458
精神领袖和 社会贤达	是否有精神领袖和社会贤达	0.0840	0.138	0.0565

注：* 表示 $p<0.1$，** 表示 $p<0.05$，*** 表示 $p<0.01$。

村落正式治理与相对前一年专利申请数量的回归结果表明：（1）就村主任特征而言，村主任的教育程度、任期、是否民主选举以及是否本村出生与相对前一年专利申请数量均不存在显著的相关关系；（2）就村落村规民约而言，村落是否有村规民约与相对前一年专利申请数量均不存在显著的相关关系；（3）就村落政治法律而言，村落各党派社团（包括民主党派、民间社团）人数、参政人员（包括村干部、政协委员）人数以及村落宗族会议次数与相对前一年专利申请数量显著正相关，而其他指标与相对前一年专利申请数量不存在显著的相关关系。

村落非正式治理与相对前一年专利申请数量的回归结果表明：（1）就村落宗族祠堂而言，村落最大宗族在总户数中的占比以及第三大宗族在总户数中的占比与相对前一年专利申请数量显著正相关，而其他指标与相对前一年专利申请数量不存在显著的相关关系；（2）就村落精神领袖和社会贤达而言，村落是否有精神领袖和社会贤达与相对前一年专利申请数量不存在显著的相关关系。

九、村落治理环境与相对前一年退出市场的创业项目情况

本部分重点探究村落正式治理和非正式治理与相对前一年退出市场的创业项目情况的直接关系，主要方法是最小二乘法。为排除变量的极端值对回归结果的影响，我们对主要变量进行了95%水平上的缩尾处理。表8-17为村落治理环境的各个指标与村落相对前一年退出市场的创业项目的回归结果，具体列示了自变量（村落治理环境指数）的系数、显著性水平和标准误。

表 8-17　村落治理环境与相对前一年退出市场的创业项目情况的关系汇总

村落正式治理			系数	P 值	标准误
村主任特征	教育程度		0.1877***	0.000	0.0465
	任期（年）		−0.0180***	0.006	0.0065
	是否为民主选举		−0.2010	0.165	0.1447
	是否为本村出生		−0.3853***	0.005	0.1370
村规民约	是否有村规民约		−0.0748	0.530	0.1191
政治法律	选举制度	是否公开计票	−0.0502	0.710	0.1351
		候选人人数（人）	0.0124	0.457	0.0167
		选举制度满意度	−0.2618***	0.004	0.0918
	党派社团	党员人数（人）	0.0074***	0.000	0.0009
		团员人数（人）	0.0009***	0.003	0.0003
		民主党派人数（人）	0.4738***	0.000	0.0554
		民间社团人数（人）	0.6629***	0.000	0.1669
	参政人员	村干部人数（人）	0.1097***	0.000	0.0129
		人民代表人数（人）	0.0133**	0.039	0.0065
		政协委员人数（人）	0.4613***	0.000	0.0522
		调解员人数（人）	0.1031***	0.000	0.0246
	公共会议	村党支部会议次数（次）	−0.0031	0.598	0.0059
		党员大会次数（次）	−0.0102	0.325	0.0104
		村委会会议次数（次）	−0.0026	0.388	0.0031
		村民代表大会次数（次）	−0.0055	0.617	0.0109
		宗族会议次数（次）	0.0925	0.240	0.0786
村落非正式治理			系数	P 值	标准误
宗族祠堂	祠堂情况	是否有祠堂	0.0086	0.928	0.0953
		祠堂数量（个）	0.0297	0.550	0.0496
	宗族情况	最大宗族/总户数（%）	−0.3906**	0.022	0.1702
		第二大宗族/总户数（%）	−0.6260	0.187	0.4743
		第三大宗族/总户数（%）	0.1360	0.849	0.7116
	族谱家谱情况	是否有族谱或家谱	−0.1260	0.141	0.0856
		族谱或家谱数（个）	0.0165	0.719	0.0458
精神领袖和社会贤达	是否有精神领袖和社会贤达		−0.0481	0.650	0.1058

注：* 表示 $p<0.1$，** 表示 $p<0.05$，*** 表示 $p<0.01$。

村落正式治理与相对前一年退出市场的创业项目的回归结果表明：（1）就村主任特征而言，村主任的教育程度与相对前一年退出市场的创业项目显著正相关，任期及其是否为本村出生与相对前一年退出市场的创业项目显著负相关，而是否民主选举与相对前一年退出市场的创业项目不存在显著的相关关系；（2）就村落村规民约而言，村落是否有村规民约与相对前一年退出市场的创业项目不存在显著的相关关系；（3）就村落政治法律而言，村落选举制度满意度与相对前一年退出市场的创业项目显著负相关，村落各党派社团（包括党员、团员、民主党派、民间社团）人数、参政人员（包括村干部、人民代表、政协委员、调解员）人数与相对前一年退出市场的创业项目显著正相关，而其他指标与相对前一年退出市场的创业项目不存在显著的相关关系。

村落非正式治理与相对前一年退出市场的创业项目的回归结果表明：（1）就村落宗族祠堂而言，村落最大宗族在总户数中的占比与相对前一年退出市场的创业项目显著负相关，而其他指标与相对前一年退出市场的创业项目不存在显著的相关关系；（2）就村落精神领袖和社会贤达而言，村落是否有精神领袖和社会贤达与相对前一年退出市场的创业项目不存在显著的相关关系。

十、村落治理环境与相对前一年停产与整顿或清算的创业项目情况

本部分重点探究村落正式治理和非正式治理与相对前一年停产与整顿或清算的创业项目情况的直接关系，主要方法是最小二乘法。为排除变量的极端值对回归结果的影响，我们对主要变量进行了95％水平上的缩尾处理。表8-18为村落治理环境的各个指标与村落相对前一年停产与整顿或清算的创业项目的回归结果，具体列示了自变量（村落治理环境指数）的系数、显著性水平和标准误。

表 8-18　村落治理环境与相对前一年停产与整顿或清算的创业项目情况的关系汇总

村落正式治理指标		系数	P 值	标准误
村主任特征	教育程度	0.1756***	0.000	0.0357
	任期（年）	−0.0097***	0.000	0.0050
	是否为民主选举	−0.0511	0.647	0.1115
	是否为本村出生	−0.1481	0.162	0.1057
村规民约	是否有村规民约	−0.1226	0.181	0.0916
政治法律	选举制度 是否公开计票	0.0113	0.914	0.1040
	选举制度 候选人人数（人）	0.0045	0.726	0.0128
	选举制度 选举制度满意度	−0.1664**	0.019	0.0707
	党派社团 党员人数（人）	0.0063***	0.000	0.0007
	党派社团 团员人数（人）	0.0008***	0.001	0.0002
	党派社团 民主党派人数（人）	0.3617***	0.000	0.0427
	党派社团 民间社团人数（人）	0.6346***	0.000	0.1280
	参政人员 村干部人数（人）	0.0856***	0.000	0.0099
	参政人员 人民代表人数（人）	0.0069	0.167	0.0050
	参政人员 政协委员人数（人）	0.3279***	0.000	0.0404
	参政人员 调解员人数（人）	0.0638***	0.001	0.0189
	公共会议 村党支部会议次数（次）	0.0022	0.630	0.0045
	公共会议 党员大会次数（次）	−0.0018	0.821	0.0080
	公共会议 村委会会议次数（次）	−0.0003	0.911	0.0024
	公共会议 村民代表大会次数（次）	0.0024	0.772	0.0084
	公共会议 宗族会议次数（次）	0.0998*	0.099	0.0605

村落非正式治理指标			系数	P值	标准误
宗族祠堂	祠堂情况	是否有祠堂	0.0122	0.868	0.0733
		祠堂数量（个）	0.0223	0.560	0.0382
	宗族情况	最大宗族/总户数（%）	−0.2972**	0.023	0.1310
		第二大宗族/总户数（%）	−0.2504	0.493	0.3653
		第三大宗族/总户数（%）	0.3705	0.499	0.5476
	族谱家谱情况	是否有族谱或家谱	−0.0151*	0.051	0.0077
		族谱或家谱数（个）	−0.1002	0.128	0.0658
精神领袖和社会贤达	是否有精神领袖和社会贤达		−0.0341	0.676	0.0814

注：* 表示 $p<0.1$，** 表示 $p<0.05$，*** 表示 $p<0.01$。

村落正式治理与相对前一年停产与整顿或清算的创业项目的回归结果表明：（1）就村主任特征而言，村主任的教育程度与相对前一年停产与整顿或清算的创业项目显著正相关，任期与相对前一年停产与整顿或清算的创业项目显著负相关，而是否为民主选举以及是否为本村出生与相对前一年停产与整顿或清算的创业项目不存在显著的相关关系；（2）就村落村规民约而言，村落是否有村规民约与相对前一年停产与整顿或清算的创业项目不存在显著的相关关系；（3）就村落政治法律而言，村落选举制度满意度与相对前一年停产与整顿或清算的创业项目显著负相关，村落各党派社团（包括党员、团员、民主党派、民间社团）人数、参政人员（包括村干部、政协委员、调解员）人数、宗族会议次数与相对前一年停产与整顿或清算的创业项目显著正相关，而其他指标与相对前一年停产与整顿或清算的创业项目不存在显著的相关关系。

村落非正式治理与相对前一年停产与整顿或清算的创业项目的回归结果表明：（1）就村落宗族祠堂而言，村落最大宗族在总户数中的占比以及是否有族谱或家谱与相对前一年停产与整顿或清算的创业项目显著负相关，而其他指标与相对前一年停产与整顿或清算的创业项目均不存在显著的相关关系；（2）就村落精神领袖和社会贤达而言，村落是否有精神领袖和社会贤达与相对前一年停产与整顿或清算的创业项目不存在显著的相关关系。

十一、村落治理环境与具有创业机会的居民情况

本部分重点探究村落正式治理和非正式治理与具有创业机会的居民情况的直接关系，主要方法是最小二乘法。为排除变量的极端值对回归结果的影响，我们对主要变量进行了95%水平上的缩尾处理。表8-19为村落治理环境的各个指标与村落未来一年有创业机会的居民数的回归结果，具体列示了自变量（村落治理环境指数）

的系数、显著性水平和标准误。

表 8-19 村落治理环境与具有创业机会的居民情况的关系汇总

村落正式治理指标			系数	P 值	标准误
村主任特征	教育程度		4.1408***	0.000	0.8451
	任期（年）		−0.2067*	0.083	0.1191
	是否为民主选举		−3.5831	0.175	2.6399
	是否为本村出生		−5.0957**	0.042	2.5026
村规民约	是否有村规民约		−2.8589	0.188	2.1703
政治法律	选举制度	是否公开计票	−0.8195	0.740	2.4642
		候选人人数（人）	0.6303**	0.038	0.3039
		选举制度满意度	3.1861*	0.058	1.6766
	党派社团	党员人数（人）	0.1294***	0.000	0.0169
		团员人数（人）	0.0304***	0.000	0.0057
		民主党派人数（人）	4.7354***	0.000	1.0320
		民间社团人数（人）	9.2222***	0.003	3.0521
	参政人员	村干部人数（人）	1.5110***	0.000	0.2385
		人民代表人数（人）	0.3453***	0.003	0.1178
		政协委员人数（人）	6.2533***	0.000	0.9664
		调解员人数（人）	0.6670	0.139	0.4506
	公共会议	村党支部会议次数（次）	0.1101	0.304	0.1070
		党员大会次数（次）	0.0875	0.644	0.1893
		村委会会议次数（次）	0.0669	0.231	0.0558
		村民代表大会次数（次）	0.3469*	0.081	0.1987
		宗族会议次数（次）	3.7831***	0.008	1.4308
村落非正式治理			系数	P 值	标准误
宗族祠堂	祠堂情况	是否有祠堂	0.0989	0.955	1.7380
		祠堂数量（个）	1.5031*	0.096	0.9033
	宗族情况	最大宗族/总户数（%）	3.3840	0.277	3.1095
		第二大宗族/总户数（%）	2.4467	0.778	8.6567
		第三大宗族/总户数（%）	16.1829	0.212	12.9686
	族谱家谱情况	是否有族谱或家谱	−0.0054	0.977	0.1836
		族谱或家谱数（个）	−0.3350	0.830	1.5617
精神领袖和社会贤达	是否有精神领袖和社会贤达		0.0082	0.997	1.9294

注：* 表示 $p<0.1$，** 表示 $p<0.05$，*** 表示 $p<0.01$。

村落正式治理与具有创业机会的居民数的回归结果表明：（1）就村主任特征而言，村主任的教育程度与具有创业机会的居民数显著正相关，任期以及是否为本村出生与具有创业机会的居民数显著负相关，而是否为民主选举与具有创业机会的居民数不存在显著的相关关系；（2）就村落村规民约而言，村落是否有村规民约与具有创业机会的居民数不存在显著的相关关系；（3）就村落政治法律而言，村落候选人人数、选举制度满意度、村落各党派社团（包括党员、团员、民主党派、民间社团）人数、参政人员（包括村干部、人民代表、政协委员）人数、村落公共会议（包括村民代表大会、宗族会议）次数与具有创业机会的居民数显著正相关，而其他指标与具有创业机会的居民数不存在显著的相关关系。

村落非正式治理与具有创业机会的居民数的回归结果表明：（1）就村落宗族祠堂而言，村落祠堂的数量与具有创业机会的居民数显著正相关，而其他指标与具有创业机会的居民数均不存在显著的相关关系；（2）就村落精神领袖和社会贤达而言，村落是否有精神领袖和社会贤达与具有创业机会的居民数不存在显著的相关关系。

十二、村落治理环境与具备创业技能和经验的居民情况

本部分重点探究村落正式治理和非正式治理与具备创业技能和经验的居民情况的直接关系，主要方法是最小二乘法。为排除变量的极端值对回归结果的影响，我们对主要变量进行了 95％水平上的缩尾处理。表 8-20 为村落治理环境的各个指标与村落有创业技能和经验的居民数的回归结果，具体列示了自变量（村落治理环境指数）的系数、显著性水平和标准误。

表 8-20　村落治理环境与具备创业技能和经验的居民情况的关系汇总

村落正式治理指标			系数	P 值	标准误
村主任特征		教育程度	6.8234***	0.000	1.3493
		任期（年）	−0.4151**	0.029	0.1901
		是否为民主选举	−3.0301	0.473	4.2202
		是否为本村出生	−5.5766	0.164	4.0021
村规民约		是否有村规民约	1.2177	0.726	3.4698
政治法律	选举制度	是否公开计票	3.1491	0.424	3.9362
		候选人人数（人）	0.9104*	0.061	0.4857
		选举制度满意度	2.9194	0.276	2.6815
	党派社团	党员人数（人）	0.2179***	0.000	0.0270
		团员人数（人）	0.0382***	0.000	0.0092
		民主党派人数（人）	8.0903***	0.000	1.6468
		民间社团人数（人）	23.7081***	0.000	4.8471
	参政人员	村干部人数（人）	2.8284***	0.000	0.3786
		人民代表人数（人）	0.6825***	0.000	0.1878
		政协委员人数（人）	11.8128***	0.000	1.5333
		调解员人数（人）	1.8435**	0.010	0.7186
	公共会议	村党支部会议次数（次）	0.6218***	0.000	0.1702
		党员大会次数（次）	0.5732*	0.058	0.3020
		村委会会议次数（次）	0.2220**	0.013	0.0890
		村民代表大会次数（次）	0.7859**	0.013	0.3170
		宗族会议次数（次）	9.6194***	0.000	2.2758

（续表）

村落非正式治理指标			系数	P 值	标准误
宗族祠堂	祠堂情况	是否有祠堂	7.3332***	0.008	2.7688
		祠堂数量（个）	5.3789***	0.000	1.4365
	宗族情况	最大宗族/总户数（%）	5.4973	0.269	4.9681
		第二大宗族/总户数（%）	−4.1864	0.762	13.8310
		第三大宗族/总户数（%）	14.2119	0.493	20.7297
	族谱家谱情况	是否有族谱或家谱	−0.2099	0.474	0.2933
		族谱或家谱数（个）	1.1899	0.634	2.4950
精神领袖和社会贤达	是否有精神领袖和社会贤达		0.3181	0.918	3.0827

注：* 表示 $p < 0.1$，** 表示 $p < 0.05$，*** 表示 $p < 0.01$。

村落正式治理与具备创业技能和经验的居民数的回归结果表明：（1）就村主任特征而言，村主任的教育程度与具备创业技能和经验的居民数显著正相关，任期与具备创业技能和经验的居民数显著负相关，而是否为民主选举以及是否为本村出生与具备创业技能和经验的居民数不存在显著的相关关系；（2）就村落村规民约而言，村落是否有村规民约与具备创业技能和经验的居民数不存在显著的相关关系；（3）就村落政治法律而言，候选人人数、村落各党派社团（包括党员、团员、民主党派、民间社团）人数、参政人员（包括村干部、人民代表、政协委员、调解员）人数、村落公共会议（包括村党支部会议、党员大会、村委会会议、村民代表大会、宗族会议）次数与具备创业技能和经验的居民数显著正相关，而是否公开计票以及选举制度满意度与具备创业技能和经验的居民数不存在显著的相关关系。

村落非正式治理与具备创业技能和经验的居民数的回归结果表明：（1）就村落宗族祠堂而言，村落是否有祠堂以及祠堂数量与具备创业技能和经验的居民数显著正相关，而其他指标与具备创业技能和经验的居民数不存在显著的相关关系；（2）就村落精神领袖和社会贤达而言，村落是否有精神领袖和社会贤达与具备创业技能和经验的居民数不存在显著的相关关系。

第四节

村落营商环境与创业活力的关系

本节主要研究村落营商环境与创业活力之间的关系。其中，村落营商环境主要包括教育与培训、人口流动、文化与制度、金融服务机构、交通运输通信、吸收外部资本能力六个维度；创业活力主要包括创业人数，小微企业数，相对前一年新创企业数，相对前一年总的创业人数，相对前一年创业家庭户数，相对前一年企业研发投入情况，商贸市场、工业园区、开发区建设情况，相对前一年专利申请情况，相对前一年退出市场的创业项目情况，相对前一年停产与整顿或清算的创业项目情况，具有创业机会的居民情况，具备创业技能和经验的居民情况十二个维度。

一、村落营商环境与创业人数

本部分重点探究村落营商环境与创业人数之间的直接关系，主要方法是最小二乘法。为排除变量的极端值对回归结果的影响，我们对主要变量进行了95％水平上的缩尾处理。表8-21为村落营商环境的各个指标与村落创业人数的回归结果，具体列示了自变量（营商环境指数）的系数、显著性水平和标准误。

表 8-21　村落营商环境与创业人数的关系汇总

营商环境指标			系数	P 值	标准误
教育与培训	教育情况	高中及以上学历的人数（人）	0.1294***	0.000	0.0110
		高中及以上学历的人数/户籍人口（％）	85.9867**	0.014	34.9498
		大学及以上学历的人数（人）	0.3753***	0.000	0.0332
		大学及以上学历的人数/户籍人口（％）	347.5526***	0.001	103.8793
	培训情况	前一年政府是否提供职业技能培训	29.4316***	0.008	11.0809
		参加农业培训的人数（人）	0.2233***	0.000	0.0448
		参加农业培训的人数/户籍人口（％）	−197.9766**	0.011	77.6224
		参加非农业培训的人数（人）	0.3675***	0.000	0.0592
		参加非农业培训的人数/户籍人口（％）	−134.7664	0.211	107.5868
人口流动		本乡镇打工人数（人）	0.0767***	0.000	0.0093
		本乡镇打工人数/本村总劳动力（％）	0.6732***	0.000	0.1908
		本县打工人数（人）	0.0841***	0.000	0.0135
		本县打工人数/本村总劳动力（％）	0.0477	0.845	0.2447
		本省打工人数（人）	0.0594***	0.000	0.0115
		本省打工人数/本村总劳动力（％）	−0.0863	0.630	0.1794
		外省打工人数（人）	0.0775***	0.000	0.0175
		外省打工人数/本村总劳动力（％）	−0.1602	0.427	0.2017

（续表）

营商环境指标			系数	P 值	标准误
文化与制度	是否有宗教信仰		16.8541*	0.073	9.3818
	宗教建筑	教堂数量（座）	71.4395***	0.000	14.3750
		清真寺数量（座）	23.2431***	0.000	6.5098
		寺院（庙、庵）数量（座）	29.8857***	0.000	7.7340
		道观数量（座）	28.3423***	0.000	7.4781
金融服务机构	传统金融	金融机构种类数（个）	5.9276	0.259	5.2445
	互联网金融	是否有 ATM 机	75.1708***	0.000	10.0502
交通运输通信	村落现有交通运输通信工具	快递点的数量（个）	37.8224***	0.000	10.4036
		客运码头的数量（个）	41.5284**	0.029	18.9903
		货运码头的数量（个）	26.5139	0.174	19.4928
		机动车的数量（辆）	0.1164***	0.000	0.0119
		机动船只的数量（艘）	5.5368***	0.000	1.4654
	村落与主要交通运输通信枢纽的距离	与最近公路的距离（公里）	−0.9872	0.664	2.2758
		与最近县城的距离（公里）	−1.5202***	0.001	0.4572
		与最近商贸市场开发区的距离（公里）	−6.3121***	0.000	1.1986
		与最近火车站的距离（公里）	−0.3930**	0.010	0.1522
		与最近码头的距离（公里）	−0.1014	0.129	0.0668
	村落现有通信工具	固定电话覆盖率（%）	0.2597**	0.038	0.1252
		手机覆盖率（%）	0.3223	0.428	0.4069
		电脑覆盖率（%）	0.9509***	0.000	0.1477
		互联网覆盖率（%）	0.8020***	0.000	0.1443
吸收外部资本能力	总固定资产投资（万元）		0.0652***	0.000	0.0130
	外资投资（万元）		0.0690	0.484	0.0986
	外省市投资（万元）		0.1107*	0.055	0.0575
	其他投资（万元）		0.1016***	0.000	0.0193

注：* 表示 $p<0.1$，** 表示 $p<0.05$，*** 表示 $p<0.01$。

回归结果表明：（1）就教育与培训而言，村落中具有高学历（包括高中及以上学历、大学及以上学历）的居民人数及其在户籍人口中的占比、前一年政府是否提供职业技能培训以及村落中参加培训（包括农业、非农业）的居民人数与村落创业人数显著正相关，参加农业培训的居民人数在户籍人口中的占比与村落创业人数显著负相关，而参加非农业培训的居民人数在户籍人口中的占比与村落创业人数不存在显著的相关关系；（2）就人口流动而言，当地打工（包括本乡镇、本县、本省）和外省打工的居民人数以及本乡镇打工的居民人数在本村总劳动力中的占比与村落创业人数显著正相关，而其他指标与村落创业人数不存在显著的相关关系；（3）就文化与制度而言，村落居民是否有宗教信仰以及村落宗教建筑（包括教堂、清真寺、寺院、道观）的数量均与村落创业人数显著正相关；（4）就金融服务机构而言，村落是否有 ATM 机与村落创业人数显著正相关，而村落现有金融机构的种类数与村落创业人数不存在显著的相关关系；（5）就交通运输通信而言，村落现有交通运输通信工具（包括快递点、客运码头、机动车、机动船只）的数量以及村落使用各类通信工具（包括固定电话、电脑、互联网）的居民占比与村落创业人数显著正相关，村落与主要交通运输通信枢纽（包括最近县城、商贸市场开发区、火车站）的距离与村落创业人数显著负相关，而其他指标与村落创业人数不存在显著的相关关系；（6）就吸收外部资本能力而言，村落所吸收的总固定资产投资、外省市投资以及其他投资与村落创业人数显著正相关，而外资投资与村落创业人数不存在显著的相关关系。

二、村落营商环境与小微企业数

本部分重点探究村落营商环境与小微企业数之间的直接关系，主要方法是最小二乘法。为排除变量的极端值对回归结果的影响，我们对主要变量进行了95%水平上的缩尾处理。表8-22为村落营商环境的各个指标与村落小微企业数的回归结果，具体列示了自变量（营商环境指数）的系数、显著性水平和标准误。

回归结果表明：（1）就教育与培训而言，村落中具有高学历（包括高中及以上学历、大学及以上学历）的居民人数及其在户籍人口中的占比以及村落中参加培训（包括农业、非农业）的居民人数与村落小微企业数显著正相关，村落中参加农业培训的居民人数在户籍人口中的占比与村落小微企业数显著负相关，而其他指标与村落小微企业数不存在显著的相关关系；（2）就人口流动而言，当地打工（包括本乡镇、本县、本省）的居民人数及其在本村总劳动力中的占比与村落小微企业数显著正相关，外省打工人数在本村总劳动力中的占比与村落小微企业数显著负相关，而外省打工人数与村落小微企业数不存在显著的相关关系；（3）就文化与制度而言，村落居民是否有宗教信仰以及村落宗教建筑（包括教堂、清真寺、寺院、道观）的数量均与村落小微企业数显著正相关；（4）就金融服务机构而言，村落现有金融机构的种类数以及村落是否有ATM机与村落小微企业数显著正相关；（5）就交通运输通信而言，村落现有交通运输通信工具（包括快递点、客运码头、货运码头、机动车、机动船只）的数量以及村落使用各类通信工具（包括固定电话、电脑、互联网）的居民比例与村落小微企业数显著正相关，村落与主要交通运输通信枢纽（包括最近县城、商贸市场开发区、火车站、码头）的距离与村落小微企业数显著负相关，而其他指标与村落小微企业数不存在显著的相关关系；（6）就吸收外部资本能力而言，村落所吸收的总固定资产投资、外资投资、外省市投资以及其他投资均与村落小微企业数显著正相关。

表 8-22　村落营商环境与小微企业数的关系汇总

营商环境指标			系数	P 值	标准误
教育与培训	教育情况	高中及以上学历的人数(人)	0.0153***	0.000	0.0014
		高中及以上学历的人数/户籍人口(%)	28.7460***	0.000	4.2333
		大学及以上学历的人数(人)	0.0425***	0.000	0.0041
		大学及以上学历的人数/户籍人口(%)	87.8963***	0.000	12.5955
	培训情况	前一年政府是否提供职业技能培训	−0.6122	0.655	1.3680
		参加农业培训的人数(人)	0.0168***	0.002	0.0055
		参加农业培训的人数/户籍人口(%)	−20.4939**	0.032	9.5635
		参加非农业培训的人数(人)	0.0392***	0.000	0.0073
		参加非农业培训的人数/户籍人口(%)	15.4339	0.244	13.2460
人口流动		本乡镇打工人数(人)	0.0120***	0.000	0.0011
		本乡镇打工人数/本村总劳动力(%)	0.1592***	0.000	0.0232
		本县打工人数(人)	0.0141***	0.000	0.0016
		本县打工人数/本村总劳动力(%)	0.0988***	0.001	0.0300
		本省打工人数(人)	0.0088***	0.000	0.0014
		本省打工人数/本村总劳动力(%)	0.0381*	0.085	0.0221
		外省打工人数(人)	−0.0020	0.368	0.0022
		外省打工人数/本村总劳动力(%)	−0.1178***	0.000	0.0246
文化与制度		是否有宗教信仰	2.8762**	0.013	1.1536
	宗教建筑	教堂数量(座)	5.1079***	0.004	1.7816
		清真寺数量(座)	2.0515**	0.011	0.8035
		寺院(庙、庵)数量(座)	2.1190**	0.027	0.9560
		道观数量(座)	2.9642***	0.001	0.9221
金融服务机构	传统金融	金融机构种类数(个)	1.4073**	0.029	0.6447
	互联网金融	是否有 ATM 机	10.8566***	0.000	1.2264
交通运输通信	村落现有交信工具	快递点的数量(个)	7.7211***	0.000	1.2684
		客运码头的数量(个)	5.4284**	0.020	2.3373
		货运码头的数量(个)	5.3061**	0.027	2.3967
		机动车的数量(辆)	0.0127***	0.000	0.0015
		机动船只的数量(艘)	0.8203***	0.000	0.1799
	村落与主要交通运输通信枢纽的距离	与最近公路的距离(公里)	−0.3417	0.223	0.2800
		与最近县城的距离(公里)	−0.2536***	0.000	0.0561
		与最近商贸市场开发区的距离(公里)	−0.8686***	0.000	0.1471
		与最近火车站的距离(公里)	−0.0633***	0.001	0.0187
		与最近码头的距离(公里)	−0.0342***	0.000	0.0082
	村落现有通信工具	固定电话覆盖率(%)	0.1303***	0.000	0.0150
		手机覆盖率(%)	−0.0226	0.652	0.0501
		电脑覆盖率(%)	0.2000***	0.000	0.0176
		互联网覆盖率(%)	0.1610***	0.000	0.0174
吸收外部资本能力		总固定资产投资(万元)	0.0132***	0.000	0.0016
		外资投资(万元)	0.0507***	0.000	0.0121
		外省市投资(万元)	0.0426***	0.000	0.0070
		其他投资(万元)	0.0193***	0.000	0.0023

注：* 表示 $p<0.1$，** 表示 $p<0.05$，*** 表示 $p<0.01$。

三、村落营商环境与相对前一年新创企业数

本部分重点探究村落营商环境与相对前一年新创企业数之间的直接关系，主要方法是最小二乘法。为排除变量的极端值对回归结果的影响，我们对主要变量进行了95％水平上的缩尾处理。表8-23为村落营商环境的各个指标与村落相对前一年新创企业数的回归结果，具体列示了自变量（营商环境指数）的系数、显著性水平和标准误。

表 8-23　村落营商环境与相对前一年新创企业数的关系汇总

营商环境指标			系数	P 值	标准误
教育与培训	教育情况	高中及以上学历的人数（人）	0.0016***	0.000	0.0002
		高中及以上学历的人数/户籍人口（％）	2.6767***	0.000	0.6470
		大学及以上学历的人数（人）	0.0044***	0.000	0.0006
		大学及以上学历的人数/户籍人口（％）	8.1387***	0.000	1.9266
	培训情况	前一年政府是否提供职业技能培训	0.4869**	0.018	0.2062
		参加农业培训的人数（人）	0.0028***	0.001	0.0008
		参加农业培训的人数/户籍人口（％）	−0.8352	0.564	1.4472
		参加非农业培训的人数（人）	0.0048***	0.000	0.0011
		参加非农业培训的人数/户籍人口（％）	2.9496	0.141	2.0003
人口流动	本乡镇打工人数（人）		0.0011***	0.000	0.0002
	本乡镇打工人数/本村总劳动力（％）		0.0150***	0.000	0.0035
	本县打工人数（人）		0.0016***	0.000	0.0003
	本县打工人数/本村总劳动力（％）		0.0129***	0.005	0.0045
	本省打工人数（人）		0.0008***	0.000	0.0002
	本省打工人数/本村总劳动力（％）		−0.0015	0.654	0.0033
	外省打工人数（人）		0.0003	0.352	0.0003
	外省打工人数/本村总劳动力（％）		−0.0075**	0.044	0.0037
文化与制度	是否有宗教信仰		0.2501	0.152	0.1746
	宗教建筑	教堂数量（座）	0.4468*	0.098	0.2697
		清真寺数量（座）	0.4510***	0.000	0.1210
		寺院（庙、庵）数量（座）	0.2104	0.146	0.1446
		道观数量（座）	0.4248***	0.002	0.1394
金融服务机构	传统金融	金融机构种类数（个）	0.2132**	0.029	0.0974
	互联网金融	是否有 ATM 机	1.3988***	0.000	0.1869

（续表）

营商环境指标			系数	P 值	标准误
交通运输通信	村落现有交通运输通信工具	快递点的数量（个）	1.1112***	0.000	0.1919
		客运码头的数量（个）	0.5780	0.102	0.3535
		货运码头的数量（个）	0.8364**	0.021	0.3620
		机动车的数量（辆）	0.0011***	0.000	0.0002
		机动船只的数量（艘）	0.0771***	0.005	0.0273
	村落与主要交通运输通信枢纽的距离	与最近公路的距离（公里）	−0.0212	0.617	0.0423
		与最近县城的距离（公里）	−0.0154*	0.071	0.0085
		与最近商贸市场开发区的距离（公里）	−0.0551**	0.014	0.0225
		与最近火车站的距离（公里）	−0.0004	0.890	0.0028
		与最近码头的距离（公里）	−0.0030**	0.016	0.0012
	村落现有通信工具	固定电话覆盖率（%）	0.0104***	0.000	0.0023
		手机覆盖率（%）	−0.0012	0.870	0.0076
		电脑覆盖率（%）	0.0170***	0.000	0.0027
		互联网覆盖率（%）	0.0152***	0.000	0.0027
吸收外部资本能力		总固定资产投资（万元）	0.0012***	0.000	0.0002
		外资投资（万元）	0.0037**	0.041	0.0018
		外省市投资（万元）	0.0036***	0.001	0.0011
		其他投资（万元）	0.0017***	0.000	0.0004

注：* 表示 $p<0.1$，** 表示 $p<0.05$，*** 表示 $p<0.01$。

回归结果表明：（1）就教育与培训而言，村落中具有高学历（包括高中及以上学历、大学及以上学历）的居民人数及其在户籍人口中的占比、政府是否提供职业技能培训以及参加培训（包括农业、非农业）的人数与村落相对前一年新创企业数显著正相关，而其他指标与村落相对前一年新创企业数不存在显著的相关关系；（2）就人口流动而言，当地打工（包括本乡镇、本县、本省）的居民人数、当地打工（包括本乡镇、本县）的居民人数在本村总劳动力中的占比与村落相对前一年新创企业数显著正相关，外省打工人数在本村总劳动力中的占比与村落相对前一年新创企业数显著负相关，而其他指标与村落相对前一年新创企业数不存在显著的相关关系；（3）就文化与制度而言，村落宗教建筑（包括教堂、清真寺、道观）的数量与村落相对前一年新创企业数显著正相关，而其他指标与村落相对前一年新创企业数不存在显著的相关关系；（4）就金融服务机构而言，村落现有金融机构的种类数以及村落是否有 ATM 机与村落相对前一年新创企业数显著正相关；（5）就交通运输通信而言，村落现有交通运输通信工具（包括快递点、货运码头、机动车、机动船只）的数量以及村落使用各类通信工具（包括固定电话、电脑、互联网）的居民占比与村落相对前一年新创企业数显著正相关，村落与主要交通运输通信枢纽（包括最近县城、商贸市场开发区、码头）的距离与村落相对前一年新创企业数显著负相关，而其他指标与村落相对前一年的新创企业数不存在显著的相关关系；（6）就吸收外部资本能力而言，村落所吸收的总固定资产投资、外资投资、外省市投资以及其他投资均与村落相对前一年新创企业数显著正相关。

四、村落营商环境与相对前一年总的创业人数

本部分重点探究村落营商环境与相对前一年总的创业人数之间的直接关系，主要方法是最小二乘法。为排除变量的极端值对回归结果的影响，我们对主要变量进行了 95％水平上的缩尾处理。表 8-24 为村落营商环境的各个指标与村落相对前一年总的创业人数的回归结果，具体列示了自变量（营商环境指数）的系数、显著性水平和标准误。

表 8-24　村落营商环境与相对前一年总的创业人数的关系汇总

营商环境指标			系数	P 值	标准误
教育与培训	教育情况	高中及以上学历的人数（人）	0.0232***	0.000	0.0040
		高中及以上学历的人数/户籍人口（％）	32.1834***	0.008	12.1115
		大学及以上学历的人数（人）	0.0673***	0.000	0.0119
		大学及以上学历的人数/户籍人口（％）	98.1374***	0.007	36.0696
	培训情况	前一年政府是否提供职业技能培训	7.8773**	0.041	3.8461
		参加农业培训的人数（人）	0.1156***	0.000	0.0153
		参加农业培训的人数/户籍人口（％）	−197.9766**	0.011	77.6224
		参加非农业培训的人数（人）	0.1221***	0.000	0.0206
		参加非农业培训的人数/户籍人口（％）	83.3406**	0.025	37.2458
人口流动	本乡镇打工人数（人）		70.9696***	0.008	26.9055
	本乡镇打工人数/本村总劳动力（％）		0.0174***	0.000	0.0033
	本县打工人数（人）		0.2027***	0.002	0.0662
	本县打工人数/本村总劳动力（％）		0.0155***	0.001	0.0047
	本省打工人数（人）		−0.0138	0.870	0.0848
	本省打工人数/本村总劳动力（％）		0.0048	0.234	0.0040
	外省打工人数（人）		−0.1466**	0.018	0.0620
	外省打工人数/本村总劳动力（％）		0.0128**	0.036	0.0061
文化与制度	是否有宗教信仰		4.6485	0.153	3.2541
	宗教建筑	教堂数量（座）	15.8577***	0.002	5.0136
		清真寺数量（座）	8.0064***	0.000	2.2570
		寺院（庙、庵）数量（座）	9.0054***	0.001	2.6853
		道观数量（座）	10.1010***	0.000	2.5917
金融服务机构	传统金融	金融机构种类数（个）	−0.9718	0.593	1.8189
	互联网金融	是否有 ATM 机	20.4779***	0.000	3.5150

（续表）

营商环境指标			系数	P 值	标准误
交通运输通信	村落现有交通运输通信工具	快递点的数量（个）	11.1949***	0.002	3.6121
		客运码头的数量（个）	−1.8323	0.781	6.5965
		货运码头的数量（个）	−0.8233	0.903	6.7630
		机动车的数量（辆）	0.0219***	0.000	0.0042
		机动船只的数量（艘）	1.1097**	0.030	0.5100
	村落与主要交通运输通信枢纽的距离	与最近公路的距离（公里）	0.4000	0.612	0.7890
		与最近县城的距离（公里）	−0.4931***	0.002	0.1586
		与最近商贸市场开发区的距离（公里）	−0.9677**	0.021	0.4194
		与最近火车站的距离（公里）	−0.1027*	0.052	0.0528
		与最近码头的距离（公里）	−0.0077	0.739	0.0232
	村落现有通信工具	固定电话覆盖率（%）	0.0605	0.164	0.0435
		手机覆盖率（%）	−0.0462	0.743	0.1411
		电脑覆盖率（%）	0.1466***	0.005	0.0519
		互联网覆盖率（%）	0.1763***	0.000	0.0504
吸收外部资本能力		总固定资产投资（万元）	0.0185***	0.000	0.0045
		外资投资（万元）	0.0706**	0.039	0.0341
		外省市投资（万元）	0.0138	0.491	0.0200
		其他投资（万元）	0.0231***	0.001	0.0067

注：* 表示 $p<0.1$，** 表示 $p<0.05$，*** 表示 $p<0.01$。

回归结果表明：（1）就教育与培训而言，村落中具有高学历（包括高中及以上学历、大学及以上学历）的居民人数及其在户籍人口中的占比、政府是否提供职业技能培训、村落中参加培训（包括农业、非农业）的人数以及参加非农业培训的人数在户籍人口中的占比与村落相对前一年总的创业人数显著正相关，而参加培训的人数在户籍人口中的占比与村落相对前一年总的创业人数显著负相关；（2）就人口流动而言，当地打工（包括本乡镇、本县）的居民人数及其在本村总劳动力中的占比以及外省打工的居民人数在本村总劳动力中的占比与村落相对前一年总的创业人数显著正相关，外省打工人数与村落相对前一年总的创业人数显著负相关，而其他指标与村落相对前一年总的创业人数不存在显著的相关关系；（3）就文化与制度而言，村落宗教建筑（包括教堂、清真寺、寺院、道观）的数量与村落相对前一年总的创业人数显著正相关，而村落居民是否有宗教信仰与村落相对前一年总的创业人数不存在显著的相关关系；（4）就金融服务机构而言，村落是否有 ATM 机与村落相对前一年总的创业人数显著正相关，而村落现有金融机构的种类数与村落相对前一年总的创业人数不存在显著的相关关系；（5）就交通运输通信而言，村落现有交通运输通信工具（包括快递点、机动车、机动船只）的数量以及村落使用各类通信工具（包括电脑、互联网）的居民占比与村落相对前一年总的创业人数显著正相关，村落与主要交通运输通信枢纽（包括最近县城、商贸市场开发区、火车站）的距离与村落相对前一年总的创业人数显著负相关，而其他指标与村落相对前一年总的创业人数不存在显著的相关关系；（6）就吸收外部资本能力而言，村落所吸收的总固定资产投资、外资投资以及其他投资与村落相对前一年总的创业人数显著正相关，而村落所吸收的外省市投资与村落相对前一年总的创业人数不存在显著的相关关系。

五、村落营商环境与相对前一年创业家庭户数

本部分重点探究村落营商环境与相对前一年创业家庭户数之间的直接关系，主要方法是最小二乘法。为排除变量的极端值对回归结果的影响，我们对主要变量进行了95％水平上的缩尾处理。表8-25为村落营商环境的各个指标与村落相对前一年创业家庭户数的回归结果，具体列示了自变量（营商环境指数）的系数、显著性水平和标准误。

表8-25　村落营商环境与相对前一年创业家庭户数的关系汇总

营商环境指标			系数	P 值	标准误
教育与培训	教育情况	高中及以上学历的人数（人）	0.0063***	0.000	0.0011
		高中及以上学历的人数/户籍人口（％）	10.2483***	0.003	3.4089
		大学及以上学历的人数（人）	0.0207***	0.000	0.0034
		大学及以上学历的人数/户籍人口（％）	40.5854***	0.000	10.1245
	培训情况	前一年政府是否提供职业技能培训	1.5741	0.147	1.0844
		参加农业培训的人数（人）	0.0266***	0.000	0.0043
		参加农业培训的人数/户籍人口（％）	14.0219*	0.065	7.5902
		参加非农业培训的人数（人）	0.0288***	0.000	0.0058
		参加非农业培训的人数/户籍人口（％）	16.1062	0.125	10.5034
人口流动		本乡镇打工人数（人）	0.0049***	0.000	0.0009
		本乡镇打工人数/本村总劳动力（％）	0.0760***	0.000	0.0186
		本县打工人数（人）	0.0030**	0.026	0.0013
		本县打工人数/本村总劳动力（％）	−0.0110	0.645	0.0239
		本省打工人数（人）	0.0012	0.308	0.0011
		本省打工人数/本村总劳动力（％）	−0.0177	0.311	0.0175
		外省打工人数（人）	0.0028	0.110	0.0017
		外省打工人数/本村总劳动力（％）	−0.0321	0.103	0.0197
文化与制度		是否有宗教信仰	1.8288**	0.046	0.9159
	宗教建筑	教堂数量（座）	2.5499*	0.072	1.4162
		清真寺数量（座）	2.3720***	0.000	0.6354
		寺院（庙、庵）数量（座）	2.3475***	0.002	0.7569
		道观数量（座）	2.8039***	0.000	0.7302

（续表）

营商环境指标			系数	P值	标准误
金融服务机构	传统金融	金融机构种类数（个）	−0.3762	0.463	0.5123
	互联网金融	是否有ATM机	5.0559***	0.000	0.9934
交通运输通信	村落现有交通运输通信工具	快递点的数量（个）	2.9397***	0.004	1.0180
		客运码头的数量（个）	1.3487	0.468	1.8578
		货运码头的数量（个）	1.7320	0.363	1.9044
		机动车的数量（辆）	0.0053***	0.000	0.0012
		机动船只的数量（艘）	0.3806***	0.008	0.1435
	村落与主要交通运输通信枢纽的距离	与最近公路的距离（公里）	0.1974	0.375	0.2222
		与最近县城的距离（公里）	−0.1079**	0.016	0.0447
		与最近商贸市场开发区的距离（公里）	−0.2641**	0.026	0.1181
		与最近火车站的距离（公里）	−0.0127	0.393	0.0149
		与最近码头的距离（公里）	−0.0036	0.585	0.0065
	村落现有通信工具	固定电话覆盖率（%）	0.0198	0.105	0.0122
		手机覆盖率（%）	−0.0248	0.533	0.0397
		电脑覆盖率（%）	0.0576***	0.000	0.0146
		互联网覆盖率（%）	0.0557***	0.000	0.0142
吸收外部资本能力		总固定资产投资（万元）	0.0049***	0.000	0.0013
		外资投资（万元）	0.0159*	0.099	0.0096
		外省市投资（万元）	0.0031	0.582	0.0056
		其他投资（万元）	0.0073***	0.000	0.0019

注：* 表示 $p<0.1$，** 表示 $p<0.05$，*** 表示 $p<0.01$。

回归结果表明：（1）就教育与培训而言，村落中具有高学历（包括高中及以上学历、大学及以上学历）的居民人数及其在户籍人口中的占比、参加培训（包括农业、非农业）的人数以及参加农业培训的人数在户籍人口中的占比与村落相对前一年创业家庭户数显著正相关，而其他指标与村落相对前一年创业家庭户数不存在显著的相关关系；（2）就人口流动而言，当地打工（包括本乡镇、本县）的居民人数以及本乡镇打工的居民人数在本村总劳动力的比例与村落相对前一年创业家庭户数显著正相关，而其他指标与村落相对前一年创业家庭户数不存在显著的相关关系；（3）就文化与制度而言，村落村民是否有宗教信仰以及村落宗教建筑（包括教堂、清真寺、寺院、道观）的数量均与村落相对前一年创业家庭户数显著正相关；（4）就金融服务机构而言，村落是否有ATM机与村落相对前一年创业家庭户数显著正相关，而村落现有的金融机构种类数与村落相对前一年创业家庭户数不存在显著的相关关系；（5）就交通运输通信而言，村落现有交通运输通信工具（包括快递点、机动车、机动船只）的数量以及村落使用各类通信工具（包括电脑、互联网）

的居民占比与村落相对前一年创业家庭户数显著正相关，村落与主要交通运输通信枢纽（包括最近县城、商贸市场开发区）的距离与村落相对前一年创业家庭户数显著负相关，而其他指标与村落相对前一年创业家庭户数不存在显著的相关关系；（6）就吸收外部资本能力而言，村落所吸收的总固定资产投资、外资投资以及其他投资与村落相对前一年创业家庭户数显著正相关，而村落所吸收的外省市投资与村落相对前一年创业家庭户数不存在显著的相关关系。

六、村落营商环境与相对前一年企业研发投入情况

本部分重点探究村落营商环境与相对前一年企业研发投入情况之间的直接关系，主要方法是最小二乘法。为排除变量的极端值对回归结果的影响，我们对主要变量进行了95％水平上的缩尾处理。表8-26为村落营商环境的各个指标与村落相对前一年企业研发投入的回归结果，具体列示了自变量（营商环境指数）的系数、显著性水平和标准误。

表8-26　村落营商环境与相对前一年企业研发投入情况的关系汇总

营商环境指标			系数	P值	标准误
教育与培训	教育情况	高中及以上学历的人数（人）	0.0142***	0.000	0.0029
		高中及以上学历的人数/户籍人口（％）	36.1580***	0.000	8.7328
		大学及以上学历的人数（人）	0.0455***	0.000	0.0087
		大学及以上学历的人数/户籍人口（％）	130.1962***	0.000	25.9257
	培训情况	前一年政府是否提供职业技能培训	8.1476***	0.003	2.7796
		参加农业培训的人数（人）	0.0209*	0.066	0.0113
		参加农业培训的人数/户籍人口（％）	4.1471	0.832	19.5359
		参加非农业培训的人数（人）	0.0771***	0.000	0.0149
		参加非农业培训的人数/户籍人口（％）	69.4561**	0.010	26.9487
人口流动		本乡镇打工人数（人）	0.0139***	0.000	0.0024
		本乡镇打工人数/本村总劳动力（％）	0.2329***	0.000	0.0477
		本县打工人数（人）	0.0094***	0.007	0.0034
		本县打工人数/本村总劳动力（％）	0.0088	0.886	0.0614
		本省打工人数（人）	0.0051*	0.080	0.0029
		本省打工人数/本村总劳动力（％）	−0.0431	0.339	0.0450
		外省打工人数（人）	−0.0013	0.766	0.0044
		外省打工人数/本村总劳动力（％）	−0.1883***	0.000	0.0504
文化与制度		是否有宗教信仰	5.3960**	0.022	2.3529
	宗教建筑	教堂数量（座）	−0.3065	0.933	3.6449
		清真寺数量（座）	0.2339	0.887	1.6426
		寺院（庙、庵）数量（座）	4.2359***	0.030	1.9495
		道观数量（座）	0.2877***	0.879	1.8882
金融服务机构	传统金融	金融机构种类数（个）	3.2250**	0.014	1.3138
	互联网金融	是否有ATM机	11.3162***	0.000	2.5599

（续表）

营商环境指标			系数	P 值	标准误
交通运输通信	村落现有交通运输通信工具	快递点的数量（个）	10.5752***	0.000	2.6080
		客运码头的数量（个）	1.2075	0.800	4.7760
		货运码头的数量（个）	5.5418	0.258	4.8940
		机动车的数量（辆）	0.0099***	0.001	0.0031
		机动船只的数量（艘）	1.6159***	0.000	0.3671
	村落与主要交通运输通信枢纽的距离	与最近公路的距离（公里）	0.5650	0.323	0.5711
		与最近县城的距离（公里）	−0.3432***	0.003	0.1149
		与最近商贸市场开发区的距离（公里）	−0.5632*	0.064	0.3039
		与最近火车站的距离（公里）	−0.0507	0.185	0.0383
		与最近码头的距离（公里）	−0.0351**	0.036	0.0168
	村落现有通信工具	固定电话覆盖率（%）	0.1730***	0.000	0.0311
		手机覆盖率（%）	0.1017	0.320	0.1021
		电脑覆盖率（%）	0.1976***	0.000	0.0373
		互联网覆盖率（%）	0.1916***	0.000	0.0363
吸收外部资本能力	总固定资产投资（万元）		0.0244***	0.000	0.0032
	外资投资（万元）		0.0954***	0.000	0.0246
	外省市投资（万元）		0.0687***	0.000	0.0143
	其他投资（万元）		0.0404***	0.000	0.0048

注：* 表示 $p < 0.1$，** 表示 $p < 0.05$，*** 表示 $p < 0.01$。

回归结果表明：（1）就教育与培训而言，村落中具有高学历（包括高中及以上学历和大学及以上学历）的居民人数及其在户籍人口中的占比、政府是否提供职业技能培训、村落参加培训（包括农业、非农业）的人数以及参加非农业培训的人数在户籍人口占的占比与村落相对前一年企业研发投入显著正相关，而参加农业培训的人数在户籍人口中的占比与村落相对前一年企业研发投入不存在显著的相关关系；（2）就人口流动而言，当地打工（包括本乡镇、本县、本省）的居民人数以及本乡镇打工的居民人数在本村总劳动力中的占比与村落相对前一年企业研发投入显著正相关，外省打工人数在本村总劳动力中的占比与村落相对前一年企业研发投入显著负相关，而其他指标与村落相对前一年企业研发投入不存在显著的相关关系；（3）就文化与制度而言，村落居民是否有宗教信仰以及村落宗教建筑（包括寺院、道观）与村落相对前一年企业研发投入显著正相关，而其他指标与村落相对前一年企业研发投入不存在显著的相关关系；（4）就金融服务机构而言，村落现有金融机构的种类数以及村落是否有 ATM 机与村落相对前一年企业研发投入显著正相关；（5）就交通运输通信而言，村落现有交通运输通信工具（包括快递点、机动车、机动船只）的数量以及村落使用各类通信工具（包括固定电话、电脑、互联网）的居民占比与村落相对前一年企业研发投入显著正相关，村落与主要交通运输通信枢纽（包括最近县城、商贸市场开发区、码头）的距离与村落相对前一年企业研发投入显著负相关，而其他指标与村落相对前一年企业研发投入不存在显著的相关关系；（6）就吸收外部资本能力而言，村落所吸收的总固定资产投资、外资投资、外省市投资以及其他投资均与村落相对前一年企业研发投入显著正相关。

七、村落营商环境与商贸市场、工业园区、开发区的建设情况

本部分重点探究村落营商环境与商贸市场、工业园区、开发区建设情况之间的直接关系，主要方法是最小二乘法。为排除变量的极端值对回归结果的影响，我们对主要变量进行了95％水平上的缩尾处理。表8-27为村落营商环境的各个指标与村落商贸市场、工业园区、开发区建设的回归结果，具体列示了自变量（营商环境指数）的系数、显著性水平和标准误。

表8-27　村落营商环境与商贸市场、工业园区、开发区建设情况的关系汇总

营商环境指标			系数	P 值	标准误
教育与培训	教育情况	高中及以上学历的人数（人）	0.0009***	0.000	0.0002
		高中及以上学历的人数/户籍人口（%）	1.6249***	0.001	0.4809
		大学及以上学历的人数（人）	0.0026***	0.000	0.0005
		大学及以上学历的人数/户籍人口（%）	4.6209***	0.001	1.4133
	培训情况	前一年政府是否提供职业技能培训	−0.1832	0.232	0.1532
		参加农业培训的人数（人）	0.0007	0.282	0.0006
		参加农业培训的人数/户籍人口（%）	−1.4721	0.196	1.1377
		参加非农业培训的人数（人）	0.0038***	0.000	0.0008
		参加非农业培训的人数/户籍人口（%）	2.6408*	0.070	1.4580
人口流动		本乡镇打工人数（人）	0.0006***	0.000	0.0001
		本乡镇打工人数/本村总劳动力（%）	0.0110***	0.000	0.0026
		本县打工人数（人）	0.0006***	0.000	0.0002
		本县打工人数/本村总劳动力（%）	−0.0007	0.836	0.0035
		本省打工人数（人）	0.0004***	0.004	0.0002
		本省打工人数/本村总劳动力（%）	0.0015	0.547	0.0025
		外省打工人数（人）	0.0001	0.779	0.0002
		外省打工人数/本村总劳动力（%）	−0.0067**	0.026	0.0030
文化与制度		是否有宗教信仰	0.2286*	0.083	0.1316
	宗教建筑	教堂数量（座）	0.4074**	0.034	0.1923
		清真寺数量（座）	0.2322*	0.076	0.1307
		寺院（庙、庵）数量（座）	0.0793	0.461	0.1076
		道观数量（座）	0.1554	0.256	0.1369
金融服务机构	传统金融	金融机构种类数（个）	0.2340***	0.001	0.0714
	互联网金融	是否有 ATM 机	1.2058***	0.000	0.1388

（续表）

营商环境指标			系数	P 值	标准误
交通运输通信	村落现有交通运输通信工具	快递点的数量（个）	0.9039***	0.000	0.1399
		客运码头的数量（个）	0.1311	0.616	0.2612
		货运码头的数量（个）	0.3476	0.178	0.2582
		机动车的数量（辆）	0.0009***	0.000	0.0002
		机动船只的数量（艘）	0.0483**	0.012	0.0191
	村落与主要交通运输通信枢纽的距离	与最近公路的距离（公里）	−0.0617*	0.075	0.0346
		与最近县城的距离（公里）	−0.0565***	0.000	0.0091
		与最近商贸市场开发区的距离（公里）	−0.0942***	0.000	0.0209
		与最近火车站的距离（公里）	−0.0082***	0.001	0.0024
		与最近码头的距离（公里）	−0.0022**	0.029	0.0010
	村落现有通信工具	固定电话覆盖率（%）	0.0078***	0.000	0.0017
		手机覆盖率（%）	−0.0025	0.658	0.0057
		电脑覆盖率（%）	0.0154***	0.000	0.0022
		互联网覆盖率（%）	0.0135***	0.000	0.0021
吸收外部资本能力		总固定资产投资（万元）	0.0010***	0.000	0.0002
		外资投资（万元）	0.0052***	0.000	0.0013
		外省市投资（万元）	0.0038***	0.000	0.0008
		其他投资（万元）	0.0012***	0.000	0.0003

注：* 表示 $p<0.1$，** 表示 $p<0.05$，*** 表示 $p<0.01$。

回归结果表明：（1）就教育与培训而言，村落中具有高学历（包括高中及以上学历、大学及以上学历）的居民人数及其在户籍人口中的占比以及村落中参加非农业培训的人数及其在户籍人口中的占比与村落商贸市场、工业园区、开发区建设显著正相关，而其他指标与村落商贸市场、工业园区、开发区建设不存在显著的相关关系；（2）就人口流动而言，当地打工（包括本乡镇、本县、本省）的居民人数以及本乡镇打工的居民人数在本村总劳动力中的占比与村落商贸市场、工业园区、开发区建设显著正相关，外省打工人数在本村总劳动力中的占比与村落商贸市场、工业园区、开发区建设显著负相关，而其他指标与村落商贸市场、工业园区、开发区建设不存在显著的相关关系；（3）就文化与制度而言，村落居民是否有宗教信仰以及村落宗教建筑（包括教堂、清真寺）的数量与村落商贸市场、工业园区、开发区建设显著正相关，而其他指标与村落商贸市场、工业园区、开发区建设不存在显著的相关关系；（4）就金融服务机构而言，村落现有金融机构的种类数以及村落是否有 ATM 机与村落商贸市场、工业园区、开发区建设显著正相关；（5）就交通运输通信而言，村落现有交通工具（包括快递点、机动车、机动船只）的数量以及村落使用各类通信工具（包括固定电话、电脑、互联网）的居民比例与村落商贸市场、工业园区、开发区建设显著正相关，村落与主要交通运输通信枢纽（包括最近公路、县城、商贸市场开发区、火车站、码头）的距离与村落是否有商贸市场、工业园区、开发区建设显著负相关，而其他指标与村落商贸市场、工业园区、开发区建设不存在显著的相关关系；（6）就吸收外部资本能力而言，村落所吸收的总固定资产投资、外资投资、外省市投资以及其他投资均与村落商贸市场、工业园区、开发区建设显著正相关。

八、村落营商环境与相对前一年专利申请情况

本部分重点探究村落营商环境与相对前一年专利申请情况之间的直接关系，主要方法是最小二乘法。为排除变量的极端值对回归结果的影响，我们对主要变量进行了95％水平上的缩尾处理。表 8-28 为村落营商环境的各个指标与村落相对前一年专利申请数的回归结果，具体列示了自变量（营商环境指数）的系数、显著性水平和标准误。

表 8-28　村落营商环境与相对前一年专利申请情况的关系汇总

营商环境指标			系数	P 值	标准误
教育与培训	教育情况	高中及以上学历的人数（人）	0.0001*	0.058	0.0001
		高中及以上学历的人数/户籍人口（％）	0.2996*	0.077	0.1691
		大学及以上学历的人数（人）	0.0003*	0.077	0.0002
		大学及以上学历的人数/户籍人口（％）	0.8961*	0.075	0.5036
	培训情况	前一年政府是否提供职业技能培训	0.1490***	0.005	0.0535
		参加农业培训的人数（人）	0.0006***	0.003	0.0002
		参加农业培训的人数/户籍人口（％）	0.6523*	0.083	0.3756
		参加非农业培训的人数（人）	0.0013***	0.000	0.0003
		参加非农业培训的人数/户籍人口（％）	1.7328***	0.001	0.5178
人口流动	本乡镇打工人数（人）		0.0001**	0.028	0.0000
	本乡镇打工人数/本村总劳动力（％）		0.0026***	0.005	0.0009
	本县打工人数（人）		0.0001	0.146	0.0001
	本县打工人数/本村总劳动力（％）		0.0006	0.611	0.0012
	本省打工人数（人）		−0.0000	0.833	0.0001
	本省打工人数/本村总劳动力（％）		−0.0009	0.285	0.0009
	外省打工人数（人）		−0.0000	0.808	0.0001
	外省打工人数/本村总劳动力（％）		−0.0008	0.395	0.0010
文化与制度	是否有宗教信仰		0.0668	0.141	0.0453
	宗教建筑	教堂数量（座）	0.0181	0.797	0.0702
		清真寺数量（座）	0.1392***	0.000	0.0314
		寺院（庙、庵）数量（座）	0.1103***	0.003	0.0375
		道观数量（座）	0.1463***	0.000	0.0361

营商环境指标		系数	P值	标准误
金融服务机构	传统金融	金融机构种类数（个）	0.0427*	0.092	0.0253
	互联网金融	是否有 ATM 机	0.2116***	0.000	0.0493
交通运输通信	村落现有交通运输通信工具	快递点的数量（个）	0.2171***	0.000	0.0502
		客运码头的数量（个）	0.1052	0.253	0.0919
		货运码头的数量（个）	0.2441**	0.010	0.0940
		机动车的数量（辆）	0.0000	0.434	0.0001
		机动船只的数量（艘）	0.0162**	0.023	0.0071
	村落与主要交通运输通信枢纽的距离	与最近公路的距离（公里）	0.0191*	0.082	0.0110
		与最近县城的距离（公里）	−0.0017	0.452	0.0022
		与最近商贸市场开发区的距离（公里）	−0.0055	0.351	0.0059
		与最近火车站的距离（公里）	−0.0008	0.302	0.0007
		与最近码头的距离（公里）	0.0006*	0.057	0.0003
	村落现有通信工具	固定电话覆盖率（%）	0.0007	0.253	0.0006
		手机覆盖率（%）	0.0015	0.434	0.0020
		电脑覆盖率（%）	0.0015**	0.034	0.0007
		互联网覆盖率（%）	0.0014*	0.052	0.0007
吸收外部资本能力		总固定资产投资（万元）	0.0003***	0.000	0.0001
		外资投资（万元）	0.0017***	0.000	0.0005
		外省市投资（万元）	0.0006**	0.045	0.0003
		其他投资（万元）	0.0004***	0.000	0.0001

注：* 表示 $p<0.1$，** 表示 $p<0.05$，*** 表示 $p<0.01$。

回归结果表明：（1）就教育与培训而言，村落中具有高学历（包括高中及以上学历、大学及以上学历）的居民人数及其在户籍人口中的占比、政府是否提供职业技能培训、村落参加培训（包括农业、非农业）的人数及其在户籍人口中的占比均与村落相对前一年专利申请数显著正相关；（2）就人口流动而言，本乡镇打工的居民人数及其在本村总劳动力中的占比与村落相对前一年专利申请数显著正相关，而其他指标与村落相对前一年专利申请数不存在显著的相关关系；（3）就文化与制度而言，村落宗教建筑（清真寺、寺院、道观）的数量与村落相对前一年专利申请数显著正相关，而其他各个指标与村落相对前一年专利申请数均不存在显著的相关关系；（4）就金融服务机构而言，村落现有金融机构的种类数以及村落是否有 ATM 机与村落相对前一年专利申请数显著正相关；（5）就交通运输通信而言，村落现有交通运输通信工具（包括快递点、货运码头、机动船只）的数量、村落使用各类通信工具（包括电脑、互联网）的居民比例以及村落与主要交通运输通信枢纽（最近公路、码头）的距离与村落相对前一年专利申请数显著正相关，而其他指标与村落相对前一年专利申请数不存在显著的相关关系；（6）就吸收外部资本能力而言，村落所吸收的总固定资产投资、外资投资、外省市投资以及其他投资均与村落相对前一年专利申请数显著正相关。

九、村落营商环境与相对前一年退出市场的创业项目情况

本部分重点探究村落营商环境与相对前一年退出市场的创业项目情况之间的直接关系，主要方法是最小二乘法。为排除变量的极端值对回归结果的影响，我们对主要变量进行了95％水平上的缩尾处理。表8-29为村落营商环境的各个指标与相对前一年退出市场的创业项目数的回归结果，具体列示了自变量（营商环境指数）的系数、显著性水平和标准误。

表 8-29　村落营商环境与相对前一年退出市场的创业项目情况的关系汇总

营商环境指标			系数	P 值	标准误
教育与培训	教育情况	高中及以上学历的人数（人）	0.0008***	0.000	0.0001
		高中及以上学历的人数/户籍人口（％）	1.3394***	0.000	0.3143
		大学及以上学历的人数（人）	0.0023***	0.000	0.0003
		大学及以上学历的人数/户籍人口（％）	4.0311***	0.000	0.9361
	培训情况	前一年政府是否提供职业技能培训	0.0069	0.946	0.1005
		参加农业培训的人数（人）	0.0005	0.208	0.0004
		参加农业培训的人数/户籍人口（％）	−1.3016*	0.064	0.7025
		参加非农业培训的人数（人）	0.0035***	0.000	0.0005
		参加非农业培训的人数/户籍人口（％）	2.2134**	0.023	0.9710
人口流动	本乡镇打工人数（人）		0.0008***	0.000	0.0001
	本乡镇打工人数/本村总劳动力（％）		0.0092***	0.000	0.0017
	本县打工人数（人）		0.0011***	0.000	0.0001
	本县打工人数/本村总劳动力（％）		0.0107***	0.000	0.0022
	本省打工人数（人）		0.0007***	0.000	0.0001
	本省打工人数/本村总劳动力（％）		0.0047***	0.004	0.0016
	外省打工人数（人）		0.0000	0.948	0.0002
	外省打工人数/本村总劳动力（％）		−0.0061***	0.001	0.0018
文化与制度	是否有宗教信仰		0.1888**	0.026	0.0847
	宗教建筑	教堂数量（座）	0.3517***	0.007	0.1309
		清真寺数量（座）	0.2396***	0.000	0.0587
		寺院（庙、庵）数量（座）	0.2814***	0.000	0.0699
		道观数量（座）	0.9109***	0.000	0.0676
金融服务机构	传统金融	金融机构种类数（个）	0.1146**	0.016	0.0473
	互联网金融	是否有 ATM 机	0.7047***	0.000	0.7047

（续表）

营商环境指标			系数	P 值	标准误
交通运输通信	村落现有交通运输通信工具	快递点的数量（个）	0.6020***	0.000	0.0930
		客运码头的数量（个）	0.6352***	0.000	0.1710
		货运码头的数量（个）	0.7070***	0.000	0.1752
		机动车的数量（辆）	0.0006***	0.000	0.0001
		机动船只的数量（艘）	0.0698***	0.000	0.0132
	村落与主要交通运输通信枢纽的距离	与最近公路的距离（公里）	0.0110	0.593	0.0206
		与最近县城的距离（公里）	−0.0100**	0.016	0.0041
		与最近商贸市场开发区的距离（公里）	−0.0340***	0.002	0.0109
		与最近火车站的距离（公里）	−0.0021	0.128	0.0014
		与最近码头的距离（公里）	−0.0013**	0.032	0.0006
	村落现有通信工具	固定电话覆盖率（%）	0.0072***	0.000	0.0011
		手机覆盖率（%）	−0.0035	0.347	0.0037
		电脑覆盖率（%）	0.0094***	0.000	0.0013
		互联网覆盖率（%）	0.0074***	0.000	0.0013
吸收外部资本能力		总固定资产投资（万元）	0.0005***	0.000	0.0001
		外资投资（万元）	0.0022**	0.014	0.0009
		外省市投资（万元）	0.0014***	0.006	0.0005
		其他投资（万元）	0.0007***	0.000	0.0002

注：* 表示 $p<0.1$，** 表示 $p<0.05$，*** 表示 $p<0.01$。

回归结果表明：（1）就教育与培训而言，村落中具有高学历（包括高中及以上学历、大学及以上学历）的居民人数及其在户籍人口中的占比以及村落中参加非农业培训的居民人数及其在户籍人口的占比与村落相对前一年退出市场的创业项目数显著正相关，村落中参加农业培训的人数在户籍人口中的占比与村落相对前一年退出市场的创业项目数显著负相关，而其他指标与村落相对前一年退出市场的创业项目数不存在显著的相关关系；（2）就人口流动而言，当地打工（包括本乡镇、本县、本省）的居民人数及其在本村总劳动力中的占比与村落相对前一年退出市场的创业项目数显著正相关，外省打工人数在本村总劳动力中的占比与村落相对前一年退出市场的创业项目数显著负相关，而外省打工人数与村落相对前一年退出市场的创业项目数不存在显著的相关关系；（3）就文化与制度而言，村落居民是否有宗教信仰以及村落宗教建筑（包括教堂、清真寺、寺院、道观）的数量均与村落相对前一年退出市场的创业项目数显著正相关；（4）就金融服务机构而言，金融机构种类数以及是否有 ATM 机与村落相对前一年退出市场的创业项目数显著正相关；（5）就交通运输通信而言，村落现有交通运输通信工具（包括快递点、客运码头、货运码头、机动车、机动船只）的数量以及村落使用各类通信工具（包括固定电话、电脑、互联网）的居民占比与村落相对前一年退出市场的创业项目数显著正相关，村落与主要交通运输通信枢纽（包括最近县城、商贸市场开发区、码头）的距离与村落居民收入水平显著负相关，而其他指标与村落相对前一年退出市场的创业项目数不存在显著的相关关系；（6）就吸收外部资本能力而言，村落所吸收的总固定资产投资、外资投资、外省市投资以及其他投资均与村落相对前一年退出市场的创业项目数显著正相关。

十、村落营商环境与相对前一年停产与整顿或清算的创业项目情况

本部分重点探究村落营商环境与相对前一年停产与整顿或清算的创业项目情况之间的直接关系，主要方法是最小二乘法。为排除变量的极端值对回归结果的影响，我们对主要变量进行了95％水平上的缩尾处理。表8-30为村落营商环境的各个指标与村落相对前一年停产与整顿或清算的创业项目数的回归结果，具体列示了自变量（营商环境指数）的系数、显著性水平和标准误。

表 8-30　村落营商环境与相对前一年停产与整顿或清算的创业项目情况的关系汇总

营商环境指标			系数	P 值	标准误
教育与培训	教育情况	高中及以上学历的人数（人）	0.0006***	0.000	0.0001
		高中及以上学历的人数/户籍人口（%）	1.1464***	0.000	0.2415
		大学及以上学历的人数（人）	0.0015***	0.000	0.0002
		大学及以上学历的人数/户籍人口（%）	3.0187***	0.000	0.7208
	培训情况	前一年政府是否提供职业技能培训	0.1149	0.137	0.0772
		参加农业培训的人数（人）	0.0005	0.123	0.0003
		参加农业培训的人数/户籍人口（%）	−0.5406	0.318	0.5412
		参加非农业培训的人数（人）	0.0022***	0.000	0.0004
		参加非农业培训的人数/户籍人口（%）	1.7137**	0.022	0.7473
人口流动	本乡镇打工人数（人）		0.0006***	0.000	0.0013
	本乡镇打工人数/本村总劳动力（%）		0.0083***	0.000	0.0017
	本县打工人数（人）		0.0008***	0.000	0.0001
	本县打工人数/本村总劳动力（%）		0.0091***	0.000	0.0017
	本省打工人数（人）		0.0004***	0.000	0.0001
	本省打工人数/本村总劳动力（%）		0.0021*	0.091	0.0012
	外省打工人数（人）		−0.0001	0.471	0.0001
	外省打工人数/本村总劳动力（%）		−0.0067***	0.000	0.0014
文化与制度	是否有宗教信仰		0.1812***	0.006	0.0651
	宗教建筑	教堂数量（座）	0.3331***	0.001	0.1006
		清真寺数量（座）	0.2054***	0.000	0.0451
		寺院（庙、庵）数量（座）	0.2583***	0.000	0.0536
		道观数量（座）	0.2047***	0.000	0.0520
金融服务机构	传统金融	金融机构种类数（个）	0.0188	0.607	0.0365
	互联网金融	是否有 ATM 机	0.5325***	0.000	0.0699

（续表）

	营商环境指标		系数	P 值	标准误
交通运输通信	村落现有交通运输通信工具	快递点的数量（个）	0.4444***	0.000	0.0716
		客运码头的数量（个）	0.2688**	0.042	0.1321
		货运码头的数量（个）	0.3178**	0.019	0.1354
		机动车的数量（辆）	0.0004***	0.000	0.0001
		机动船只的数量（艘）	0.0440***	0.000	0.0102
	村落与主要交通运输通信枢纽的距离	与最近公路的距离（公里）	0.0124	0.432	0.0158
		与最近县城的距离（公里）	−0.0058*	0.071	0.0032
		与最近商贸市场开发区的距离（公里）	−0.0273***	0.001	0.0084
		与最近火车站的距离（公里）	−0.0019*	0.068	0.0011
		与最近码头的距离（公里）	−0.0009**	0.044	0.0005
	村落现有通信工具	固定电话覆盖率（％）	0.0050***	0.000	0.0009
		手机覆盖率（％）	−0.0049*	0.083	0.0028
		电脑覆盖率（％）	0.0069***	0.000	0.0010
		互联网覆盖率（％）	0.0048***	0.000	0.0010
吸收外部资本能力	总固定资产投资（万元）		0.0005***	0.000	0.0001
	外资投资（万元）		0.0023**	0.001	0.0007
	外省市投资（万元）		0.0021***	0.000	0.0004
	其他投资（万元）		0.0007***	0.000	0.0001

注：* 表示 $p<0.1$，** 表示 $p<0.05$，*** 表示 $p<0.01$。

回归结果表明：（1）就教育与培训而言，村落中具有高学历（包括高中及以上学历、大学及以上学历）的居民人数及其在户籍人口中的占比以及村落中参加非农业培训的居民人数及其在户籍人口中的占比与村落相对前一年停产与整顿或清算的创业项目数显著正相关，而其他指标与村落相对前一年停产与整顿或清算的创业项目数不存在显著的相关关系；（2）就人口流动而言，当地打工（包括本乡镇、本县、本省）的居民人数及其在本村总劳动力中的占比与村落相对前一年停产与整顿或清算的创业项目数显著正相关，外省打工人数在本村总劳动力中的占比与村落相对前一年停产与整顿或清算的创业项目数显著负相关，而外省打工人数与村落相对前一年停产与整顿或清算的创业项目数不存在显著的相关关系；（3）就文化与制度而言，村落居民是否有宗教信仰以及村落宗教建筑（包括教堂、清真寺、寺院、道观）的数量均与村落相对前一年停产与整顿或清算的创业项目数显著正相关；（4）就金融服务机构而言，村落是否有 ATM 机与村落相对前一年停产与整顿或清算的创业项目数显著正相关，而金融机构种类数与村落相对前一年停产与整顿或清算的创业项目数不存在显著的相关关系；（5）就交通运输通信而言，村落现有交通运输通信工具（包括快递点、客运码头、货运码头、机动车、机动船只）的数量以及村落使用各类通信工具（包括固定电话、电脑、互联网）的居民占比与村落相对前一年停产与整顿或清算的创业项目数显著正相关，村落与主要交通运输通信枢纽（包括最近县城、商贸市场开发区、火车站、码头）的距离以及村落手机覆盖率与村落相对前一年停产与整顿或清算的创业项目数显著负相关，而村落与最近公路的距离与村落相对前一年停产与整顿或清算的创业项目数均不存在显著的相关关系；（6）就吸收外部资本能力而言，村落所吸收的总固定资产投资、外资投资、外省市投资以及其他投资均与村落相对前一年停产与整顿或清算的创业项目数显著正相关。

十一、村落营商环境与具有创业机会的居民情况

本部分重点探究村落营商环境与具有创业机会的居民情况之间的直接关系，主要方法是最小二乘法。为排除变量的极端值对回归结果的影响，我们对主要变量进行了 95％水平上的缩尾处理。表 8-31 为村落营商环境的各个指标与村落具有创业机会的居民数的回归结果，具体列示了自变量（营商环境指数）的系数、显著性水平和标准误。

表 8-31　村落营商环境与具有创业机会的居民情况的关系汇总

营商环境指标			系数	P 值	标准误
教育与培训	教育情况	高中及以上学历的人数（人）	0.0135***	0.000	0.0019
		高中及以上学历的人数/户籍人口(％)	22.0775***	0.000	5.7406
		大学及以上学历的人数（人）	0.0395***	0.000	0.0056
		大学及以上学历的人数/户籍人口(％)	72.2785***	0.000	17.2785
	培训情况	前一年政府是否提供职业技能培训	1.3800	0.451	1.8315
		参加农业培训的人数（人）	0.0314***	0.000	0.0074
		参加农业培训的人数/户籍人口（％）	14.6590	0.253	12.8231
		参加非农业培训的人数（人）	0.0476***	0.000	0.0098
		参加非农业培训的人数/户籍人口（％）	31.0992*	0.080	17.7241
人口流动		本乡镇打工人数（人）	0.0120***	0.000	0.0015
		本乡镇打工人数/本村总劳动力（％）	0.1260***	0.000	0.0314
		本县打工人数（人）	0.0135***	0.000	0.0022
		本县打工人数/本村总劳动力（％）	0.0477	0.237	0.0403
		本省打工人数（人）	0.0103***	0.000	0.0019
		本省打工人数/本村总劳动力（％）	0.0437	0.147	0.0295
		外省打工人数（人）	0.0005	0.851	0.0029
		外省打工人数/本村总劳动力（％）	−0.1204***	0.000	0.0331

（续表）

营商环境指标			系数	P 值	标准误
文化与制度	是否有宗教信仰		−0.9596	0.536	1.5484
	宗教建筑	教堂数量（座）	−0.7338	0.759	2.3937
		清真寺数量（座）	1.7416	0.106	1.0776
		寺院（庙、庵）数量（座）	4.7859***	0.000	1.2754
		道观数量（座）	1.6930	0.172	1.2391
金融服务机构	传统金融	金融机构种类数（个）	2.2441***	0.009	0.8326
	互联网金融	是否有 ATM 机	12.1288***	0.000	1.6583
交通运输通信	村落现有交通运输通信工具	快递点的数量（个）	8.2075***	0.000	1.7081
		客运码头的数量（个）	5.6326*	0.072	3.1324
		货运码头的数量（个）	6.7242**	0.036	3.2099
		机动车的数量（辆）	0.0121***	0.000	0.0020
		机动船只的数量（艘）	0.6760***	0.005	0.2422
	村落与主要交通运输通信枢纽的距离	与最近公路的距离（公里）	0.1296	0.730	0.3752
		与最近县城的距离（公里）	−0.1681**	0.026	0.0756
		与最近商贸市场开发区的距离（公里）	−0.4698**	0.019	0.1994
		与最近火车站的距离（公里）	−0.0147	0.560	0.0251
		与最近码头的距离（公里）	−0.0127	0.248	0.0110
	村落现有通信工具	固定电话覆盖率（%）	0.0944***	0.000	0.0205
		手机覆盖率（%）	0.0489	0.466	0.0671
		电脑覆盖率（%）	0.1523***	0.000	0.0244
		互联网覆盖率（%）	0.1278***	0.000	0.0238
吸收外部资本能力	总固定资产投资（万元）		0.0099***	0.000	0.0022
	外资投资（万元）		0.0519***	0.001	0.0162
	外省市投资（万元）		0.0125	0.188	0.0095
	其他投资（万元）		0.0151***	0.000	0.0032

注：* 表示 $p<0.1$，** 表示 $p<0.05$，*** 表示 $p<0.01$。

回归结果表明：（1）就教育与培训而言，村落中具有高学历（包括高中及以上学历、大学及以上学历）的居民人数及其在户籍人口中的占比、村落中参加培训（包括农业、非农业）的人数以及村落中参加非农业培训的人数在户籍人口中的占比与村落具有创业机会的居民数显著正相关，而其他指标与村落具有创业机会的居民数不存在显著的相关关系；（2）就人口流动而言，当地打工（包括本乡镇、本县、本省）的居民人数、本乡镇打工的居民人数在本村总劳动力中的占比与村落具有创业机会的居民数显著正相关，外省打工人数在本村总劳动力中的占比与村落具有创业机会的居民数显著负相关，而其他指标与村落具有创业机会的居民数不存在显著的相关关系；（3）就文化与制度而言，村落宗教建筑（寺院）的数量与村落具有创业机会的居民数显著正相关，而其他各个指标与村落具有创业机会的居民数均不存在显著的相关关系；（4）就金融服务机构而言，村落现有金融机构种类数以及村落是否有 ATM 机与村落具有创业机会的居民数显著正相关；（5）就交通运输通信而言，村落现有交通运输通信工具（包括快递点、客运码头、货运码头、机动车、机动船只）的数量以及村落使用各类通信工具（包括固定电话、电脑、互联网）的居民占比与村落具有创业机会的居民数显著正相关，村落与主要交通运输通信枢纽（包括最近县城、商贸市场开发区）的距离与村落具有创业机会的居民数显著负相关，而其他指标与村落具有创业机会的居民数不存在显著的相关关系；（6）就吸收外部资本能力而言，村落所吸收的总固定资产投资、外资投资以及其他投资与村落具有创业机会的居民数显著正相关，而村落所吸收的外省市投资与村落具有创业机会的居民数不存在显著的相关关系。

十二、村落营商环境与具备创业技能和经验的居民情况

本部分重点探究村落营商环境与具备创业技能和经验的居民情况之间的直接关系，主要方法是最小二乘法。为排除变量的极端值对回归结果的影响，我们对主要变量进行了 95％水平上的缩尾处理。表 8-32 为村落营商环境的各个指标与村落具备创业技能和经验的居民数的回归结果，具体列示了自变量（营商环境指数）的系数、显著性水平和标准误。

表 8-32　村落营商环境与具备创业技能和经验的居民情况的关系汇总

营商环境指标			系数	P 值	标准误
教育与培训	教育情况	高中及以上学历的人数（人）	0.0248***	0.000	0.0030
		高中及以上学历的人数/户籍人口（％）	42.9642***	0.000	9.1448
		大学及以上学历的人数（人）	0.0686***	0.000	0.0090
		大学及以上学历的人数/户籍人口（％）	119.6610***	0.000	27.2694
	培训情况	前一年政府是否提供职业技能培训	3.8959	0.183	2.9248
		参加农业培训的人数（人）	0.0605***	0.000	0.0118
		参加农业培训的人数/户籍人口（％）	32.1876	0.116	20.4781
		参加非农业培训的人数（人）	0.0920***	0.000	0.0156
		参加非农业培训的人数/户籍人口（％）	53.0218*	0.061	28.3133

（续表）

营商环境指标			系数	P 值	标准误
人口流动	本乡镇打工人数（人）		0.0214***	0.000	0.0024
	本乡镇打工人数/本村总劳动力（%）		0.2970***	0.000	0.0498
	本县打工人数（人）		0.0225***	0.000	0.0036
	本县打工人数/本村总劳动力（%）		0.1233*	0.056	0.0643
	本省打工人数（人）		0.0143***	0.000	0.0030
	本省打工人数/本村总劳动力（%）		0.0604	0.201	0.0472
	外省打工人数（人）		−0.0055	0.239	0.0046
	外省打工人数/本村总劳动力（%）		−0.2355***	0.000	0.0527
文化与制度	是否有宗教信仰		3.7721	0.127	2.4719
	宗教建筑	教堂数量（座）	0.3356	0.383	3.8234
		清真寺数量（座）	4.8385***	0.005	1.7179
		寺院（庙、庵）数量（座）	9.5711***	0.000	2.0309
		道观数量（座）	2.6908	0.174	1.9797
金融服务机构	传统金融	金融机构种类数（个）	3.4644**	0.012	1.3784
	互联网金融	是否有 ATM 机	19.6384***	0.000	2.6480
交通运输通信	村落现有交通运输通信工具	快递点的数量（个）	12.6220***	0.000	2.7310
		客运码头的数量（个）	7.3056	0.145	5.0071
		货运码头的数量（个）	8.8743*	0.084	5.1316
		机动车的数量（辆）	0.0240***	0.000	0.0032
		机动船只的数量（艘）	1.5623***	0.000	0.3856
	村落与主要交通运输通信枢纽的距离	与最近公路的距离（公里）	0.3155	0.599	0.5994
		与最近县城的距离（公里）	−0.4132***	0.001	0.1204
		与最近商贸市场开发区的距离（公里）	−1.2712***	0.000	0.3172
		与最近火车站的距离（公里）	−0.0191	0.634	0.0402
		与最近码头的距离（公里）	−0.0359**	0.042	0.0176
	村落现有通信工具	固定电话覆盖率（%）	0.1997***	0.000	0.0325
		手机覆盖率（%）	0.2103*	0.050	0.1070
		电脑覆盖率（%）	0.2627***	0.000	0.0388
		互联网覆盖率（%）	0.2240***	0.000	0.0379
吸收外部资本能力	总固定资产投资（万元）		0.0216***	0.000	0.0034
	外资投资（万元）		0.1034***	0.000	0.0258
	外省市投资（万元）		0.0425***	0.005	0.0151
	其他投资（万元）		0.0328***	0.000	0.0051

注：* 表示 $p<0.1$，** 表示 $p<0.05$，*** 表示 $p<0.01$。

回归结果表明：（1）就教育与培训而言，村落中具有高学历（包括高中及以上学历、大学及以上学历）的居民人数及其在户籍人口中的占比、村落中参加培训（包括农业、非农业）的人数以及参加非农业培训的人数在户籍人口中的占比与村落具备创业技能和经验的居民数显著正相关，而其他指标与村落具备创业技能和经验的居民数不存在显著的相关关系；（2）就人口流动而言，当地打工（包括本乡镇、本县以及本省）的居民人数、当地打工（包括本乡镇、本县）的居民人数在本村总劳动力中的占比与村落具备创业技能和经验的居民数显著正相关，外省打工人数在本村总劳动力中的占比与村落具备创业技能和经验的居民数显著负相关，而其他指标与村落具备创业技能和经验的居民数不存在显著的相关关系；（3）就文化与制度而言，村落宗教建筑（包括清真寺、寺院）的数量与村落具备创业技能和经验的居民数显著正相关，而其他指标与村落具备创业技能和经验的居民数均不存在显著的相关关系；（4）就金融服务机构而言，村落金融机构的种类数以及村落是否有ATM机与村落具备创业技能和经验的居民数显著正相关；（5）就交通运输通信而言，村落现有交通运输通信工具（包括快递点、货运码头、机动车、机动船只）的数量以及村落使用各类通信工具（包括固定电话、手机、电脑、互联网）的居民占比与村落具备创业技能和经验的居民数显著正相关，村落与主要交通运输通信枢纽（包括最近县城、商贸市场开发区、码头）的距离与村落具备创业技能和经验的居民数显著负相关，而其他指标与村落具备创业技能和经验的居民数不存在显著的相关关系；（6）就吸收外部资本能力而言，村落所吸收的总固定资产投资、外省市投资、外资投资以及其他投资均与村落具备创业技能和经验的居民数显著正相关。

村落创业活力与居民生活质量的关系

本节主要研究村落创业活力与居民生活质量之间的关系。其中，村落创业活力主要包括创业人数，小微企业数，相对前一年新创企业数，相对前一年总的创业人数，相对前一年创业家庭户数，相对前一年企业研发投入情况，商贸市场、工业园区、开发区建设情况，相对前一年专利申请情况，相对前一年退出市场的创业项目情况，相对前一年停产与整顿或清算的创业项目情况，具有创业机会的居民情况，具备创业技能和经验的居民情况十二个维度；村落居民生活质量主要包括村落居民收入水平、村落居民消费水平、村落居民幸福指数、村落居民和谐指数四个维度。

一、村落创业活力与居民收入水平

本部分重点探究村落创业活力与居民收入水平（前一年本村农民人均年纯收入）之间的直接关系，主要方法是最小二乘法。为排除变量的极端值对回归结果的影响，我们对主要变量进行了95%水平上的缩尾处理。表8-33为村落创业活力的各个指标与村落居民收入水平的回归结果，具体列示了自变量（创业活力指数）的系数、显著性水平和标准误。

表 8-33 村落创业活力与居民收入水平的关系汇总

创业活力指标		系数	P 值	标准误
创业人数	绝对值（人）	0.0005**	0.026	0.0002
	创业人数/户籍人口（%）	0.4811	0.398	0.5687
	创业人数/常住人口（%）	−0.6815	0.271	0.6194
	创业人数/外出务工人数（%）	0.1195***	0.000	0.0261
	创业人数/返乡人数（%）	0.0059**	0.035	0.0028
小微企业数	绝对值（个）	0.0128***	0.000	0.0019
	小微企业数/总企业数（%）	−0.0710	0.588	0.1311
相对前一年新创企业数	绝对值（个）	0.0495***	0.000	0.0236
	相对前一年新创企业数/总企业数（%）	−0.4626***	0.000	0.1103
相对前一年总的创业人数	绝对值（人）	0.0017**	0.013	0.0007
	相对前一年总的创业人数/户籍人口（%）	2.6123*	0.055	1.3580
	相对前一年总的创业人数/常住人口（%）	0.9138	0.507	1.3758
	相对前一年总的创业人数/外出务工人数（%）	0.3554***	0.000	0.0770
	相对前一年总的创业人数/返乡人数（%）	0.0160**	0.046	0.0080
相对前一年创业家庭户数	绝对值（个）	0.0040*	0.096	0.0024
	相对前一年创业家庭户数/总户数（%）	0.3242	0.780	1.1627
相对前一年企业研发投入	绝对值（万元）	0.0041***	0.000	0.0009
	相对前一年研发投入/创业人数（%）	0.1187***	0.000	0.0323
是否有商贸市场、工业园区、开发区		0.4039***	0.000	0.0855
相对前一年专利申请数	绝对值（个）	0.2020***	0.000	0.0483
	相对前一年专利申请数/创业人数（%）	12.9633***	0.000	3.7089
相对前一年退出市场的创业项目数（个）		0.1456***	0.000	0.0256
相对前一年停产与整顿或清算的创业项目数（个）		0.0053	0.982	0.2289
具有创业机会的居民数	绝对值（人）	0.0058***	0.000	0.0014
	具有创业机会的居民数/户籍人口（%）	8.3796***	0.001	2.4104
	具有创业机会的居民数/常住人口（%）	5.6872**	0.019	2.4198
	具有创业机会的居民数/外出务工人数（%）	1.0026***	0.000	0.1727
	具有创业机会的居民数/返乡人数（%）	0.0453***	0.009	0.0173
具备创业技能和经验的居民数	绝对值（人）	0.0038***	0.000	0.0009
	具备创业技能和经验的居民数/户籍人口（%）	5.8906***	0.000	1.4999
	具备创业技能和经验的居民数/常住人口（%）	4.4878***	0.005	1.5877
	具备创业技能和经验的居民数/外出务工人数（%）	0.5475***	0.000	0.0851
	具备创业技能和经验的居民数/返乡人数（%）	0.0362***	0.000	0.0102

注：* 表示 $p<0.1$，** 表示 $p<0.05$，*** 表示 $p<0.01$。

回归结果表明：（1）就创业人数而言，创业人数绝对值及其在外出务工人数、返乡人数中的占比与村落居民收入水平显著正相关，而其他指标与村落居民收入水平不存在显著的相关关系；（2）就小微企业数而言，小微企业数的绝对值与村落居民收入水平显著正相关，而小微企业数在总企业数中的占比与村落居民收入水平不存在显著的相关关系；（3）就相对前一年新创企业数而言，相对前一年新创企业数的绝对值及其在总企业数中的占比均与村落居民收入水平显著正相关；（4）就相对前一年总的创业人数而言，相对前一年总的创业人数的绝对值及其在户籍人口、外出务工人数、返乡人数中的占比与村落居民收入水平显著正相关，而相对前一年总的创业人数在常住人口中的占比与村落居民收入水平间不存在显著的相关关系；（5）就相对前一年创业家庭户数而言，相对前一年创业家庭户数的绝对值与村落居民收入水平显著正相关，而创业家庭户数在总户数中的占比与村落居民收入水平不存在显著的相关关系；（6）就相对前一年企业研发投入情况而言，研发投入的绝对值及其与创业人数的比重均与村落居民收入水平显著正相关；（7）就村落商贸市场、工业园区、开发区的建设情况而言，其指数与村落居民收入水平显著正相关；（8）就相对前一年专利申请情况而言，专利数量的绝对值及其与创业人数的比重均与村落居民收入水平显著正相关；（9）就相对前一年退出市场的创业项目情况而言，其指数与村落居民收入水平显著正相关；（10）就相对前一年停产与整顿或清算的创业项目情况而言，其指数与村落居民收入水平不存在显著的相关关系；（11）就具有创业机会的居民情况而言，具有创业机会的居民数的绝对值及其在户籍人口、常住人口、外出务工人数、返乡人数中的占比均与村落居民收入水平显著正相关；（12）就具备创业技能和经验的居民情况而言，具备创业技能和经验的居民数的绝对值及其在户籍人口、常住人口、外出务工人数、返乡人数中的占比均与村落居民收入水平显著正相关。

二、村落创业活力与居民消费水平

本部分重点探究村落创业活力与居民消费水平（前一年本村农民人均年消费）之间的直接关系，主要方法是最小二乘法。为排除变量的极端值对回归结果的影响，我们对主要变量进行了95％水平上的缩尾处理。表8-34为村落创业活力的各个指标与村落居民消费水平的回归结果，具体列示了自变量（创业活力指数）的系数、显著性水平和标准误。

表 8-34　村落创业活力与居民消费水平的关系汇总

创业活力指标		系数	P 值	标准误
创业人数	绝对值（人）	0.0004***	0.007	0.0001
	创业人数/户籍人口（%）	0.4457	0.157	0.3147
	创业人数/常住人口（%）	−0.1352	0.694	0.3431
	创业人数/外出务工人数（%）	0.0033**	0.033	0.0015
	创业人数/返乡人数（%）	0.0067***	0.003	0.0022

（续表）

创业活力指标		系数	P 值	标准误
小微企业数	绝对值（个）	0.0090***	0.000	0.0010
	小微企业数/总企业数（%）	0.0096	0.895	0.0726
相对前一年新创企业数	绝对值（个）	0.0392***	0.000	0.0069
	相对前一年新创企业数/总企业数（%）	−0.2141***	0.000	0.0612
相对前一年总的创业人数	绝对值（人）	0.0011***	0.002	0.0004
	相对前一年总的创业人数/户籍人口（%）	1.5138**	0.044	0.7518
	相对前一年总的创业人数/常住人口（%）	0.4592	0.547	0.7618
	相对前一年总的创业人数/外出务工人数（%）	0.1910***	0.000	0.0426
	相对前一年总的创业人数/返乡人数（%）	0.0110**	0.013	0.0044
相对前一年创业家庭户数	绝对值（个）	0.0034**	0.011	0.0013
	相对前一年创业家庭户数/总户数（%）	0.0446	0.945	0.6438
相对前一年企业研发投入	绝对值（万元）	0.0018***	0.001	0.0005
	相对前一年研发投入/创业人数（%）	0.0481***	0.007	0.0179
是否有商贸市场、工业园区、开发区		0.2536***	0.000	0.0472
相对前一年专利申请数	绝对值（个）	0.1090***	0.000	0.0267
	相对前一年专利申请数/创业人数（%）	7.5296***	0.000	2.0525
相对前一年退出市场的创业项目数（个）		0.0976***	0.000	0.0141
相对前一年停产与整顿或清算的创业项目数（个）		0.1374***	0.000	0.0183
具有创业机会的居民数	绝对值（人）	0.0034***	0.000	0.0008
	具有创业机会的居民数/户籍人口（%）	3.9160***	0.003	1.3365
	具有创业机会的居民数/常住人口（%）	2.0722	0.123	1.3415
	具有创业机会的居民数/外出务工人数（%）	0.5074***	0.000	0.0958
	具有创业机会的居民数/返乡人数（%）	0.0196**	0.041	0.0095
具备创业技能和经验的居民数	绝对值（人）	0.0027***	0.000	0.0005
	具备创业技能和经验的居民数/户籍人口（%）	3.6374***	0.000	0.8292
	具备创业技能和经验的居民数/常住人口（%）	2.7199***	0.002	0.8785
	具备创业技能经验的居民数/外出务工人数（%）	0.3158***	0.000	0.0471
	具备创业技能和经验的居民数/返乡人数（%）	0.0192***	0.001	0.0056

注： * 表示 $p < 0.1$，** 表示 $p < 0.05$，*** 表示 $p < 0.01$。

回归结果表明：（1）就创业人数而言，创业人数绝对值及其在外出务工人数、返乡人数中的占比与村落居民消费水平显著正相关，而其他指标与村落居民消费水平不存在显著的相关关系；（2）就小微企业数而言，小微企业数绝对值与村落居民消费水平显著正相关，而小微企业数在总企业数中的占比与村落居民消费水平不存在显著的相关关系；（3）就相对前一年新创企业数而言，相对前一年新创企业数的绝对值及其在总企业数中的占比均与村落居民消费水平显著正相关；（4）就相对前一年总的创业人数而言，相对前一年总的创业人数的绝对值及其在户籍人口、外出务工人数、返乡人数中的占比与村落居民消费水平显著正相关，而相对前一年总的创业人数在常住人口中的占比与村落居民消费水平不存在显著的相关关系；（5）就相对前一年创业家庭户数而言，相对前一年创业家庭户数的绝对值与村落居民消费水平显著正相关，而相对前一年创业家庭户数在村总户数中的占比与村落居民消费水平不存在显著的相关关系；（6）就相对前一年企业研发投入情况而言，相对前一年企业研发投入的绝对值及其与创业人数的比例均与村落居民消费水平显著正相关；（7）就村落商贸市场、工业园区、开发区的建设情况而言，其指数与村落居民消费水平显著正相关；（8）就相对前一年专利申请情况而言，专利数量的绝对值及其与创业人数的比例均与村落居民消费水平显著正相关；（9）相对前一年退出市场的创业项目情况与村落居民消费水平显著正相关；（10）就相对前一年停产与整顿或清算的创业项目情况而言，其指数与村落居民消费水平显著正相关；（11）就具有创业机会的居民情况而言，具有创业机会的居民数的绝对值及其在户籍人口、外出务工人数、返乡人数中的占比与村落居民消费水平显著正相关，而具有创业机会的居民数在常住人口中的占比与村落居民消费水平不存在显著的相关关系；（12）就具备创业技能和经验的居民情况而言，具备创业技能和经验的居民数的绝对值及其在户籍人口、常住人口、外出务工人数、返乡人数中的占比均与村落居民消费水平显著正相关。

三、村落创业活力与居民幸福指数

本部分重点探究村落创业活力与居民幸福指数（村落居民幸福满意度）之间的直接关系，主要方法是最小二乘法。为排除变量的极端值对回归结果的影响，我们对主要变量进行了 95％水平上的缩尾处理。表 8-35 为村落创业活力的各个指标与村落居民幸福指数的回归结果，具体列示了自变量（创业活力指数）的系数、显著性水平和标准误。

表 8-35　村落创业活力与居民幸福指数的关系汇总

创业活力指标		系数	P 值	标准误
创业人数	绝对值（人）	0.0000	0.911	0.0003
	创业人数/户籍人口（％）	0.0190	0.982	0.8231
	创业人数/常住人口（％）	−0.4160	0.643	0.8963
	创业人数/外出务工人数（％）	0.0893***	0.019	0.0380
	创业人数/返乡人数（％）	0.0002	0.965	0.0039
小微企业数	绝对值（个）	0.0050*	0.074	0.0028
	小微企业数/总企业数（％）	0.3612*	0.053	0.1869
相对前一年新创企业数	绝对值（个）	0.0243	0.191	9.0185
	相对前一年新创企业数/总企业数（％）	−0.1224	0.449	0.1615

（续表）

创业活力指标		系数	P值	标准误
相对前一年总的创业人数	绝对值（人）	0.0005	0.605	0.0010
	相对前一年总的创业人数/户籍人口（%）	1.6453	0.406	1.9790
	相对前一年总的创业人数/常住人口（%）	1.2357	0.540	2.0169
	相对前一年总的创业人数/外出务工人数（%）	0.3390***	0.003	0.1127
	相对前一年总的创业人数/返乡人数（%）	0.0165	0.154	0.0116
相对前一年创业家庭户数	绝对值（个）	−0.0008	0.823	0.0035
	相对前一年创业家庭户数/总户数（%）	−0.5245	0.757	1.6944
相对前一年企业研发投入	绝对值（万元）	0.0033**	0.015	0.0014
	相对前一年研发投入/创业人数（%）	0.0814*	0.082	0.0468
是否有商贸市场、工业园区、开发区		0.1756	0.160	0.1249
相对前一年专利申请数	绝对值（个）	−5.7007	0.264	0.5008
	相对前一年专利申请数/创业人数（%）	−0.1703	0.509	0.2581
相对前一年退出市场的创业项目数（个）		0.0001	0.981	0.0061
相对前一年停产与整顿或清算的创业项目数（个）		−0.0053	0.490	0.0077
具有创业机会的居民数	绝对值（人）	0.0029	0.160	0.0021
	具有创业机会的居民数/户籍人口（%）	4.4641	0.202	3.4965
	具有创业机会的居民数/常住人口（%）	2.9341	0.400	3.4857
	具有创业机会的居民数/外出务工人数（%）	0.7374***	0.004	0.2553
	具有创业机会的居民数/返乡人数（%）	0.0485*	0.054	0.0252
具备创业技能和经验的居民数	绝对值（人）	0.0011	0.400	0.0013
	具备创业技能和经验的居民数/户籍人口（%）	0.9626	0.660	2.1874
	具备创业技能和经验的居民数/常住人口（%）	0.2543	0.912	2.2991
	具备创业技能和经验的居民数/外出务工人数（%）	0.3772***	0.003	0.1261
	具备创业技能和经验的居民数/返乡人数（%）	0.0184	0.216	0.0149

注：* 表示 $p<0.1$，** 表示 $p<0.05$，*** 表示 $p<0.01$。

回归结果表明：（1）就创业人数而言，创业人数在外出务工人数中的占比与村落居民幸福指数显著正相关，而其他指标与村落居民幸福指数不存在显著的相关关系；（2）就小微企业数而言，小微企业数的绝对值及其在总企业数中的占比均与村落居民幸福指数显著正相关；（3）就相对前一年新创企业数而言，其各指标与村落居民幸福指数均不存在显著的相关关系；（4）就相对前一年总的创业人数而言，相对前一年总的创业人数在外出务工人数中的占比与村落居民幸福指数显著正相关，而其他指标与村落居民幸福指数均不存在显著的相关关系；（5）就相对前一年创业家庭户数而言，其各指标与村落居民幸福指数均不存在显著的相关关系；（6）就相对前一年企业研发投入情况而言，其各指标与村落居民幸福指数显著正相关；（7）就村落商贸市场、工业园区、开发区建设情况而言，其指数与村落居民幸福指数不存在显著的相关关系；（8）就相对前一年专利申请情况而言，其各指标与村落居民幸福指数均不存在显著的相关关系；（9）就相对前一年退出市场的创业项目情况而言，其指数与村落居民幸福指数不存在显著的相关关系；（10）就相对前一年停产与整顿或清算的创业项目情况而言，其指数与村落居民幸福指数不存在显著的相关关系；（11）就具有创业机会的居民情况而言，具有创业机会的居民数在外出务工人数、返乡人数中的占比与村落居民幸福指数显著正相关，而其他指标与村落居民幸福指数不存在显著的相关关系；（12）就具备创业技能和经验的居民情况而言，具备创业技能和经验的居民数在外出务工人数中的占比与村落居民幸福指数显著正相关，而其他指标与村落居民幸福指数不存在显著的相关关系。

四、村落创业活力与社会和谐指数

本部分重点探究村落创业活力与社会和谐指数（村落社会和谐度）之间的直接关系，主要方法是最小二乘法。为排除变量的极端值对回归结果的影响，我们对主要变量进行了95％水平上的缩尾处理。表8-36为村落创业活力的各个指标与村落社会和谐指数的回归结果，具体列示了自变量（创业活力指数）的系数、显著性水平和标准误。

表 8-36　村落创业活力与社会和谐指数的关系汇总

创业活力指标		系数	P 值	标准误
创业人数	绝对值（人）	0.0002	0.522	0.0003
	创业人数/户籍人口（％）	0.1201	0.878	0.7824
	创业人数/常住人口（％）	−0.5444	0.523	0.8531
	创业人数/外出务工人数（％）	0.0874**	0.017	0.0366
	创业人数/返乡人数（％）	−0.0025	0.513	0.0039
小微企业数	绝对值（个）	0.0052**	0.049	0.0026
	小微企业数/总企业数（％）	0.0425	0.818	0.1847
相对前一年新创企业数	绝对值（个）	0.0250	0.161	0.0178
	相对前一年新创企业数/总企业数（％）	−0.1224	0.162	0.449
相对前一年总的创业人数	绝对值（人）	0.0003	0.719	0.0009
	相对前一年总的创业人数/户籍人口（％）	−0.0881	0.963	1.9167
	相对前一年总的创业人数/常住人口（％）	−1.2009	0.538	1.9484
	相对前一年总的创业人数/外出务工人数（％）	−5.6425***	0.009	0.1086
	相对前一年总的创业人数/返乡人数（％）	0.01654	0.154	0.0116
相对前一年创业家庭数	绝对值（个）	−0.0020	0.552	0.0034
	相对前一年创业家庭户数/总户数（％）	−0.9305	0.579	1.6788
相对前一年企业研发投入	绝对值（万元）	−5.6968	0.690	0.5016
	相对前一年研发投入/创业人数（％）	0.0101	0.827	0.0462
是否有商贸市场、工业园区、开发区		0.1576	0.197	0.1220
相对前一年专利申请数	绝对值（个）	0.0188**	0.045	0.0094
	相对前一年专利申请数/创业人数（％）	0.3709	0.191	0.2838

（续表）

创业活力		系数	P 值	标准误
相对前一年退出市场的创业项目数（个）		0.0044	0.401	0.0052
相对前一年停产与整顿或清算的创业项目数（个）		−0.0032	0.654	0.0072
具有创业机会的居民数	绝对值（人）	0.0039*	0.053	0.0020
	具有创业机会的居民数/户籍人口（%）	5.0278	0.146	3.4603
	具有创业机会的居民数/常住人口（%）	3.2092	0.351	3.4377
	具有创业机会的居民数/外出务工人数（%）	0.6828***	0.006	0.2501
	具有创业机会的居民数/返乡人数（%）	0.0390	0.115	0.0247
具备创业技能和经验的居民数	绝对值（人）	0.0016	0.194	0.0013
	具备创业技能和经验的居民数/户籍人口（%）	1.4306	0.506	2.1498
	具备创业技能和经验的居民数/常住人口（%）	0.4359	0.847	2.2538
	具备创业技能和经验的居民数/外出务工人数（%）	0.3760***	0.002	0.1240
	具备创业技能和经验的居民数/返乡人数（%）	0.0188	0.198	0.0146

注：* 表示 $p < 0.1$，** 表示 $p < 0.05$，*** 表示 $p < 0.01$。

回归结果表明：（1）就创业人数而言，创业人数在外出务工人数中的占比与村落社会和谐指数显著正相关，而其他指标与村落社会和谐指数不存在显著的相关关系；（2）就小微企业数而言，小微企业数的绝对值与村落社会和谐指数显著正相关，而小微企业数在总企业数中的占比与村落社会和谐指数不存在显著的相关关系；（3）就相对前一年新创企业数而言，其各指标与村落社会和谐指数均不存在显著的相关关系；（4）就相对前一年总的创业人数而言，相对前一年总的创业人数在外出务工人数中的占比与村落社会和谐指数显著正相关，而其他指标与村落社会和谐指数不存在显著的相关关系；（5）就相对前一年创业家庭户数而言，其各指标与村落社会和谐指数均不存在显著的相关关系；（6）就相对前一年企业研发投入情况而言，其各指标与村落社会和谐指数均不存在显著的相关关系；（7）就村落商贸市场、工业园区、开发区的建设情况而言，其指数与村落社会和谐指数不存在显著的相关关系；（8）就相对前一年专利申请情况而言，相对前一年专利数量的绝对值与村落社会和谐指数显著正相关，而相对前一年专利申请数量与创业人数的比重与村落社会和谐指数均不存在显著的相关关系；（9）就相对前一年退出市场的创业项目情况而言，其指数与村落社会和谐指数不存在显著的相关关系；（10）就相对前一年停产与整顿或清算的创业项目情况而言，其指数与村落社会和谐指数不存在显著的相关关系；（11）就具有创业机会的居民情况而言，具有创业机会的居民数的绝对值及其在外出务工人数中的占比与村落社会和谐指数显著正相关，而其他指标与村落社会和谐指数不存在显著的相关关系；（12）就具备创业技能和经验的居民情况而言，具备创业技能和经验的居民数在外出务工人数中的占比与村落社会和谐指数显著正相关，而其他指标与村落社会和谐指数不存在显著的相关关系。

结束语
Conclusion

对农村问题的研究，一种比较可行且有效的方法是社会调查。本书试图根据我国农村的千村调查数据就村落治理与创业现状进行描述性分析，进而得到一些基本的认知。

一、村落治理环境

第一，我国村落正式治理情况如下：

（1）村主任特征

就村主任受教育程度而言，我国村落村主任受教育程度普遍较低，90％以上的村主任为大专及以下学历，仅有不到10％的村主任为大学及以上学历。同时，不同区域之间还存在显著性差异，其中环渤海地区中专、高中学历的村主任最多，而东北地区最少；东南地区大学本科学历的村主任相对较多，而其他地区均较少。

就村主任的政治身份而言，我国村落村主任的政治身份为党员的居多，其次是人大代表和群众，最少的是政协委员，且不同区域之间不存在显著性差异。

就村主任的任期而言，我国村落超半数的村主任任期为 5 年及以下，其次是6—10 年、11—20 年，而任期超过 40 年的极少。同时，不同区域之间还存在显著性差异，其中环渤海地区村主任的平均任期最长，而东南地区村主任的平均任期最短。

就村主任任职方式而言，我国村落 90％以上的村主任任职方式是民主选举，其次是委派、平行调动，而其他任职方式较少，且不同区域之间不存在显著性差异，说明我国村主任的选举比较尊重民意。

就村主任的出生地而言，我国村落村主任约 90％是在本村出生，而非本村出生的村主任较少。同时，不同区域之间还存在显著性差异，其中环渤海地区村主任的出生地为本村的占比最大，西南地区在本镇出生的村主任占比最大，西北地区在本县和本省出生的村主任占比最大，东北地区在外省出生的村主任占比最大。

就村主任职前职业而言，我国村落村主任任职前的职业主要集中在务农、政府机关、民营企业人员，其中村主任任职前务农的占比最大，其次是政府机关、民营企业人员，这也进一步说明我国村主任较多来自于农民。同时，不同区域之间还存在显著性差异，其中各区域村主任任职前为民营企业和政府机关人员的占比差距较大，而其他职业差距不大。

就前任村主任去向而言，我国村落前任村主任的去向中退休的占比最大，其次是晋升、平调和降职。同时，不同区域之间还存在显著性差异，其中东南地区前任村主任晋升的居多，降职的居少；环渤海地区前任村主任降职的居多，晋升和平调的居少。

（2）村规民约状况

就村落是否有村规民约而言，我国80％以上的村落有村规民约，而没有村规民约的村落较少，且不同区域之间不存在显著性差异。

就村落村规民约的形式而言，我国绝大多数村落的村规民约是在村委会进行公示，其次是每家每户定期分发，且不同区域之间不存在显著性差异。

（3）村落政治形式

就村落选举制度而言，首先，我国大多数村落的选举选择公开计票的方式，且不同区域之间不存在显著性差异。其次，我国村落选举候选人的产生由群众直接提名的较多。但不同区域之间存在显著性差异，其中东北地区由群众直接提名产生的村落最多，环渤海地区由选举委员会和村党支部提名产生的村落最多。再次，我国村落选举的候选人人数大多数集中在0—10人，而多于10人的较少。同时，不同区域之间存在显著性差异，其中中部地区村落选举的候选人人数最多，而环渤海地区、东北地区和西北地区最少。最后，我国大多数村落对选举制度持满意态度。但不同区域之间存在显著性差异，其中环渤海地区持满意态度的村落最多，而西北地区相对较少。

就村落外出农民参选情况而言，我国大多数村落的外出农民参选是根据选民意愿委托他人进行投票。但不同区域之间存在显著性差异，其中中部地区采取此种方式的村落最多，环渤海地区最少。此外，中部地区外出农民不计算在选民范围的村落最多，东南地区最少；环渤海地区外出农民的参选由选举委员会决定与控制（计算在选民范围）的村落最多，中部地区最少。

就村落党派社团而言，我国村落的党员和团员数量较多集中在1—50人，且大多数村落没有民主党派和民间社团。此外，不同区域之间的团员人数不存在显著性差异，而党员、民主党派和民间社团人数存在显著性差异，其中东南地区的党员人数、民主党派人数和民间社团人数相对较多，其他地区相对较少。

就村落参政人员而言，我国村落的村干部人数大多为1—10人，人民代表人数大多为1—5人，调解员人数大多为5人及以下，且没有政协委员的村落居多。此外，不同区域之间的人民代表、政协委员和调解员的人数均不存在显著性差异，而村干部人数存在显著性差异，其中东南地区的村干部人数较多，环渤海地区和东北地区人数较少。

就村落公共会议而言，我国村落召开党员代表大会和村民代表大会的次数大多为1—5次，召开村委会会议的次数大多为10次以上，且没有召开宗族会议的村落居多。此外，不同区域之间召开党支部会议和党员大会的次数均不存在显著性差异，而召开村委会会议、村民代表大会以及宗族会议的次数存在显著性差异，其中召开村委会会议、村民代表大会以及宗族会议较多的地区分别为中部地区、东北地区和西北地区。

第二，我国村落非正式治理情况如下：

（1）宗族祠堂

就村落是否有祠堂而言，我国绝大多数村落无祠堂，而有祠堂的村落中拥有1—5个的最多，超过5个的较少。但不同区域之间村落是否有祠堂存在显著性差异，其中中部地区有祠堂的村落居多，而环渤海地区有祠堂的村落居少。此外，不同区域之间村落的祠堂数量也存在显著性差异，其中西南地区的祠堂数量较多，而其他地区均较少。

就村落的前三大宗族而言，我国村落的前三大宗族在总户数中的占比超过半数。但不同区域之间存在显著性差异，其中最大宗族、第二大宗族以及第三大宗族占比最大的地区分别是环渤海地区、中部地区以及环渤海地区。

就村落的族谱家谱而言，我国村落中拥有族谱家谱的占比较大，且拥有1—5个族谱家谱的村落占比最大。但不同区域之间村落是否有族谱家谱存在显著性差异，其中中部地区有族谱家谱的村落居多，而东北地区有族谱家谱的村落居少。此外，不同区域之间村落族谱家谱数量也存在显著性差异，其中西南地区和中部地区的族谱家谱数量较多，而其他地区均较少。

（2）精神领袖与社会贤达

就村落是否有精神领袖与社会贤达而言，我国大多数村落并没有精神领袖与社会贤达。但不同区域之间精神领袖与社会贤达的数量存在显著性差异，其中西南地区有精神领袖与社会贤达的村落相对较多，而东北地区相对较少。

就精神领袖与社会贤达的行政职位而言，我国村落精神领袖与社会贤达的行政职位为村支书的较多，且其他行政职位占比最大，如退休村干部、家族长辈等。但不同区域之间村落精神领袖与社会贤达的行政职位存在显著性差异，除了其他行政职位之外，精神领袖与社会贤达的行政职位以乡镇长、村主任以及村支书居多的地区分别为环渤海地区、东南地区、东南地区。

二、村落营商环境

村落营商环境的调查结果如下：

（1）教育与培训

就村落居民的受教育程度而言，我国村落居民的受教育水平普遍较低，村落居民为小学学历、初中学历和高中学历的人数较多，而大学学历的人数较少。此外，不同区域之间居民为初中学历的村落不存在显著性差异，而居民为大学及以上学历、高中学历、小学学历、文盲的村落存在显著性差异，其中东南地区村落受高中及以上教育的居民占比较高，东北地区村落受小学教育的居民占比较高，西北地区村落文盲的占比最高。

就村落居民的技能培训而言，首先，我国地方政府提供过职业技能培训的居多。同时，不同区域之间存在显著性差异，其中西南地区地方政府提供过职业技能培训的占比相对较高，而中部地区相对较低。其次，我国村落居民参加农业和非农业技能培训的人数相对较少。同时，不同区域之间存在显著性差异，其中西南地区和西北地区的村落参加农业和非农业技能培训的人数较多，而中部地区参加农业和非农业技能培训的人数较少。

（2）人口流动

我国村落居民在本县打工的人数相对较多，而在本乡镇、本省和外省打工的人数相对较少，且本乡镇打工人数在本村总劳动力中的占比较大。同时，不同区域之间人口流动存在显著性差异，其中东南地区村落人口流动量最多，而东北地区最少。此外，东南地区人口流动较多集中在省内，而中部地区较多集中在省外。

（3）文化与制度

就村落的宗教信仰而言，我国有无宗教信仰的村落数量相差不大，其中有宗教信仰的村落，信奉佛教的较多，信奉道教的较少。同时，不同区域之间还存在显著性差异，其中西北地区有宗教信仰的村落较多，中部地区信奉基督教的较多，西北地区信奉伊斯兰教和道教的较多，东南地区信奉佛教以及原始宗教和其他宗教的较多。

就村落的宗教建筑而言，我国绝大多数村落没有教堂、清真寺、寺庙、道观以及其他宗教建筑（如土地庙、关公庙等），宗教建筑的数量大多只有1座。此外，不同区域之间道观数量不存在显著性差异，而教堂、清真寺、寺庙以及其他宗教建筑的数量存在显著性差异，其中教堂、清真寺以及寺庙的数量相对较多的地区分别为中部地区、西北地区、西北地区。

（4）金融服务机构

就村落的传统金融而言，我国村落的传统金融服务机构普遍较少，且大多数传统金融服务机构的种类较为单一。加之，不同区域之间不存在显著性差异，这也进一步说明我国传统金融服务机构未得到普及。

就村落的互联网金融而言，我国互联网金融（主要为 ATM 机）在村落的普及还比较有限，说明我国金融相关产品的使用情况不佳。同时，不同区域之间存在显著性差异，其中东南地区可以使用 ATM 机的村落相对较多，而东北地区无法使用 ATM 机的村落相对较多。

（5）交通运输通信

就村落现有交通运输通信工具而言，首先，我国村落的快递服务仍不完善。同时，不同区域之间存在显著性差异，其中东南地区快递点数量较多，而其他地区较少。其次，我国没有客运码头和货运码头的村落较多，而有客运码头和货运码头的村落较少，且有 1 个客运码头和 1 个货运码头的村落相对而言较多。同时，不同区域之间存在显著性差异，东南地区客运码头和货运码头的数量相对较多，而其他地区较少。最后，我国村落机动车辆较多，而机动船只较少。同时，不同区域之间存在显著性差异，其中东南地区机动车辆和机动船只数量最多，而东北地区最少。

就村落与主要交通运输通信枢纽的距离而言，我国村落与最近公路、县城和开发区的距离均较近，而与最近火车站和码头的距离相对较远。同时，不同区域之间存在显著性差异，其中东南地区的村落与主要交通运输通信枢纽的距离相对较近，交通相对较为便利。

就村落现有通信工具而言，我国村落的电话通信及电脑网络覆盖率较高。同时，不同区域之间的手机覆盖率不存在显著性差异，而固定电话、电脑和互联网的覆盖率均存在显著性差异，其中东南地区的电脑和互联网的覆盖率相对较高，而西南地区相对较低。

（6）吸引外部资本能力

我国村落吸引外部资本的金额主要集中在 500 万元及以下，大于 500 万元的村落较少。同时，不同区域之间存在显著性差异，其中西北地区的村落吸引外部资本最多，其次是东南地区，而东北地区最少。由此可见，西北地区和东南地区的村落吸引外部资本能力较强，而东北地区相对较弱。

（7）村落创业政策

就村落创业项目的审批而言，首先，我国村落创业者在申请创业项目的过程中平均要历经 8 道行政程序，这些手续审批过程会耗费创业者一个月左右的时间。同时，不同区域之间存在显著性差异。从行政程序来看，东南地区的创业审批程序最为烦琐，中部地区的创业审批程序最为简单。从等待天数来看，东南地区和环渤海地区手续审批耗时最长，东北地区耗时最短。其次，我国村落创业者在创业项目申请过程中缴纳的资金均值为 1.83 万元。同时，不同区域之间存在显著性差异，其中环渤海地区创业者在创业项目申请过程中缴纳的费用最多，中部地区的创业者缴纳的费用最少。最后，从创业项目的审批结果来看，一半以上的村落创业者的创业项目已经获得了政府的注册批准。同时，不同区域之间存在显著性差异，其中东南地区已经通过审批的创业项目占比最高，西北地区正在准备审批的创业项目占比最高，东北地区暂未获得批准通过的创业项目占比最高。

就村落政府的资金扶持而言，首先，村落 80% 以上的创业者尚未获得政府的资金扶持，仅有小部分村落创业者在创业过程中获得了政府的资金支持。同时，不同区域之间存在显著性差异，其中西南地区获得政府资金扶持的创业者占比最高，环渤海地区占比最低。其次，超过一半的村落创业者是在 2010—2015 年获得政府的资金扶持，而在 2005 年以前就获得政府资金扶持的创业者非常少。同时，不同区域之间存在显著性差异，其中环渤海地区的创业者约从 2008 年开始就获得了政府的资金扶持，西南地区创业者直至 2012 年才开始获得政府的资金扶持。再次，从创业者获取政府扶持资金的金额来看，获得 1—5 万元扶持资金的创业者最多，获取 50 万元及以上扶持资金的创业者最少。同时，不同区域之间存在显著性差异，其中东南地区创业者获得的扶持资金最多，环渤海地区创业者获得的扶持资金最少。最后，超过一半的创业者认为在其做生意的过程中完全或基本不可能通过向当地官员给好处的方式获得他们的帮助，仅有不到 3% 的创业者认为通过贿赂官员获取帮助的现象非常普遍。同时，后续调查表明，约有 60% 的创业者认为与 2013 年相比，企业通过贿赂官员获取帮助的可能性逐步降低。此外，不同区域之间存在显著性差异，东北地区有 60% 以上的创业者认为做生意的过程中完全或基本不可能通过向当地官员给好处的方式来获得他们的帮助，而东南地区仅有不到 2% 的创业者认为通过贿赂官员以获得帮助的情况非常普遍。

就村落创业过程中的支出而言，我国村落创业者要赚取 100 元的利润平均要支付 6.56 元的税费，且一般会将 0.63% 的年销售额用于非官方支付或购买礼物送给官员。但不同区域创业过程中的税收支出和非官方支出均存在显著性差异，其中从村落创业者的税收支出来看，东南地区创业者的税收负担最重，东北地区创业者的税收负担最轻；从村落创业者的非官方支出来看，西南地区创业者的该项开支最大，环渤海地区创业者的该项开支最小。

三、村落创业活力

村落创业活力的调查结果如下：

（1）创业人数

我国村落的创业人数相对较少，且其在返乡人口中的占比较大。此外，不同区域之间的创业人数及其在户籍人口和常住人口中的占比均不存在显著性差异，但创业人数在返乡人数和外出务工人数中的占比均存在显著性差异，其中环渤海地区的创业人数在返乡人数中的占比较高，而东北地区相对较低；环渤海地区的创业人数在外出务工人数中的占比较高，而西南地区相对较低。

（2）小微企业数

我国村落的小微企业数量在 10 个以下的居多，且小微企业数在总企业数中的占比在 50％以上的居多。同时，不同区域之间存在显著性差异，其中环渤海地区的小微企业相对较多，东北地区的小微企业相对较少。

（3）相对前一年新创企业数

我国村落相对前一年新创企业数量在 1—10 个之间的居多，且相对前一年新创企业数在总企业数中的占比大多集中在 50％以下。同时，不同区域之间相对前一年新创企业数存在显著性差异，其中东南地区相对前一年新创企业相对较多；中部地区相对前一年新创企业数在总企业数中的占比相对较大，而东南地区占比相对较小。

（4）相对前一年总的创业人数

我国村落相对前一年总的创业人数在 1—50 人之间的居多，且在户籍人口、常住人口和外出务工人数中的占比相对较小，在返乡人数中的占比相对较大。此外，不同区域之间相对前一年总的创业人数及其在户籍人口、常住人口中的占比均不存在显著性差异，而在外出务工人数和返乡人数中的占比均存在显著性差异，其中环渤海地区前一年总的创业人数与外出务工人数和返乡人数的比重均较高，而其他地区较小。

（5）相对前一年创业家庭户数

我国相对前一年创业家庭户数相对较少，这意味着中国农村家庭参与创业的积极性不高。同时，不同区域之间并不存在显著性差异。

（6）相对前一年企业研发投入情况

我国村落相对前一年企业研发投入并不高，这反映了村落对研发投入的重视程度不高。同时，不同区域之间相对前一年企业研发投入存在显著性差异，其中东南地区相对前一年企业研发投入获得人数在创业人数中的占比相对较高，而东北地区相对较低。

（7）商贸市场、工业园区、开发区建设情况

我国村落商贸市场、工业园区、开发区的数量较少，这反映了村落进行创业的环境相对较差。同时，不同区域之间存在显著性差异，其中东南地区商贸市场、

工业园区、开发区建设方面相对较为发达，而东北地区和西南地区相对较为落后。

（8）相对前一年专利申请情况

我国村落相对前一年专利申请数较低，且不同区域之间不存在显著性差异，这说明我国各地区村落创业者的创新能力均有待提升。

（9）相对前一年退出市场的创业项目情况

我国村落相对前一年退出市场的创业项目相对较少，且不同区域之间不存在显著性差异。

（10）相对前一年停产与整顿或清算的创业项目数

我国村落相对前一年停产与整顿或清算的创业项目数较少，且不同区域之间不存在显著性差异。

（11）具有创业机会的居民情况

我国村落具有创业机会的居民数主要集中在 0—50 人之间。同时，不同区域之间具有创业机会的居民数存在显著性差异，其中环渤海地区村落具有创业机会的居民较多，而中部地区相对较少。此外，具有创业机会的居民数在户籍人口、常住人口和外出务工人数中的占比较小，在返乡人数中的占比较大。同时，不同区域之间具有创业机会的居民数在返乡人数中的占比不存在显著性差异，在户籍人口、常住人口、外出务工人数中的占比均存在显著性差异，其中环渤海地区具有创业机会的居民数在户籍人口、常住人口中的占比最大，中部地区具有创业机会的居民数在外出务工人数中的占比最大。

（12）具备创业技能和经验的居民情况

我国村落具备创业技能和经验的居民数主要集中在 0—50 人之间。同时，不同区域之间具备创业技能和经验的居民人数存在显著性差异，其中西北地区、东南地区和环渤海地区具备创业技能和经验的居民相对较多，而其他地区相对较少。此外，具备创业技能和经验的居民数在户籍人口、常住人口、外出务工人数以及返乡人数中的占比均存在显著性差异，其中环渤海地区具备创业技能和经验的居民数在户籍人口和常住人口中的占比较大，而其他地区相对较小；东南地区和环渤海地区具备创业技能和经验的居民数在外出务工人数中的占比较大，而其他地区相对较小；环渤海地区和西北地区具备创业技能和经验的居民数在返乡人数中的占比较大，而其他地区相对较小。

四、村落创业者背景

第一，村落创业者的个体背景状况如下：

（1）年龄

我国村落创业者的年龄分布相对集中，大部分村落创业者都是有一定工作或生活经验的中年人（45 岁左右）。但各区域存在显著性差异，其中环渤海地区村落创业者的平均年龄最大，西南地区村落创业者的平均年龄最小。

（2）性别

我国村落创业者中男性的占比远大于女性。但各区域存在一定差异，其中环渤海地区男性创业者占比最高，东北地区男性创业者占比最低。

（3）学历

我国村落创业者的受教育程度普遍不高，超过一半的村落创业者仅有初中及以下学历。但各区域间存在显著性差异，其中东南地区村落创业者的学历水平较高，西南地区村落创业者的学历水平较低，而西北地区具有高学历（研究生及以上学历）的村落创业者的占比最高。

（4）宗教信仰

我国绝大多数村落创业者没有宗教信仰，在有宗教信仰的村落创业者中，信仰佛教的占比最高。但各区域间存在显著性差异，其中佛教在东南地区最为盛行，基督教在东北地区最为盛行，伊斯兰教在西北地区最为盛行。

（5）政治身份

我国大部分村落创业者不是共产党员，但各区域间存在显著性差异。其中，东南地区村落创业者的党员占比最高，环渤海地区村落创业者的党员占比最低。

（6）村干部经历

我国大部分村落创业者都没有村干部经历。但各区域间存在显著性差异，其中，中部地区有村干部经历的创业者占比最高，东北地区有村干部经历的创业者占比最低。

（7）政治参与情况

我国村落创业者的政治参与度普遍较低，且各区域村落创业者中除人大代表的占比存在一定差异以外（西南地区占比最高，东北地区占比最低），有政协委员或政府部门工作经历的村落创业者占比均不存在明显的地域差异。

（8）创业前经历

就先前创业经历而言，20％左右的村落创业者有过其他创业经历，且其先前创业次数多在 1—2 次之间。但各区域间存在显著性差异，其中，中部地区村落创业者的先前创业经历最为丰富，环渤海地区村落创业者的先前创业经历最为匮乏。

就工作及管理经历而言，相较于央企、国企、外企等，具有私企管理经验的创业者相对较多，且东南地区占比最高，东北地区占比最低。

就打工经历而言，约有 40％的村落创业者有过打工经历，并且在外出务工过程中积累了一定的资金。其中，西南地区有外出务工经历的村落创业者占比最高，其所积累的创业资金也最多；环渤海地区有外出务工经历的村落创业者占比最低，其所积累的创业资金也相对较少。

就培训及其他经历而言，大部分村落创业者在创业前并未接受过创业相关知识和技能的培训与学习，并且各区域村落创业者只在技术培训（西北地区占比最高，东北地区占比最低）和手艺技艺（中部地区占比最高，东北地区占比最低）方面存在差异，其从军经历并不存在显著性差异。

第二，村落创业者的家庭背景状况如下：

（1）家庭成员人数

我国大多数村落创业者的家庭规模集中在2—6人的区间内，并且三口之家的情况最为常见。但各区域存在显著性差异。其中中部地区村落创业者的家庭规模最大，东北地区村落创业者的家庭规模最小。

（2）家庭社会网络

就父母或兄弟姐妹的创业情况而言，约有40%的村落创业者的父母或兄弟姐妹当前正在创业。但各区域存在显著性差异，其中西北地区村落创业者家中正在创业的父母或兄弟姐妹占比最高，东南地区占比最低。

就亲戚朋友的创业情况而言，约有60%的村落创业者的亲戚朋友正在创业，其中有4个或更多亲戚朋友参与创业的情况最为常见，且各区域间不存在显著性差异。

就创业者父母创业情况而言，大多数村落创业者都是自己参与创业活动。但各区域存在显著性差异，其中东南地区村落创业者的父母参与创业的占比最高，西北地区占比最低。

就亲戚朋友的工作情况而言，大多数村落创业者并没有在银行或其他金融机构任职的亲友，其在银行及其他金融机构担任各级领导的亲友数量更是微乎其微，且各区域差异并不明显。

（3）小孩与老人情况

村落创业者的家庭大都是典型的"上有老，下有小"结构，既需要抚养未成年的小孩，也需要赡养60岁以上的老人。具体到各区域，就小孩情况而言，中部地区村落创业者家庭中的小孩及男孩数量最多，东南地区村落创业者家中小孩及男孩数量相对较少；就老人情况而言，东南地区村落创业者家中的老人虽然数量最多，年龄最大，但身体状况最好，而西北地区村落创业者家庭中的老人数量虽然不多、年龄最小，但身体状况最糟糕。

（4）家庭经济情况

就家庭耕地面积而言，村落创业者家庭耕地面积的均值为17亩左右。其中，东北地区村落创业者的家庭耕地面积相对较大，环渤海地区相对较小。

就家庭收入情况而言，村落创业者家庭年均收入大多为1—100万元。其中，东南地区村落创业者家庭年均收入相对较高，西南地区相对较低。

就家庭存款情况而言，创业者家庭存款情况较为可观，仅有不到 20％的创业者家庭无存款或有负债。具体到各区域，东南地区村落创业者家庭存款相对较多，西南地区相对较少。

就人情往来支出而言，约有 70％的村落创业家庭相对前一年的人情往来支出平均在 1—10 万元之间。其中，东南地区村落创业者的人情往来支出相对较多，东北地区相对较少。

就经济上依赖于创业者的家庭成员数量而言，主要分布在 0—5 人的区间内。其中，西北地区在经济上依赖村落创业者的家庭成员相对较多，东南地区相对较少。

（5）政治关联情况

大部分村落创业者家庭的政治关联较弱，其主要形式是入党或担任村干部，且各区域除党员数量存在一定差异（东南地区相对较多，环渤海地区相对较少）以外，家庭成员中的村干部数量、人大代表数量以及政协委员数量均不存在明显的差异。

（6）家庭创业支持情况

村落创业者的家庭对其创业与经营活动的支持程度较高。其中，东北地区创业者家庭支持程度整体较高，西北地区和西南地区整体较低。

（7）创业项目投入情况

村落创业者的创业项目投入资金主要集中在 0—150 万元之间。其中，东南地区创业者的创业项目投入资金相对较多，西南地区相对较少。此外，东北地区村落创业者从银行等金融机构获取的创业资金相对较多，东南地区村落创业者从亲朋好友处获取的创业资金相对较多，而西南地区村落创业者通过各种渠道获得的创业资金都相对较少。

第三，村落创业者的社会关系状况如下：

（1）社交工具使用情况

村落创业者手机通信录的人数主要分布在 1—300 人的区间内，但其微信好友人数相对较少，部分村落创业者甚至不会使用微信。具体到各区域，东南地区村落创业者的手机通信录人数和微信好友人数最多，东北地区村落创业者的手机通信录人数最少，西南地区村落创业者的微信好友人数最少。

（2）民间组织参与情况

近年来，村落创业者逐渐意识到了行业协会和商业协会对企业发展的重要作用，并试图加入行业协会。具体到各区域，东南地区村落创业者行业协会和商业协会的参与度相对较高，东北地区村落创业者的行业协会参与度相对较低，环渤海地区村落创业者的商业协会参与度相对较低。

（3）非正式权威来源

就最大宗族情况而言，30.37％的村落创业者享受着最大宗族带来的资源优势，但各区域存在显著性差异。具体而言，环渤海地区隶属最大宗族的村落创业者占比最高，东北地区占比最低。

就父辈姓氏情况而言，31.09％的村落创业者是村里第一大姓的子孙辈。但各区域存在显著性差异，具体而言，环渤海地区父辈姓氏为村落第一大姓的创业者占比最高，东北地区占比最低。

就配偶姓氏情况而言，15.16％的村落创业者的配偶隶属村落第一大姓的家族。但各区域存在显著性差异，具体而言，环渤海地区配偶姓氏为村落第一大姓的创业者占比最高，东北地区占比最低。

就宗族祠堂修建情况而言，22.36％的村落创业者所在的家族修建了祠堂。但各区域存在显著性差异，具体而言，中部地区村落创业者所在宗族的祠堂数量相对较多，东北地区数量相对较少。

就家族族谱情况而言，41.05％的村落创业者所在的家族有族谱。但各区域存在显著性差异，具体而言，中部地区有家族族谱的村落创业者占比最高，西北地区占比最低。

（4）人缘与影响力情况

绝大多数村落创业者在当地都有很好的人缘，超过一半的创业者在村落重要传统活动的举办、邻里纠纷的解决以及重大决策的制定过程中发挥了重要作用。具体到各区域，环渤海地区村落创业者在当地的人缘最好，西南地区村落创业者在当地的影响力最大。

（5）社会地位情况

将近一半的村落创业者认为自身的社会地位处于中上等水平，且各区域不存在显著性差异。

五、村落创业企业的组织与治理效应

第一，村落创业企业的组织特征情况如下：

（1）员工结构

村落创业企业员工人数的平均值为 17 人，并且创业企业更倾向于以合同工的形式雇用同乡同村的居民。具体到各区域，东南地区村落创业企业的员工总数最多，中部地区和西南地区总数最少。另外，与其他区域相比，东南地区村落创业企业雇用同乡同村和外地居民的占比均是最大的，而西南地区的占比均是最小的。

（2）员工五险一金情况

整体来看，我国村落创业企业的员工五险一金情况并不乐观，当前仅有

21.23％的村落创业企业给员工提供了五险一金，另外有 33.33％的企业表示未来计划给员工提供五险一金。具体到各区域，东南地区当前和未来计划给员工提供五险一金的创业企业的占比最高，西北地区当前给员工提供五险一金的创业企业的占比最低，东北地区未来计划给员工提供五险一金的创业企业的占比最低。

（3）家庭成员任职情况

就家庭成员持股比例而言，在村落创业企业中，大多数核心家庭成员要么 100％持股，参与创业与经营活动，要么不持股。而普通亲戚在持股比例上并没有明显优势，大部分亲戚都没有参与创业者的创业与经营活动。具体到各区域，中部地区村落创业企业中家庭核心成员和普通亲戚的持股比例最高，东南地区村落创业企业中家庭成员的持股比例最低，而东北地区村落创业企业中家庭普通亲戚的持股比例最低。

就家庭成员在管理岗位任职的人数而言，在村落创业企业中，大部分核心家庭成员会承担企业的管理职责，而仅有小部分普通亲戚会承担企业的管理职责。具体到各区域，东南地区家庭核心成员和普通亲戚在创业企业中担任管理人员的占比最高，西北地区家庭核心成员在创业企业中担任管理人员的占比最低，西南地区家庭普通亲戚在创业企业中担任管理人员的占比最低。

（4）创业者工作时间分配情况

整体来看，创业者的绝大部分时间都是用于企业的经营管理工作，但是每月也会安排一定的时间用于建立并维护企业与政府、员工、供应商等各方利益相关者的关系。地域因素虽然不会影响村落创业者的总工作时长、经营管理时长和经营关系的时长，但是不同区域的村落创业者在政府关系的建立与维护上花费的时间有显著性差异。具体而言，西北地区的村落创业者每月用于与不同级别、不同岗位的政府官员打交道的时间相对较长，环渤海地区相对较短。

第二，村落创业企业的治理模式情况如下：

（1）创业者的权力结构

绝大部分村落创业者在企业中都承担着董事长或总经理等重要职务，但各区域存在显著性差异，其中东北地区在企业中担任董事长的村落创业者的占比是所有区域中最高的，东南地区在企业中担任总经理的村落创业者的占比是所有区域中最高的，而环渤海地区在企业中同时担任总经理和董事长的村落创业者的占比是所有区域中最高的。

（2）企业的股东结构

就村落创业企业在创建时的老板数量而言，创建时仅有 1 个老板的情况最为常见，其次是 2 人合伙的情况，由 5 人或更多创业者共同创建企业的情况相对少见。但各区域间存在显著性差异，其中东南地区村落创业企业在创建时的老板数量相对较多，环渤海地区相对较少。

就村落创业企业的股权分配情况而言，我国村落创业企业的股权分配程序和制度仍不完善，绝大部分村落创业企业均未办理正式的股权分配合同。但各区域存在显著性差异，其中东南地区股权分配程序和制度相对完善，西南地区相对较差。

就村落创业企业股东间的股权分配比例而言，村落创业者本人所持股权的比例最高，约有70%的村落创业者是100%持股，也有极少部分的村落创业者并未持有任何股权。具体到各区域，东北地区村落创业者本人的持股比例相对较高，东南地区相对较低。

（3）企业的投资者人数

我国绝大部分村落创业企业都是由1名或2名投资人出资筹建而成。但各区域存在显著性差异，其中东南地区村落创业企业的投资者人数相对较多，环渤海地区相对较少。

（4）企业的产权形式

整体来看，个体或私营等相对简单的产权形式是我国大部分村落创业者在创办企业过程中的首选。但各区域存在显著性差异，其中东北地区、西北地区和环渤海地区均有70%以上的村落创业企业是以个体经营形式创办的，而东南地区仅有刚过一半的村落创业企业是以个体经营模式运营，但其以私营产权形式运作的企业占比显著高于其他地区。

（5）企业董事会的设立情况

我国大部分村落创业企业的治理结构相对简单且不完善，仅有不到6%的村落创业企业设立了董事会。但各区域存在显著性差异，其中，东南地区设立了董事会的村落创业企业的占比最高，西南地区占比最低。

（6）企业党组织的设立情况

我国大部分村落创业企业尚未充分重视企业的党建工作，仅有不到4%的村落创业企业设立了党组织。但各区域存在显著性差异，其中东南地区设立了党组织的村落创业企业的占比最高，东北地区占比最低。

（7）企业与政府部门之间的关系

我国大部分村落创业企业尚未充分重视与政府部门关系的构建，仅有少数村落创业企业安排了专职人员来协调与政府部门的关系。但各区域存在显著性差异，其中东南地区村落创业企业最为注重企业与政府部门关系的构建，环渤海地区村落创业企业最不注重企业与政府部门关系的构建。

（8）企业与当地农村（社区）之间的关系

目前，只有小部分村落创业企业开始注重与当地农村（社区）关系的构建，但各区域存在显著性差异，其中东南地区村落创业企业最为注重企业与当地农村（社区）关系的构建，东北地区的村落创业企业最不注重企业与当地农村（社区）关系的构建。

（9）企业行业或贸易协会的参与情况

我国村落创业者尚未充分认识到行业或贸易协会对企业发展的重要作用，且各区域不存在显著性差异。

第三，村落创业企业的治理效率情况如下：

（1）企业绩效排名情况

大部分村落创业者对创业企业的治理效率持较为积极乐观的态度，即认为企业绩效在当地同行业企业中排在前十名。具体到各区域，中部地区村落创业者对其企业的绩效状况最为自信，东南地区村落创业者则相对不太自信。

（2）企业员工数量及变化情况

大部分村落创业者认为2012年至2019年（估计）企业的员工人数会呈逐步增加的趋势。具体到各区域，虽然创业企业的员工数量存在一定差异（东南地区相对较多，东北地区相对较少），但整体来看，除环渤海地区以外，其他各区域创业企业的员工人数在2012年至2019年（估计）间均呈现出稳步增加的趋势。

（3）企业销售额及变化情况

大部分村落创业者认为2012年至2019年（估计）企业的销售额会呈逐步增加的趋势。具体到各区域，虽然创业企业的销售额存在一定差异（东南地区相对较多，西南地区相对较少），但整体来看，除环渤海地区和西南地区以外，其他各区域创业企业的销售额在2012年至2019年（估计）间均呈现出稳步上升的趋势。

（4）企业纯利润及变化情况

大部分村落创业者认为2012年至2019年（估计）企业的纯利润会呈逐步增加的趋势。具体到各区域，虽然创业企业的纯利润额存在一定差异（东南地区相对较多，西南地区相对较少），但整体来看，除环渤海地区和东北地区以外，其他各区域创业企业的纯利润在2012年至2019年（估计）间均呈现出稳步上升的趋势。

（5）企业总资产及变化情况

大部分村落创业者认为2012年至2019年（估计）企业的总资产会呈逐步增加的趋势。具体到各区域，虽然创业企业的资产总额存在一定差异（东南地区相对较多，东北地区相对较少），但整体来看，除环渤海地区以外，其他各区域创业企业的资产总额在2012年至2019年（估计）间均呈现出稳步上升的趋势。由此可见，村落创业企业的整体发展态势良好。

六、村落居民生活质量

（1）村落居民收入水平

受访村落居民人均年纯收入的均值为1.84万元，村落全年最高家庭收入的平均值为 97.21 万元，村落全年最低家庭收入的平均值为 1.21 万元。具体到各区域，东南地区村落居民的收入水平相对较高，而西南地区相对较低。

（2）村落居民消费水平

我国村落居民的人均年消费水平相对较低，受访村落中居民人均年消费的均值为 1.02 万元，居民人均年消费超过 5 万元的村落累计占比不到 2%。具体到各区域，东南地区村落居民的人均年消费水平最高，西南地区最低，东北地区差异最大。

（3）村落居民幸福指数

我国村落居民幸福指数的整体水平较高，但其就业满意度明显低于幸福满意度和生活满意度。具体到各区域，环渤海地区村落居民的幸福满意度、生活满意度以及就业满意度都是各区域中最高的，西北地区村落居民的幸福满意度、生活满意度以及就业满意度都是各区域中最低的。

（4）村落居民和谐指数

我国村落社会和谐度的均值为 4.73 分，落在"有点高"与"很高"之间。另外，2015 年，我国村落邻里纠纷的次数平均小于 10 起，且绝大部分纠纷都得到了有效解决。具体到各区域，环渤海地区和东北地区的村落社会和谐度最高，中部地区最低。此外，2015 年，西南地区村落的邻里纠纷平均次数较多，但其解决率也相对较高；环渤海地区村落的邻里纠纷次数平均较最少，但其解决率相对较低。

七、贫困县与非贫困县对比分析结果

从村落治理环境来看：①村落正式治理的结果显示，贫困县村落村主任的平均受教育程度、任期以及是否为本村出生均显著低于非贫困县；贫困县村落公开计票占比要显著高于非贫困县，贫困县村落的党员人数、民主党派人数、民间社团人数以及村干部人数占比均显著低于非贫困县。②村落非正式治理的结果显示，贫困县村落有族谱家谱的占比及其数量均显著高于非贫困县，且贫困县有精神领袖与社会贤达的村落数显著多于非贫困县。

从营商环境来看：贫困县村落的高学历水平（高中及以上、大学及以上）的居民人数及其在户籍人口中的占比均显著低于非贫困县；贫困县村落当地打工（本乡镇、本县、本省）的人数及其在本村总劳动力中的占比均显著低于非贫困县，而贫困县村落的外省打工人数在本村总劳动力中的占比显著高于非贫困县；贫困县有宗教信仰的村落数显著多于非贫困县；贫困县村落的金融机构种类数显著少于非贫困县，同时贫困县拥有 ATM 机的村落数显著少于非贫困县；贫困县村落现有的交通运输通信工具数（包括快递点、机动船只）以及通信工具（包括固定电话、电脑、互联网）数均显著少于非贫困县，而贫困县村落与主要交通运输通信枢纽（包括最近县城、商贸市场开发区、火车站）的距离均显著大于非贫困县；贫困县村落的外省市投资显著多于非贫困县，而其他投资，贫困县村落显著少于非贫困县。

从创业活力来看：贫困县村落的创业人数在户籍人口和返乡人数中的占比均显著低于非贫困县；贫困县村落的小微企业数显著少于非贫困县；贫困县村落相对前一年新创企业数在总企业数中的占比显著大于非贫困县；贫困县有商贸市场、工业园区、开发区的村落显著少于非贫困县；贫困县村落有创业机会的居民数在外出务工人数中的占比显著低于非贫困县；贫困县村落具备创业技能和经验的居民数及其在户籍人口、常住人口、外出务工人数和返乡人数中的占比均显著低于非贫困县。

从村落创业者背景来看：① 创业者个体特征。贫困县村落创业者的平均年龄、学历水平及其打工与创业项目的相关性显著低于非贫困县，且其工作（国企、集体企业）和管理经历（央企、国企、私企）显著少于非贫困县。而贫困县村落中男性创业者的占比以及有宗教信仰、村干部经历、政协委员经历、打工经历和培训经历的创业者的占比显著高于非贫困县，且贫困县村落创业者先前创业亏损的次数和打工城市的个数均值显著多于非贫困县。② 创业者家庭背景。首先，贫困县村落创业者家中最大、最小小孩的年龄以及老人的数量和年龄均值都显著小于非贫困县，并且其小孩和老人的身体状况也都不如非贫困县。其次，贫困县村落创业者家庭的平均收入（总收入、创业收入、工资收入、其他收入）水平、存款金额、各项支出金额、创业项目投入的资金总额以及家庭创业支持度都显著低于非贫困县。再次，贫困县村落创业者的平均家庭成员数、正在创业的父母或兄弟姐妹数、小孩及男孩数、家庭成员依赖数以及务农收入都显著多于非贫困县。最后，与非贫困县相比，平均而言贫困县村落创业者的家庭耕地被政府征用的比例更大、面积更大、时间更久。③ 创业者社会关系。贫困县村落创业者的微信好友人数均值及其参加行业协会的占比均显著低于非贫困县，且其在当地的人缘不如非贫困县。而贫困县村落创业者退出行业协会及其参与和退出商业协会的比重均显著高于非贫困县，且贫困县村落创业者的非正式权威（最大宗族、父辈第一大姓、家族族谱）和在当地的影响力都显著大于非贫困县。

从村落创业企业的组织与治理效应来看：① 组织特征。贫困县村落创业企业的员工结构（数量、中专或高中以上学历水平的员工人数、外地员工人数）以及员工五险一金情况（当前和未来）都不如非贫困县，且贫困县村落创业者平均每月用于打交道的时间显著多于非贫困县。② 治理模式。贫困县村落创业者在企业中担任总经理或两职兼任的占比显著低于非贫困县，且贫困县村落创业企业股权分配合同的办理占比、董事会的设立占比、以私营形式运作的占比以及当前已加入行业或贸易协会的占比显著低于非贫困县。而贫困县村落创业者担任董事长、在职能岗位或其他岗位任职的占比显著高于非贫困县，且贫困县村落创业企业的老板数量、以个体形式运作的占比以及设置与当地农村（社区）共同议事机构的占比显著高于非贫困县。③ 企业治理效率。平均而言，贫困县村落创业企业的绩效排名、员工人数、销售额、纯利润数额以及总资产数额均显著低于非贫困县，但贫困县村落创业企业的员工人数、销售额、纯利润数额以及总资产数额的相对增长速度都快于非贫困县。

从村落居民生活质量来看：① 村落居民收入水平。贫困县村落居民的人均年纯收入、村落最高家庭收入、村落最低家庭收入以及村落居民收入在其乡镇、县城所处的水平均显著低于非贫困县。② 村落居民消费水平。贫困县村落居民的人均年消费水平显著低于非贫困县。③ 村落居民幸福指数。贫困县村落居民的幸福满意度、生活满意度以及就业满意度均显著低于非贫困县。④ 村落居民和谐指数。贫困县村落居民的社会和谐度显著低于非贫困县。

八、村落治理环境、创业与村落居民生活质量

第一，村落治理环境与居民生活质量的关系。良好的村落正式治理能够促进村落居民生活质量的提升。具体而言，村落正式治理指标中的村主任特征和政治法律有利于促进村落居民收入水平、消费水平、幸福指数以及村落社会和谐指数的提升。值得注意的是，村主任特征中的"任期""是否为本村出生"均不利于村落居民收入水平和消费水平的提升，且政治法律中的"候选人数""村落会议次数"也不利于村落居民收入水平的提升。村落非正式治理指标大多不利于居民收入水平、消费水平、幸福指数以及村落社会和谐指数的提升。

第二，村落营商环境与村落居民生活质量的关系。良好的村落营商环境有利于村落居民生活质量的提升。具体而言，营商环境指标中的"教育与培训""人口流动（本地打工）""金融服务机构""交通运输通信"以及"吸收外部资本的能力"均能够促使村落居民收入水平和消费水平的提升，同时也会提高村落居民幸福指数和村落社会和谐指数。但值得注意的是，"人口流动（外省打工）"会降低村落居民的生活质量。"文化与制度"虽然能促使村落居民收入水平和消费水平的提升，但会降低村落居民幸福指数和村落社会和谐指数。

第三，村落治理环境与创业活力之间的关系。首先，对于村落正式治理而言，良好的村落正式治理能够促进创业活力的提升。具体而言，村落治理环境能够正向影响创业人数，相对前一年总的创业人数，相对前一年创业家庭户数，相对前一年研发投入，商贸市场、工业园区、开发区建设，相对前一年专利申请数，具有创业机会的居民数，具备创业技能和经验的居民数，值得注意的是，村主任特征中的"任期"和"是否为本村出生"会负面影响具有创业机会的居民数，"任期"会负面影响具备创业技能和经验的居民数，"是否为民主选举"会负面影响相对前一年创业家庭户数。其次，村落正式治理会促进小微企业数的增加，而村落非正式治理反而不利于小微企业数的增加，村落正式治理也会促进相对前一年新创企业数的增加，但值得注意的是，村主任特征中的"是否为民主选举"和"是否为本村出生"反而

会降低小微企业数。最后，村落非正式治理会促进相对前一年退出市场的创业项目数和相对前一年停产与整顿或清算的创业项目数。此外，村主任特征中的"任期""是否为本村出生"和"选举制度满意度"会在一定程度上降低相对前一年退出市场的创业项目数，且"任期"和"选举制度满意度"会在一定程度上降低相对前一年停产与整顿或清算的创业项目数。

第四，村落营商环境与村落创业活力的关系。良好的村落营商环境有利于村落创业活力的提升。具体而言，营商环境指标中的"教育与培训""人口流动""文化与制度""金融服务机构""交通运输通信"以及"吸收外部资本的能力"均有利于提高村落居民及其家庭的创业参与度和创业能力，也有利于促进小微企业和新创企业的发展，并促使村落企业增加研发投入和专利申请数量，还有利于加强村落对商贸市场、工业园区、开发区的建设，为村落居民提供更多的创业机会。但值得注意的是，良好的营商环境会增加村落退出市场以及停产与整顿或清算的创业项目数，即加速对衰退企业的淘汰进程。

第五，村落创业活力与村落居民生活质量的关系。村落创业活力有利于村落居民生活质量的提升。具体而言，创业活力指标中的"创业人数""小微企业数""相对前一年总的创业人数""相对前一年企业研发投入""具有创业机会的居民数"以及"具备创业技能和经验的居民数"均能够促使村落居民收入水平和消费水平的提升，同时也会提高村落居民幸福指数和村落社会和谐指数。但值得注意的是，创业活力指标中的"相对前一年新创企业数""相对前一年创业家庭户数""商贸市场、工业园区、开发区建设情况""相对前一年专利申请数""相对前一年退出市场的创业项目数"和"相对前一年停产与整顿或清算的创业项目数"虽然能够促使村落居民收入水平和消费水平的提升，但其与村落居民幸福指数和村落社会和谐指数之间并不存在显著的相关关系。

深入了解并研究我国村落治理与农村创业现状及其经济与管理规律，是一个浩大的工程。虽然我们用了近 3 年的时间去挖掘里面的信息，尽可能客观地展现我国村落的治理环境、营商环境、创业活力、创业者个体背景与家庭背景以及社会背景、创业企业的组织与治理机制、生活质量等，但限于数据质量以及研究能力所限，仍旧存在很多遗憾。尤其是本书还未能透过现象找到村落治理与创业活力、创业效率之间具有规律性的逻辑关系，这还有待于今后另外撰著以揭露我国农村创业根源与动力、农村创业机制与经济发展之间的关系。

[1] Acs Z. *Small Firms and Economic Growth* [M]. Edward Elgar Publishing, 1996.

[2] Acs Z. J. Arenius P. Hay M, *et al*. Global Entrepreneurship Monitor: 2004 Executive Report [R]. Babson College and London Business School, 2005.

[3] Adler P. S. , Kwon S. W. Social Capital: Prospects for a New Concept [J]. *Academy of Management Review*, 2002, 27 (1): 17-40.

[4] Aldrich H. E. , Cliff J. E. The Pervasive Effects of Family on Entrepreneurship: Toward a Family Embeddedness Perspective [J]. *Journal of Business Venturing*, 2003, 18 (5): 573-596.

[5] Arenius P, De Clercq D. A Network-based Approach on Opportunity Recognition [J]. *Small Business Economics*, 2005, 24 (3): 249-265.

[6] Audretsch D. B. Innovation, Growth and Survival [J]. *International Journal of Industrial Organization*, 1995, 13 (4): 441-457.

[7] Audretsch D. B. , Carree M. A. , Van Stel A. J. , *et al*. Impeded Industrial Restructuring: The Growth Penalty [J]. *Kyklos*, 2002, 55 (1): 81-98.

[8] Audretsch D. , Fritsch M. Linking Entrepreneurship to Growth: The Case of West Germany [J]. *Industry and Innovation*, 2003, 10 (1): 65-73.

[9] Banerjee A. E. , Duflo R. , Glennerster, Kinnan C. The Miracle of Microfinance? Evidence from a Randomized Evaluation [J]. MIT Working Paper, 2009.

[10] Batjargal B. Internet Entrepreneurship: Social Capital, Human Capital, and Performance of Internet Ventures in China [J]. *Research Policy*, 2007, 36 (5): 605-618.

[11] Baumol W. J. *The Theory of Environmental Policy* [M]. Cambridge Press, 1990.

[12] Beugelsdijk S. , Noorderhaven N. Entrepreneurial Attitude and Economic Growth: A Cross-section of 54 Regions [J]. *The Annals of Regional Science*, 2004, 38 (2): 199-218.

[13] Birley S. The Role of Networks in the Entrepreneurial Process [J]. *Journal of Business*

Venturing, 1985, 1 (1): 107-117.

[14] Breugst N. , Patzelt H. , Rathgeber P. How Should We Divide the Pie? Equity Distribution and Its Impact on Entrepreneurial Teams [J]. *Journal of Business Venturing*, 2015, 30 (1): 66-94.

[15] Brown T. E. , Kirchhoff B. A. The Effects of Resource Availability and Entrepreneurial Orientation on Firm Growth [J]. *Frontiers of Entrepreneurship Research*, 1997: 32-46.

[16] Bruton G. D. , Ahlstrom D. An Institutional View of China's Venture Capital Industry: Explaining the Differences Between China and the West [J]. *Journal of Business Venturing*, 2003, 18 (2): 233-259.

[17] Bukenya, J. O. An Analysis of Quality of Life, Income Distribution and Rural Development in West Virginia [D]. West Virginia University, 2001.

[18] Carree M. , Van Stel A. , Thurik R. , *et al*. Economic Development and Business Ownership: An Analysis Using Data of 23 OECD Countries in the Period 1976-1996 [J]. *Small Business Economics*, 2002, 19 (3): 271-290.

[19] Caves R. E. Industrial Organization and New Findings on the Turnover and Mobility of Firms [J]. *Journal of Economic Literature*, 1998, 36 (4): 1947-1982.

[20] Cooper W. W. L. , Seiford, Zhu J. *Handbook of DEA*. Kluwer Academic Publishers, 2004.

[21] Covin J. G. , Slevin D. P. A Conceptual Model of Entrepreneurship as Firm Behavior [J]. *Entrepreneurship Theory and Practice*, 1991, 16 (1): 7-26.

[22] Etzkowitz H. , Klofsten M. The Innovating Region: Toward a Theory of Knowledge-based Regional Development [J]. *R & D Management*, 2010, 35 (3): 243-255.

[23] Fogel G. , Zapalska A. A Comparison of Small and Medium-size Enterprise Development in Central and Eastern Europe [J]. *Comparative Economic Studies*, 2001, 43 (3): 35-68.

[24] Gao J. , Yang F. Analysis of Factors Influencing Farmers' Identification of Entrepreneurial opportunity [J]. *Asian Agricultural Research*, 2013, 5 (6): 112-121.

[25] Georgellis Y. , Wall H. J. What Makes a Region Entrepreneurial? Evidence from Britain [J]. *The Annals of Regional Science*, 2000, 34 (3): 385-403.

[26] Gielnik M. M. , Frese M, Graf J. M. , *et al*. Creativity in the Opportunity Identification Process and the Moderating Effect of Diversity of Information [J]. *Journal of Business Venturing*, 2012, 27 (5): 559-576.

[27] Gnyawali D. R. , Fogel D. S. Environments for Entrepreneurship Development: Key Dimensions and Research Implications [J]. *Entrepreneurship Theory and Practice*, 1994, 18 (4): 43-62.

[28] Hébert R. F. , Link A. N. In Search of the Meaning of Entrepreneurship [J]. *Small Business Economics*, 1989, 1 (1): 39-49.

[29] Hills G. E. , Lumpkin G. T. , Singh R. P. Opportunity Recognition: Perceptions and Be-

参
考
文
献

haviors of Entrepreneurs [J]. *Frontiers of Entrepreneurship Research*, 1997, 17 (4): 168-182.

[30] Hoang H, Antoncic B. Network-based Research in Entrepreneurship: A Critical Review. *Journal of Business Venturing*, 2003, 18 (2): 165-87.

[31] Hoetker G., Mellewigt T. Choice and Performance of Governance Mechanisms: Matching Alliance Governance to Asset Type [J]. *Strategic Management Journal*, 2010, 30 (10): 1025-1044.

[32] Howells, Jeremy. Tacit Knowledge, Innovation and Economic Geography [J]. *Urban Studies*, 2002, 39 (5-6): 871-884.

[33] Hung H. Formation and Survival of New Ventures: A Path from Interpersonal to Interorganizational Networks [J]. *International Small Business Journal*, 2006, 24 (4): 359-378.

[34] Koenig M., Schlaegel C., Gunkel M. Entrepreneurial Traits, Entrepreneurial Orientation, and Innovation in the Performance of Owner-manager Led Firms: A Meta-analysis (Summary) [J]. *Frontiers of Entrepreneurship Research*, 2013, 33 (4): 9.

[35] Lerner K. J. Assessing the Contribution of Venture Capital to Innovation [J]. *The RAND Journal of Economics*, 2000, 31 (4): 674-692.

[36] Lerner M., Brush C., Hisrich R. Israeli Women Entrepreneurs: An Examination of Factors Affecting Performance [J]. *Journal of Business Venturing*, 1997, 12 (4): 315-339.

[37] Nee V. Organizational Dynamics of Market Transition: Hybrid Forms, Property Rights and Mixed Economy in China [J]. *Administrative Science Quarterly*, 1992, (37): 1-27.

[38] OECD. *The Measurement of Scientific and Technological Activities Frascati Manual 2002: Proposed Standard Practice for Surveys on Research and Experimental Development* [M]. Cambridge University Press, 2002.

[39] Scott P. Globalisation and Higher Education: Challenges for the 21st Century [J]. *Journal of Studies in International Education*, 2000, 4 (1): 3-10.

[40] Shane S., Venkataraman S. The Promise of Entrepreneurship as a Field of Research [J]. *Academy of Management Review*, 2000, 25 (1): 217-226.

[41] Sharmina A., Nazrul I., Shahid U. A. A Multivariate Model of Micro Credit and Rural Women Entrepreneurship Development in Bangladesh [J]. *International Journal of Business and Management*, 2008, (8): 169-185.

[42] Thurik A. R., Carree M. A., Van Stel A., *et al*. Does Self-employment Reduce Unemployment? [J]. *Journal of Business Venturing*, 2008, 23 (6): 673-686.

[43] Wong P. K., Ho Y P, Autio E. Entrepreneurship, innovation and economic growth: Evidence from GEM data [J]. *Small Business Economics*, 2005, 24 (3): 335-350.

[44] Zahra S. A., Neubaum D. O., El-Hagrassey G. M. Competitive Analysis and New Venture Performance: Understanding the Impact of Strategic Uncertainty and Venture Origin [J]. *Entrepreneurship Theory and Practice*, 2002, 27 (1): 1-28.

[45] 斯蒂芬·P. 罗宾斯, 蒂莫西·A. 贾奇. 组织行为学 (中译本) [M]. 北京: 中国人民

大学出版社，2012.

[46] 陈剑波. 制度变迁与乡村非正规制度——中国乡镇企业的财产形成与控制 [J]. 经济研究，2000，(1)，48—55.

[47] 陈忠卫，曹薇. 创业环境与创业与经营活动关系的研究视角及其进展 [J]. 科技进步与对策，2009，(18)，156—160.

[48] 冯建喜，汤爽爽，杨振山. 农村人口流动中的"人地关系"与迁入地创业行为的影响因素 [J]. 地理研究，2016，35 (1)：148—162.

[49] 古家军，谢凤华. 农民创业活跃度影响农民收入的区域差异分析——基于 1997—2009 年的省际面板数据的实证研究 [J]. 农业经济问题，2012，(2)：21—25+112.

[50] 贺小刚，李婧，张远飞，连燕玲. 创业家族的共同治理有效还是无效？——基于中国家族上市公司的实证研究 [J]. 管理评论，2016，28 (6)：150—161.

[51] 黄林秀，宋宁. 城市化对农村居民生活质量影响的实证研究——以城乡综合配套改革试验区重庆为例 [J]. 西南大学学报（社会科学版），2011，37 (2)：107—111.

[52] 蒋剑勇，钱文荣，郭红东. 社会网络、社会技能与农民创业资源获取 [J]. 浙江大学学报（人文社会科学版），2013，(1)：85—100.

[53] 兰林友. 宗族组织与村落政治：同姓不同宗的本土解说 [J]. 广西民族大学学报（哲学社会科学版），2011，(6)：70—78.

[54] 李宏彬，李杏，姚先国，等. 企业家的创业与创新精神对中国经济增长的影响 [J]. 经济研究，2009，(10)，99—108.

[55] 李晶，陈忠卫. 内部创业型文化：内部创业与企业文化的耦合 [J]. 科研管理，2008，29 (2)：22—27.

[56] 李希义. 外资创业投资对我国经济发展的作用研究 [J]. 中国科技论坛，2009，(5)，63—68.

[57] 刘亮. 企业家精神的度量及其度量方法的改进 [J]. 世界经济情况，2008，(4)：93—100.

[58] 罗明忠，邹佳瑜，卢颖霞. 农民的创业动机、需求及其扶持 [J]. 农业经济问题，2012，(2)：14—19.

[59] 彭学兵，胡剑锋. 初创企业与成熟企业技术创业的组织方式比较研究 [J]. 科研管理，2011，32 (7)：53—9.

[60] 阮荣平，郑风田，刘力. 信仰的力量：宗教有利于创业吗？[J]. 经济研究，2014，(3)：171—184.

[61] 任胜钢，赵天宇. 创业导向、网络跨度与网络聚合对新创企业成长绩效的影响机制研究 [J]. 管理工程学报，2018，32 (4)：237—243.

[62] 石书德，张帷，高建. 新企业创业团队的治理机制与团队绩效的关系 [J]. 管理科学学报，2016，19 (5)：14—27.

[63] 石巧君，周发明. 构建农村中小企业的创业导向模式——基于企业竞争优势的视角 [J]. 农村经济，2009，(10)：93—96.

[64] 田莉，张玉利. 创业者的工作家庭冲突——基于角色转型的视角 [J]. 管理科学学报，

2018，21（5）：90—110.

[65] 汪三贵，刘湘琳，史识洁，等. 人力资本和社会资本对返乡农民工创业的影响 [J]. 农业技术经济，2010，（12）：4—10.

[66] 王江成，李怡婷. 家族势力影响下的村落治理研究 [J]. 郑州轻工业学院学报（社会科学版），2014，（2）：21—23.

[67] 温兴祥，程超. 教育有助于提高农村居民的创业收益吗？——基于 CHIP 农村住户调查数据的三阶段估计 [J]. 中国农村经济，2017，（9）：82—98.

[68] 吴小立，于伟. 环境特性，个体特质与农民创业行为研究 [J]. 外国经济与管理，2016，38（3）：19—29.

[69] 辛宇，李新春，徐莉萍. 地区宗教传统与民营企业创始资金来源 [J]. 经济研究，2016，（4）：161—173.

[70] 杨莉芸. 新型农村治理结构的重塑 [J]. 四川理工学院学报（社会科学版），2011，26（6）：1—4.

[71] 杨婵，贺小刚. 村长权威与村落发展——基于中国千村调查的数据分析 [J]. 管理世界，2019，35（4）：90—108.

[72] 俞可平. 中国的治理改革（1978—2018）[J]. 党政干部参考，2018，（10）：32—33.

[73] 袁振杰，高权，黄文炜. 城镇化背景下村落神圣空间政治性的建构——以广州 A 村宗祠为例 [J]. 人文地理，2016，（5）：77—85.

[74] 张军扩，叶兴庆，葛延风，等. 中国民生调查 2018 综合研究报告——新时代的民生保障 [J]. 管理世界，2018，34（11）：7—17.

[75] 张厚安，徐勇，项继权. 中国农村村级治理——22 个村的调查与比较 [M]. 武汉：华中师范大学出版社，2000.

[76] 张晓芸，朱红根. 农民工就业区域选择影响因素分析——基于代际差异的视角 [J]. 商业经济研究，2014，（30）：47—49.

[77] 张玉利，杨俊，任兵. 社会资本、先前经验与创业机会——一个交互效应模型及其启示 [J]. 管理世界，2008，（7）：91—102.

[78] 赵仁杰，何爱平. 村干部素质、基层民主与农民收入——基于 CHIPS 的实证研究 [J]. 南开经济研究，2016，（2）：129—152.

[79] 周怡. 共同体整合的制度环境：惯习与村规民约——H 村个案研究 [J]. 社会学研究，2005，（6）.

[80] 周业安，黄国宾，何浩然，等. 领导者真能起到榜样作用吗？——一项基于公共品博弈实验的研究 [J]. 管理世界，2014，（10）：75—90.

[81] 朱沆，Eric Kushins，周影辉. 社会情感财富抑制了中国家族企业的创新投入吗？[J]. 管理世界，2016，（3）：99—114.

[82] 朱仁宏，周琦，伍兆祥. 创业团队契约治理真能促进新创企业绩效吗——一个有调节的中介模型 [J]. 南开管理评论，2018，21（5）：32—42.